Advanced
Media Arabic

Advanced
Media Arabic

El Mustapha Lahlali

Edinburgh University Press

© El Mustapha Lahlali, 2008

Edinburgh University Press Ltd
22 George Square, Edinburgh

Reprinted 2010, 2012, 2013, 2014

Typeset in India
by Aptara Inc. and
Printed and bound by CPI Group (UK) Ltd, Croydon, CR0 4YY

A CIP record for this book is available from the British Library

ISBN 978 0 7486 3272 5 (hardback)
ISBN 978 0 7486 3273 2 (paperback)

Contents

Acknowledgements

I would like to express my gratitude to all those who made this book possible. I wish to thank first and foremost my colleagues in the department of Arabic and Middle Eastern Studies, University of Leeds, for their support and encouragement. I am deeply indebted to James Dale for his comments, support and assistance throughout the writing stages of this book. My special thanks go also to Nicola Ramsey, Edinburgh University Press, for her assistance, and to Brigit Viney for her comments on a draft of this book.

My sincere thanks to: Nada Itani, Al-Hayyat Newspaper, for allowing me to use texts from their newspaper; and the editors of the following: Asharq Al-Awsat, Al-Jazeera net and BBC Arabic online.

I am bound to my final year students at Leeds University who patiently trialled the material and gave essential feedback. Their help, support and valuable suggestions made a great difference to the substance of this book. I am very grateful to my postgraduate students who have recorded the listening material for the book. My sincere gratitude also goes to Paul Markowski for his assistance during the recording stages of the listening material. Special appreciation goes to my student, Paul Raymond, for composing the music used in the listening section.

I am obliged to my former colleagues, Professor Ian Netton and Professor Dionisius Agius, for their support during the initial stages of this book.

My heartfelt appreciation also goes to all my friends for their support, help and encouragement.

Lastly, and most importantly, I would like to express my warm thanks to my parents, brothers and sisters for their unfailing love, encouragement and support.

Introduction

Over the last decade or so, there has been an increasing demand among students of Arabic to have access to Arabic media. The war in Iraq and the deteriorating situation in the Middle East have made students of Arabic keen to learn about this part of the world from the Arabic media perspective. As a response to this high demand, and through my teaching of Arabic media, I felt the urgent need for such a textbook that enables learners to acquire the ability to deal with advanced texts and analyse them in a critical manner. This textbook will not only be useful to those learners who wish to familiarise themselves with different typologies of advanced media texts, but also to those who are in great need of translation skills from and into Arabic.

Students who have learnt intermediate media vocabularies need more advanced texts to build on them. To that end, this textbook is designed to offer advanced media materials for those who are interested in widening their knowledge of Arabic. It is specially intended for teachers and advanced learners of Arabic as a foreign language. Its main aim is to help learners practise the four basic language skills of reading, writing, speaking and listening through extensive use of authentic media Arabic materials. It is not a grammar book, hence its main focus is placed on the semantic aspects of Arabic media language rather than on its grammar.

Primarily, this textbook is intended to improve and strengthen learners' reading skills. Each module consists of reading texts that are designed to test learners' reading and comprehension skills. Each text is followed by a wide range of comprehension questions. Most of the texts are accompanied by a vocabulary list instead of a 'model' translation which will facilitate the learners' comprehension of the texts. Development of reading skills will help learners increase their vocabularies, and refine and expand their knowledge of media Arabic.

Extensive translation practice and freer writing exercises consolidate vocabulary and skills learnt in each unit and allow students to develop their own writing style.

Oral presentation skills are practised and developed through debates and discussions on current-affairs topics. Most of the modules in the book provide a section for discussion and debate, which will encourage learners to talk and also give them the opportunity to use the vocabularies they have learnt from a variety of texts.

Listening skills are practised and developed through intensive listening materials from prominent Arabic channels. The main objective behind such practice is to acquaint learners with Arabic talk shows and news items. The listening material is presented via the website of Edinburgh University Press [www.euppublishing/AdvancedMediaArabic/audio]. The recorded material includes selective texts and passages, news items and Arabic talk shows. To help learners focus on the listening tasks, the texts have been moved to the appendices section.

The materials used in this textbook are recent and authentic. They are taken from different media Arabic sources and contain media Arabic stylistic features that are normally highlighted for learners' convenience.

The modules are structured in a way that can be easily followed. Each module is organised around the following sections: reading comprehension, language in context, listening, translation and writing. There is also a section of answers to some of the exercises. This key will help the learners verify their answers, and facilitate their independent learning of media Arabic.

The textbook is composed of 10 modules, which will have more or less the same structure and layout, and are organised by the following topics:

Module 1: **Diplomacy**   introduces the learner to a wide range of diplomatic vocabularies and a variety of drills and exercises, which will help learners build their confidence and master media Arabic language. The drills range from translating texts from and into Arabic, to understanding media terminologies, and acquiring the necessary skills to write Arabic news reports and articles.

Module 2: **Elections**   provides learners with an insight into the theme of elections with a special focus on the way they are covered in the Arabic press. It has a generous amount of drills and exercises to lend more help and support to the learners. An Arabic–English glossary is given at the end of most of the texts, as well as at the end of the textbook.

Module 3: **Violence and Anarchy**   contains texts dealing with violence and disorder. It is intended to familiarise learners with a wide range of Arabic vocabulary on this theme. These texts are authentic and reflect recent events in the Arab world or elsewhere. Like the above modules, this one contains a list of vocabularies that can help learners understand the texts. A variety of exercises is given to help learners practise speaking and writing.

Module 4: **War and Military Action**   deals with texts with a military theme. It is expected that students will learn a variety of relevent vocabularies. A wide range of exercises is provided for them to practise their writing and speaking skills.

Module 5: **Economy**   designed to provide learners with the opportunity to learn a variety of vocabularies related to the economy. It contains a good number of drills to help them identify these terms, and use them in actual contexts.

Module 6: **Law and Order**   carries the same structure as the previous modules, with the theme of law and order. Students will learn legal terminologies and the way they are used in sentences. A variety of drills is provided to help learners practise those terminologies.

Module 7: **Trade and Industry**   aims at introducing learners to texts about trade and industry. Each text is followed by a glossary and a wide range of practical exercises, most of which are tailored to help learners develop and refine their media Arabic language. The chapter is also designed to acquaint learners with the Trade and Industry media register.

Module 8: **Natural Disasters**   deals with texts covering natural and human-made disasters. Over the last year or so, the world has been shocked by a series of earthquakes and hurricanes. The learner will be introduced to a wide range of vocabulary about the topic. The chapter will also contain exercises that are designed specifically to acquaint learners with these topics.

Module 9: **"War on Terrorism"**   is designed to provide learners with texts on terrorism. After September 11th, the terrorism register has been developed immensely. The aim of this chapter is to introduce learners of media Arabic to the most recent vocabulary and phraseology about terrorism. The chapter will also offer different writing, translation and speaking drills, all of which are aimed at enhancing learners' vocabulary and develop their understanding of different genres of media Arabic.

Module 10: **Arabic TV extracts**   offers learners intensive listening materials. They are navigated to the world of authentic Arabic talk shows and news items. A variety of drills is introduced to help learners exercise their listening skills. This chapter is followed by an Arabic–English glossary which is designed to facilitate learners' comprehension and translation of texts.

Map of the Book

Module and Topic	Reading	Vocabulary	Listening	Translation	Writing
Module 1 **Diplomacy**	Reading texts about diplomacy. Comprehension questions. Multiple choices.	Diplomatic phrases, verbs and idiomatic expressions.	Listening text about diplomacy. Wide range of listening skills.	Translating part of the reading text into English. Translating a text about United Nations and poverty into Arabic.	Writing reports. Summarising texts.
Module 2 **Elections**	Understanding texts about elections.	Phrases, idiomatic expressions and words about elections.	Listening texts about election.	Translation of a text about Palestinian elections into English.	How to summarise a text. Using different summary phrases.
Module 3 **Violence and Anarchy**	Reading: understanding texts about violence and disorder.	Vocabulary about violence and disorder.	Listening and understanding texts about violence and disorder.	Translation of Malawi's presidential inauguration text into Arabic. Translation of French riots text into Arabic	Forming sentences, paragraphs and texts using connectors.
Module 4 **War and Military Action**	Reading and understanding texts about war and the military.	Words, phrases and terminologies about war.	Texts about war and military action. Comprehension questions.	Translation of War and Iraq into Arabic.	Writing a formal letter to media companies seeking employment.
Module 5 **Economy**	Reading and understanding texts about the economy.	Vocabulary in context about the economy.	Listening and answering exercises on a text about the economy.	Translation of sentences about the economy into Arabic. Translation of a text about the Egyptian economy into English.	Writing articles about poverty and social classes. Forming cohesive paragraphs using connectives.
Module 6 **Law and Order**	Reading texts about law and order. Answering questions related to the texts.	Learning new vocabulary about law and order. New expressions and terminologies.		Translation of Jackson's trial into English. Translation of Saddam's trial into Arabic.	Writing a summary about the reading text.
Module 7 **Trade and Industry**	Understanding texts about trade and industry. Answering comprehension questions.	Words, phrases and terminologies about trade and industry.		Translation of texts about trade and industry into Arabic and English.	Using new phrases in commenting on texts. Providing commentary on the text employing new verbs and phrases.
Module 8 **Natural Disasters**	Understanding texts about natural disasters. Answering comprehension questions.	Vocabulary on natural disasters.	Authentic text about hurricanes. Wide range of listening exercises.	Translation of texts about natural disasters from and into Arabic.	Writing an introduction to an Arabic TV show. Forming sentences and paragraphs.
Module 9 **"War on Terrorism"**	Understanding texts about terrorism. Wide range of comprehension questions.	New vocabulary about terrorism and extremism.	Listening to an authentic text about terrorism.	Translation of texts about the "War on Terrorism" from and into Arabic.	Writing a précis using given phrases.
Module 10 **Arabic TV Extracts**	Listening to TV debates and discussions. Answering questions related to the topics.	Vocabulary on sanctions and civil war.	Listening to authentic texts from TV.		

Key to symbols

Glossary

Comprehension questions

Language in context

Translation

Writing

Listening

Answer key

Diplomacy
الفصل الأول: الدبلوماسية

UNIT 1 الوحدة 1

1 ماذا تعرفون عن عنان؟

2 من شنّ الحرب على العراق عام 2003؟

3 هل وافقت الأمم المتّحدة على ذلك؟

http://www.arraee.com/modules.php?name=News&file=print&sid=806

حلفاء حرب العراق يرفضون انتقادات عنان للإحتلال

أصرت بريطانيا وأستراليا ومسؤول أمريكى سابق اليوم الخميس - بعد أن صدمتهم تصريحات كوفى عنان الامين العام للأمم المتحدة - على أن العمل العسكري الذى قاموا به فى العراق مشروع.

وتواجه الحكومات الثلاث انتخابات عامة فى المستقبل القريب وتعيّن عليها التعامل مع درجات متفاوتة من عدم الإرتياح الشعبى لقرارها شنّ حرب ضد صدام حسين.

وفى مقابلة مع هيئة الاذاعة البريطانية /بي.بي.سي/ يوم الاربعاء قال عنان إن غزو العراق غير شرعي لأنه ينتهك ميثاق الامم المتحدة.

وردا على سؤال حول ما اذا كانت انتهكت القانون الدولى قال عنان "نعم .. إذا أردت. لقد أشرت الى أنها لم تكن موافقة لميثاق الامم المتحدة من وجهة نظرنا ومن وجهة نظر الميثاق لم تكن شرعية."

واضاف قوله "أرجو ألا نرى عملية أخرى على غرار العراق قبل مضي وقت طويل ... بدون موافقة الأمم المتحدة وبدون تأييد أوسع من المجتمع الدولي."

وكان عنان ادلى بتصريحات مماثلة فى العاشر من مارس اذار عام 2003 خلال مؤتمر صحفى فى لاهاى بهولندا قبيل الغزو. وقال إنه إذا اتخذت الولايات المتحدة عملا عسكريا بدون موافقة مجلس الأمن "فلن يكون موافقا للميثاق."

لكن رئيس الوزراء الاسترالى جون هاوارد قال إنها لا تمثل انتهاكا خلال حملته قبل انتخابات تجرى فى التاسع من أكتوبر تشرين الاول.

وقال هاوراد للاذاعة الاسترالية "المشورة القانونية التى حصلنا عليها وطرحتها فى حينه هى أن التحرك كان صحيحا تماما بموجب القانون الدولي."

وردّد وجهة نظر هاوارد مكتب رئيس الوزراء البريطانى تونى بلير الذى قال إن المحامى العام لحكومة بريطانيا اللورد جولدسميث توصّل الى نفس النتيجة قبل شن الغزو فى مارس اذار العام الماضي.

وقالت باتريشيا هيويت وزيرة التجارة البريطانية إنها تحترم عنان لكنها لا تتفق معه فى الرأي.

وقالت "اوضحنا انذاك اسباب اعتقادنا أن حرب العراق مشروعة حقا وأسباب اعتقادنا أنها ضرورية."

ولم يصدر رد رسمى عن واشنطن حيث سينافس الرئيس الأمريكى جورج بوش الديمقراطى جون كيرى فى إنتخابات الرئاسة فى الثانى من نوفمبر تشرين الثاني.

Glossary — القاموس

Legitimate; lawful (n); project	مشروع	International law	القانون الدولي
Shock	صدمة	Resembling; like	على غرار
Military action/operation	العمل العسكري	Wide support	تأييد واسع
Undertook a military action	قام بعمل عسكري	Announce; give statements	أدلى بتصريحات
The near future	المستقبل القريب	Legal advice	المشورة القانونية
Public unrest; unease	عدم الإرتياح الشعبي	Presented	طرحتها
Wage war on	شنّ حربا على	In accordance with; in line with	بموجب
Invasion of Iraq	غزو العراق	The attorney general	المحامي العام
Breach the charter	ينتهك الميثاق		

1.1 Comprehension questions — 1.1 أسئلة حول المضمون

A — أ *ضعوا علامة (✓) أمام الصواب و (✗) أمام الجواب الخطأ.*

Tick (✓) the correct statements and cross (✗) the incorrect ones.

1 ☐ غزو العراق يتلائم مع ميثاق الأمم المتحدة

2 ☐ المشورة القانونية البريطانية لغزو العراق تماثل الأسترالية

3 ☐ اعتبر حلفاء حرب العراق تصريحات عنان عادية

4 ☐ صدر ردّ رسمي عن الإدارة الأمريكية يعارض رأي عنان

5 ☐ أشارت باتريشيا هيويت أنها تحترم عنان

B — ب *اقرأوا النص أعلاه ثم أجيبوا عن الأسئلة التالية.*

Read the above text and answer the following questions.

1 ما سبب غياب الارتياح الشعبي في بريطانيا واستراليا وأمريكا؟

....

2 لماذا اعتبر كوفي عنان غزو العراق غير شرعي؟

....

3 ما رأي جون هاورد في تصريحات عنان؟

....

4 ما هو ردّ واشنطن الرسمي على تصريحات عنان؟

....

ج   *أتمموا هيكل النص التالي.*

Complete the following chart.

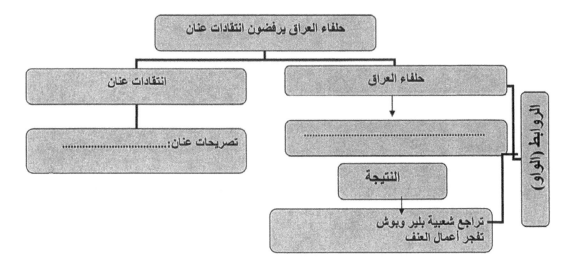

 1.2 Language in context   **1.2 اللغة في السياق**

أ   *تعلّموا المصطلحات التي تحتها خط في سياق استعمالها ثم ضعوها في جمل مغايرة.*

A

Some of the following underlined words and phrases are in the text and are used in reported Arabic media. Learn them in their context and use them in different sentences.

1   التطورات الخطيرة في الساحة العراقية اليوم استقطبت اهتمام الرأي العالمي.

2   أفادت قناة الجزيرة *بأن* الرئيس الأمريكي سيزور الشرق الأوسط سرّا.

3   وصرحت مصادر موثوقة *بأن* الرئيس سيقدم استقالته قريبا.

4   وأضاف الناطق الرسمي باسم الحكومة البريطانية *بأن* حزب العمال سيعمل جاهدا للفوز في الانتخابات القادمة.

5   في أول ردّ فعل رسمي *عن قرار* سحب اسبانيا قواتها من العراق قال بوش إن اسبانيا لها حرية اتخاذ القرار.

6   اسفرت محاولة انقاذ المختطفين *عن* مقتل واحد منهم

7   توقع اياد علاوي *استمرار* العنف خلال شهر رمضان.

8   شنّ الحزب الديمقراطي الأمريكي حملة عنيفة على سياسة بوش الخارجية.

9   وصف توني بلير مقتل بيكلي بأنه عمل وحشي.

10   اعرب وزير الخارجية الألماني *عن* أسفه لما يجري في دارفور.

11   قامت فرنسا بـــــتكثيف نشاطها الدبلوماسي من أجل تفادي الحرب.

12 لم يصدر عن الاجتماع **أي** بلاغ مشترك.

13 عقدت الجامعة العربية **مؤتمرا** لدراسة الوضع في السودان.

14 نسبت صحفية واشنطن **لمسئول** عراقي قوله إن الوضع الأمني في تحسن مستمر.

15 بالرغم من الوساطات العديدة لاقناع بوش بتجنب الحرب **فإن ذلك** لم يثمر عن شئ

ب *الأفعال التالية تستخدم لصياغة خطاب أو قول. تعلموها وضعوها في جمل مفيدة.* B

The following verbs are frequently used to report direct speeches/discourses. Learn and use them to report direct discourses.

1 أدلى بتصريحات ....

2 صرّح ....

3 صدر ردّ رسمي..........

4 أصرّ على ....

5 أضاف قائلا ....

6 أوضح..........

7 أكد ....

8 شكك..........

9 خلص إلى ....

10 تساءل عن ....

11 وبشأن .... قال ....

12 وفيما يتعلق بـ ....فقد أدلى بـ ....

1.3 Translation — 1.3 الترجمة

أ *ترجموا ما يلي إلى العربية.* A

Translate the following into Arabic.

The Security Council has primary responsibility, under the Charter, for the maintenance of international peace and security. It is so organized as to be able to function continuously, and a representative of each of its members must be present at all times at United Nations Headquarters. On 31 January 1992, the first ever Summit Meeting of the Council was convened at Headquarters, attended by Heads of State and Government of 13 of its 15 members and by the Ministers for Foreign Affairs of the remaining two. The Council may meet elsewhere than at Headquarters; in 1972, it held a session in Addis Ababa, Ethiopia, and the following year in Panama City, Panama.

When a complaint concerning a threat to peace is brought before it, the Council's first action is usually to recommend to the parties to try to reach agreement by peaceful means. In some cases, the Council itself undertakes investigation and mediation. It may appoint special representatives or request the Secretary-General to do so or to use his good offices. It may set forth principles for a peaceful settlement.

http://www.un.org/docs/sc/unsc_background.html

B — ب *ترجموا ما يلي إلى الإنجليزية.*

Translate the following into English.

جدّد رئيس البرلمان اللبناني نبيه بري تأكيده أن أي حل للأزمة القائمة بين لبنان وإسرائيل يجب أن يبدأ بوقف شامل لإطلاق النار وعودة النازحين الى ديارهم والتفاوض على تبادل الاسرى اللبنانيين في إسرائيل مع الجنديين الإسرائيليين اللذين اسرهما «حزب الله». وأعلن تأييده لمواقف رئيس الحكومة فؤاد السنيورة التي ادلى بها خلال مؤتمر روما، رغم أن بعض النقاط تحتاج الى بحث في التفاصيل، منتقداً مواقف بعض القادة العرب التي «شجعت اسرائيل على المضي في عدوانها على لبنان».

ورأى بري في حديث لقناة «الجزيرة» الفضائية أمس أن سلة الحلول التي قدمتها وزيرة الخارجية الأميركية كوندوليزا رايس للمشكلة «تنم عن وجود مؤامرة تستهدف لبنان بأسره». وسأل: «هل سمعتم بحل لأي حرب في العالم لا يبدأ بوقف اطلاق النار؟». وقال: «إن الحل يجب أن يبدأ بوقف فوري وشامل لاطلاق النار وعودة النازحين إلى قراهم ومدنهم والتفاوض على تبادل الأسرى اللبنانيين ونوعها ومهامها ومزارع شبعا وغيرها».

وعن موقفه من خطاب رئيس الحكومة فؤاد السنيورة، في روما ، قال بري أن السنيورة هو «رئيس حكومة ويمثل كل لبنان. وهو قدم خطاباً علنياً وطالب بوقف اطلاق النار"

الشرق الأوسط 29/07/06

1.4 Writing — 1.4 نشاط كتابة

A — أ *اكتبوا تقريرا عن الخطاب أسفله مستعملين ضمير الغائب ومستخدمين الأفعال الواردة في الفقرة ب .1.2.*

Report the following speech using the verbs in section 1.2B.

"وفي هذا اليوم التاريخي في مسيرتنا الوطنية أقول لجميع أبناء شعبنا الذين شاركوا في التصويت، وفي إحياء شعلة الديمقراطية، لكم جزيل الشكر والعرفان، ولكم العهد مني ببذل كل الجهد لتنفيذ البرنامج الذي انتخبتموني على أساسه، ولمواصلة السير على الدرب لتحقيق أهدافنا الوطنية. والشكر والتقدير لجميع الذين عملوا من أجل نجاح هذه الحملة الانتخابية، إخوتي في حركة فتح في مختلف المناطق، ولجميع القوى والهيئات والمؤسسات الوطنية، والفعاليات والشخصيات، التي بذلت أقصى الجهد دفاعاً عن برنامجنا الوطني الواضح الذي يحظى الآن بأوسع دعم شعبي.

اليوم و بعد ظهور نتائج الانتخابات واجتياز شعبنا العظيم لهذا الامتحان، أقف أمامكم بصفتي رئيساً وممثلاً للشعب الفلسطيني بأسره لأقول: أننا سنواصل المسيرة من أجل تعزيز الوحدة الوطنية وتعميق الحوار مع جميع القوى وكل التيارات الفاعلة في وطننا، والحرص على صلابة بنيان مجتمعنا ومؤسساتنا. كما سنواصل مسيرة ياسر عرفات من أجل تحقيق السلام العادل/ سلام الشجعان الذي كان يعمل دوماً في سبيله، والذي أعطى كل حياته وجهده وعرقه من أجل تحقيقه."

خطاب الرئيس محمود عباس امام المجلس التشريعي رام الله 05/1/15

UNIT 2 الوحدة 2

بعد أحداث الحادي عشر من سبتمبر تساءل الكل عن سبب سخط العالم العربي على أمريكا. فشكلت لجان أمريكية لدراسة واقع الدبلوماسية الأمريكية في العالمين العربي والإسلامي. النص التالي يطرح إجابة عن هذا السؤال.

http://www.annabaa.org/nbanews/34/046.htm

الولايات المتحدة والدبلوماسية

تسعى الولايات المتحدة الأمريكية عبر قنواتها الدبلوماسية إلى استبعاد الحاجة البراغماتية لمصالحها، لكن مواقفها المعلنة وخاصة فيما يتعلق بالشرق الأوسط والصراع العربي الإسرائيلي وانحيازها المطلق للخيار الإسرائيلي تكشف عن التناقض مع خطابها. واعترف الكثيرون من طواقم الدبلوماسية العتيقة في الولايات المتحدة على أن ثمة خطأً يجب تصحيحه وأنه يشكل في الوقت نفسه ضرراً واضحاً للمصالح الأمريكية ولسياستها. و نذكر بنتائج لجنة ضمت 13 شخصية أكاديمية ودبلوماسية كلفت درس واقع الدبلوماسية الأمريكية العامة في العالمين العربي والاسلامي، ومهمتها تقديم التوصيات لمعالجة الثغرات التي تواجهها ، وفي قراءة لهذه التوصيات اعترف التقرير أن أكثر مشاعر السخط تجاه الولايات المتحدة *ناجمة* عن سياستها، فمن الواضح على سبيل المثال أن النزاع العربي – الإسرائيلي يبقى مسألة واضحة ومهمة للخلاف القائم بين الولايات المتحدة والكثير من البلدان العربية والمسلمة، مضيفاً أن الناس المحليين يجدون الدبلوماسية الأمريكية تدعم بانتظام حكومات معادية للحرية والرفاهية، أما دبلوماسية العلاقات العامة فإنها تمنح الولايات المتحدة الفرصة لتقديم دعم إضافي لأنظمة من هذا النوع .
ويشعر مواطنوا البلدان العربية بالأذى لما يتعرض له الشعب الفلسطيني من بلاء ومن الدور الذي يعتقدون بأن الولايات المتحدة قادرة أن تلعبه في استمرار هذا الوضع.

أما عن دور وسائل الإعلام في إظهار حقيقة السياسة الأمريكية ، فيرى التقرير أن الاتصالات أصبحت أكثر سرعة والدعاية المعادية للولايات المتحدة أكثر غدراً وأصبح التلفزيون أكثر الوسائل كفاية بالنسبة الكبيرة لنشر المعلومات في العالمين العربي والإسلامي، وفي مواجهة هذا الوضع يرى التقرير أن الحديث اللطيف وتلميع الصورة ليسا حلين مناسبين وأنه في إمكان الولايات المتحدة أن تحقق نتائج سريعة ومدهشة إن هي تبنت أسلوباً جيداً واستراتيجياً واهتمت جدياً باحتياجات وطموحات العرب والمسلمين للسلام والرفاهية والعدالة الاجتماعية. وقدّم التقرير سلسلة من الاقتراحات لتحسين صورة الولايات المتحدة في العالمين العربي والإسلامي على هيئة توصيات للقضاء على ما يسميه التناقض بين تأييد العرب والمسلمين واعتقادهم بأن سياستنا لا تتماشى مع تلك القيم. وتشمل هذه التوصيات قيام دبلوماسية العلاقات العامة باتصالات فاعلة واستماع ذكي، والعودة الى الوسائل التي جرى التخلي عنها بعد انتهاء الحرب الباردة.

شبكة النبأ المعلوماتية - الثلاثاء 2004/4/6 - 15/ صفر المظفر/1425

Glossary | القاموس

Aim at; try	سعى	Anti-liberty governments	حكومات معادية للحرية
Diplomatic channels	قنوات دبلوماسية	Prosperity	الرفاهية
Ruling out	استبعاد	Public relations	العلاقات العامة
Discover; reveal	كشف	Provide additional support	تقديم دعم إضافي
Explicit; public stance	مواقف معلنة	Trouble	بلاء
Complete bias	انحياز مطلق	Reveal the truth;	
Current government	الإدارة الحالية	uncover the truth	إظهار الحقيقة
Diplomatic commissions	طواقم دبلوماسية	Disloyalty; treachery	غدر
Commissioned	كلفت	Spread of ideas	نشر المعلومات
Provide recommendations;		Report	التقرير
recommend	تقديم التوصيات	Improving the image	تلميع الصورة
Solve problems	معالجة الثغرات	Strengthen its policies	تعزّز سياساتها
Opinion polls	استطلاعات الرأي	Arab ambitions	طموحات العرب
Feeling of unease	مشاعر السخط	Social justice	العدالة الاجتماعية
Result of	ناجمة عن	Series of suggestions	سلسلة من الاقتراحات
Unambiguous issue	مسألة واضحة		

? 2.1 Comprehension questions | 2.1 أسئلة حول المضمون

✓	A	ضعوا علامة(✓) أمام الصواب و (✗)أمام الجواب الخطأ. /

Tick (✓) the correct statements and cross (✗) the incorrect ones.

☐ 1   تتمتع السياسة الأمريكية الخارجية بالتوازن والإعتدال

☐ 2   تهدف دراسة الواقع الدبلوماسي في العالم العربي إلى تلميع الصورة الأمريكية

☐ 3   النزاع العربي الإسرائيلي يؤجج مشاعر الغضب نحو الولايات المتحدة

☐ 4   تقترح اللجنة إستخدام أسلوب دؤوب ولطيف لتحسين صورة الولايات المتحدة في العالم الإسلامي

☐ 5   التأكيد على ضرورة الإستماع الجيد للعرب والمسلمين

ب اقرأوا النص أعلاه ثم أجيبوا عن الأسئلة التالية.	B
Read the above text and answer the following questions.	

1 حدّد الفكرة العامة للنص؟

....

2 ماهي الأضرار الناتجة عن أخطاء الدبلوماسية الأمريكية؟

....

3 لماذا تمّ تشكيل لجنة من الأكاديميين والدبلوماسيين الغربيين؟

....

4 ما سبب سخط الآخر على الولايات المتحدة الأمريكية؟

....

5 ماهي التوصيات التي قدمتها اللجنة؟

....

2.2 Language in context — 2.2 اللغة في السياق

أ أكملوا الجمل بالمصطلحات المناسبة. صلوا الرقم في الفراغ بالكلمة المناسبة أعلاه.	A
Match the number in the blank with the appropriate word.	

كلف – تحسين – ناجم – انحياز – اوصت – وضع

1 ....①.......... أمريكا لإسرائيل – حسب قول الكاتب – جعل العالم العربي الإسلامي يكرهها.

2 ....②.......... حكومة بوش لجنة تقصي الحقائق حول أحداث الحادي عشر من سبتمبربدراسة سبب وقوع هذه الأحداث.

3 حاولت الولايات المتحدة الأمريكية ....③.......... صورتها بعد حرب العراق وأفغانستان.

4 العداء الفلسطيني لإسرائيل..........④.......... عن سياسة شارون القمعية.

5 ....⑤.......... اللجنة باتخاذ تدابير سريعة وفعّالة للحد من تنامي العداء.

6 يحاول الإتحاد الأوروبي ....⑥.......... حدّ للهجرة غير القانونية.

B	ب اكملوا الفراغات بالمصطلح المناسب. صلوا الرقم في الفراغ بالكلمة المناسبة أعلاه.

Match the number in the blank with the appropriate word.

العدل – الدعم – لتنامي – صانعي – حدا – كشف – فرض – النظر

(...) و............①........... التقرير الأمريكي عن بعض الحقائق إن السياسة الأمريكية القائمة على إلغاء

الآخرين ومحاولة إخضاعهم و............②........... المشروع الأمريكي عليهم و...........③...........

المطلق لإسرائيل هو المسبب الأساسي ....④........... العداء والغضب والسخط تجاه الولايات

المتحدة وبالتالي فإن أي محاولة أمريكية لا تعيد...........⑤........... جذرياً في هذه السياسة، لن تضع

...........⑥........... للعداء للولايات المتحدة. فالأهم والمهم هو الموقف الحازم والجذري المحقق للعدالة

والتي هي من صلب نجاح أي سياسة قائمة في الصراع العربي الإسرائيلي وضرورة التدخل النزيه بما تفرضه

القيّم الأمريكية والتي تضج بها خطابات...........⑦........... القرار الأمريكي حول حقوق الإنسان والحرية

و...........⑧...........

C	ج تعلموا العبارات التالية من خلال سياقها في النص. خمّنوا باللغة الإنجليزية معناها وضعوها في جمل مفيدة.

Study the following phrases and how they are used in the text. Can you guess the meaning? Try using them in sentences of your own.

1	صانعي القرار ....
2	تشكيل لجنة.................................
3	تلميع صورة ....
4	نشر الديبلوماسية ....
5	حماية المصالح ....
6	تقديم دعم ....
7	تعزيز الحوار ....
8	وضع حدّ للدعاية المعادية ....

D	أعطوا مرادفات للكلمات المسطر عليها في النص "الولايات المتحدة والدبلوماسية" صفحة 7.	د
	Provide Arabic synonyms for the underlined verbs and phrases in the text "United States and Diplomacy", page 7.	

E	للأفعال التالية أوزان مختلفة. استخدموا القاموس وحدّدوا وزن ومعنى كل فعل ثم ضعوه في جملة مفيدة.	هـ
	The following verbs have different forms. Use your dictionary and identify the form and meaning of each verb. Then, try using them in sentences of your own.	

باعد: ....

ابعد: ....

تباعد: ....

استبعد: ....

بعّد: ....

F	استبدلوا " الولايات المتحدة "بـ"حلفاء حرب العراق" واتمّوا الفقرة التالية.	و
	Replace "الولايات المتحدة" with "حلفاء حرب العراق" and complete the following paragraph.	

" تسعى الولايات المتحدة الأمريكية عبر قنواتها الدبلوماسية إلى استبعاد الحاجة البراغماتية لمصالحها، ولكن سرعان ما تكشف مواقفها المعلنة ، وخاصة فيما يتعلق بالشرق الأوسط والصراع العربي الإسرائيلي والمتمثل في انحيازها المطلق للخيار الإسرائيلي ، إلى التناقض مع خطابها"

2.3 Translation — 2.3 الترجمة

A	ترجموا ما يلي إلى العربية.	أ
	Translate the following into Arabic.	

Young people from the far reaches of the globe gathered at United Nations Headquarters in New York today to discuss measures they can take in tackling youth poverty at an event to commemorate International Youth Day, marked each year on 12 August.

"The world's young people, now numbering more than 1 billion, are a major human resource for development and can be key agents of innovation and positive social change. Yet the scale of youth poverty robs the world of that potential," UN Secretary-General Kofi Annan said in a message on the occasion.

With almost half of the world's population under 25 years old and surviving on less than $2 a day, the repercussions of youth poverty are immense. Problems include hunger and malnutrition, lack of access to education and basic services, unemployment, increased disease and illness, homelessness and lack of participation in decision-making, Director of the UN Division for Social Policy and Development Johan Schölvinck said at the opening of the event.

http://www.un.org/apps/news/story.asp?NewsID=19487&Cr=youth&Cr1=day

---

B

ب   ترجموا ما يلي إلى الإنجليزية.

Translate the following into English.

تسعى الولايات المتحدة الأمريكية عبر قنواتها الدبلوماسية الى استبعاد الحاجة البراغماتية لمصالحها، لكن مواقفها المعلنة وخاصة فيما يتعلق بالشرق الأوسط والصراع العربي الإسرائيلي وانحيازها المطلق للخيار الإسرائيلي تكشف عن التناقض مع خطابها. واعترف الكثيرون من طواقم الدبلوماسية العتيقة في الولايات المتحدة على أن ثمة خطأ يجب تصحيحه وأنه يشكل في الوقت نفسه ضرراً واضحاً للمصالح الأمريكية ولسياستها. و نذكر بنتائج لجنة ضمت 13 شخصية أكاديمية ودبلوماسية كلفت درس واقع الدبلوماسية الأمريكية العامة في العالمين العربي والاسلامي، ومهمتها تقديم التوصيات لمعالجة الثغرات التي تواجه أمريكا، وفي قراءة لهذه التوصيات اعترف التقرير ان أكثر مشاعر السخط تجاه الولايات المتحدة ناجمة عن سياستنا. فمن الواضح على سبيل المثال أن النزاع العربي – الإسرائيلي يبقى مسألة واضحة ومهمة للخلاف القائم بين الولايات المتحدة والكثير من البلدان العربية والمسلمة. واضاف التقرير أن الناس المحليين يجدون الدبلوماسية الأمريكية تدعم بانتظام حكومات معادية للحرية والرفاهية، أما دبلوماسية العلاقات العامة فإنها تمنح الولايات المتحدة الفرصة لتقديم دعم إضافي لأنظمة من هذا النوع.

UNIT 3 الوحدة 3

1 ماذا تعرف عن العلاقات الدبلوماسية الأمريكية-الليبية حتى عام 2003؟

2 هل تغيّر الموقف الأمريكي من ليبيا بعد إعلانها التخلي عن برنامجها النووي؟

3 كيف تصف العلاقة الدبلوماسية القائمة بين الشعبين؟

أمريكا تعاود العلاقات مع ليبيا وترفع اسمها عن لائحة الإرهاب

اعلنت وزيرة الخارجية الاميركية كوندوليزا رايس أمس استئناف علاقات بلادها الديبلوماسية مع ليبيا، بعد انقطاعها لاكثر من ربع قرن، كما قررت رفع إسم ليبيا من لائحة الدول الراعية للإرهاب ولائحة الدول غير المتعاونة مع الجهود الأميركية لمكافحة الإرهاب. وقالت في بيان: «يسعدني أن اعلن أن الولايات المتحدة استأنفت العلاقات الدبلوماسية الكاملة مع ليبيا... وسنفتح قريبا سفارة في طرابلس».

وبررت رايس الخطوات الاميركية بأنها جاءت «اعترافا بالتزام ليبيا نبذ الإرهاب وتعاونها الممتاز مع الولايات المتحدة وأعضاء آخرين في المجتمع الدولي لمواجهة التهديدات الدولية المشتركة التي تواجه العالم المتحضر منذ اعتداءات 11 ايلول (سبتمبر) 2001». وقالت في بيان وزعته وزارة الخارجية إن القرار يقدم «نتائج ملموسة ترتبت على القرارات التاريخية التي اتخذتها القيادة الليبية العام 2003 لجهة نبذ الإرهاب والتخلي عن برامجها لأسلحة الدمار الشامل». واوضحت انه «نتيجة لهذه القرارات، شهدنا بداية انتقال ذلك البلد (ليبيا) للانضمام الى المجتمع الدولي». ووصفت رايس القرار بأنه «فاتحة لعهد جديد في العلاقات الأميركية – الليبية لما فيه فائدة الأميركيين والليبيين».

ودعت الوزيرة الأميركية إيران وكوريا الشمالية لتحذوا حذو ليبيا، معتبرة أن طرابلس «قدمت مثالا مهما فيما تسعى دول العالم الى تغيير أداء النظامين الإيراني والكوري الشمالي، وهو التغيير الإستراتيجي الذي نحث القيادة في كل من إيران وكوريا على اتخاذه لمصلحة شعبيهما». واعتبرت خطوة إعادة العلاقات الديبلوماسية مع طرابلس بأنها تفتح الباب لعلاقات ثنائية أوسع بين البلدين «تسمح بالبحث في قضايا مهمة أخرى، بما فيها حماية حقوق الانسان ودعم حرية التعبير وتوسيع مجال الاصلاح الاقتصادي والسياسي في ما ينسجم مع أجندة الرئيس (جورج) بوش من أجل نشر الحرية».

وجاء إعلان رايس وسط معلومات عن قيام وفد ليبي شبه رسمي، يضم أحد أقرباء الزعيم الليبي العقيد معمر القذافي، بزيارة لواشنطن لم تعلن رسميا، لإجراء محادثات في الكونغرس.

وفي طرابلس (ا ف ب)، رحبت ليبيا بالاعلان الأميركي. وقال وزير الخارجية عبد الرحمن شلقم: «نرحب بهذه الخطوة. هذه بداية صفحة جديدة لمصلحة الشعبين». وأضاف: «هذا القرار جاء بعد لقاءات واجتماعات. وتم الاتفاق على هذه الخطوة منذ أيام وسيصدر عن الجانبين بيان رسمي لتأكيد عودة العلاقات التي سترفع إلى مستوى السفارات منذ اليوم أمس».

الحياة 06/05/16

Glossary

القاموس

Resumption of diplomatic relations	استئناف العلاقات الدبلوماسية
Severing of diplomatic relations	انقطاع العلاقات الدبلوماسية
Denunciation of violence	نبذ العنف
Fighting terrorism	مكافحة الإرهاب
New era; opening of a new chapter	فاتحة لعهد جديد
Uranium enrichment	تخصيب اليورانيوم
New chapter in the relations	صفحة جديدة في العلاقات
Sending the wrong message to	إرسال رسالة خاطئة إلى

3.1 Comprehension questions

3.1 أسئلة حول المضمون

A

أ ضعوا علامة (✓) أمام الصواب و (✗) أمام الجواب الخطأ.

Tick (✓) the correct statements and cross (✗) the incorrect ones.

1 ☐ طالبت رايس ليبيا باتخاذ إجراءات لحفظ حقوق الإنسان

2 ☐ صرحت رايس بفتح العلاقات الدبلوماسية كليّاً مع ليبيا

3 ☐ دعت دول أخرى للتخلي عن نيتها في الحصول على أسلحة نوويّة

4 ☐ رفضت وزارة الخارجية الليبية تصريح رايس

5 ☐ استئناف العلاقات الدبلوماسية مع ليبيا رهين بدعم حرية التعبير في ليبيا

6 ☐ اعتبرت رايس ليبيا نموذجا للتغيير

B

ب اقرأوا النص أعلاه وأجيبوا عن الأسئلة التالية.

Read the above text and answer the following questions.

1 ماذا جاء في إعلان رايس؟

....

2 لماذا تمّ رفع ليبيا من قائمة الدول الراعية للإرهاب؟

....

3 كيف وصفت أمريكا قرار استئناف العلاقات الدبلوماسية مع أمريكا؟

....

4 كيف كان ردّ ليبيا على تصريح رايس؟

....

5 طالبت رايس بعض الدول بنهج مسلك ليبيا في التغيير ، أذكر هذه الدول؟

....

✓ ج *تستخدم العبارات التالية عموما في لغة الدبلوماسية. خمّنوا معناها باللغة الإنجليزية و ضعوها في جمل مفيدة.* C

The following phrases are often used in the language of diplomacy. Can you guess their meaning? Try using them in meaningful sentences.

1 طريق مسدود

....

2 جلسة طارئة

....

3 أحادي الجانب

....

4 إحالة القضية/الملف

....

5 خرق القانون

....

6 استنفاذ الوسائل/الطرق الدبلوماسية

....

7 امتلاك أسلحة الدمار الشامل

....

8 زيارة مفاجئة/مباغتة

....

9 الصواريخ ذات المدى البعيد

....

D رتّبوا الجمل التالية باعتبار تسلسلهم في الأحداث كما جاء في النص. د

Put the following sentences in their order of occurrence in the text.

1 ☐ إعطاء تبرير خاص لخطوة استئناف العلاقات الدبلوماسية

2 ☐ مناشدة وزيرة الخارجية لإيران وكوريا الشمالية إتباع نهج ليبيا

3 ☐ رفع إسم ليبيا من قائمة الدول الراعية للإرهاب

4 ☐ ترحيب ليبي بقرار الولايات المتحدة استئناف العلاقات الدبلوماسية

5 ☐ إعلان وزيرة الخارجية استئناف العلاقات الدبلوماسية مع ليبيا

6 ☐ توزيع بيان على الصحافة لشرح هذه الخطوة

E اشرحوا ما تحته خط في الجمل التالية. هـ

Give synonyms in Arabic for the following underlined words.

1 أعلنت رايس استئناف العلاقات الدبلوماسية

2 قرّرت رفع إسم ليبيا من قائمة الدول الراعية للإرهاب

3 دعت الدول الأخرى لنبذ الإرهاب

4 دعت رايس إيران أن تحذوا حذو ليبيا

5 قبل الوزير المقترحات التي تنسجم مع أجندة بلده

3.2 Language in context — 3.2 اللغة في السياق

A استخدموا القاموس و أكملوا الجمل التالية. أ

Use your dictionary to complete the following sentences.

1 برّرت ....

2 دعت وزيرة الخارجية..

3 جاء خطاب الملك في ....

4 رحّب الرئيس بـ ....

5 أوضح ممثل روسيا أن ....

6 أقرّ وزير الداخلية البريطاني ....

7 طالب الرئيس اللبناني ....

8 وافق مجلس الأمن ....

✓ | **ب** أكملوا الجمل التالية باستخدام الحرف المناسب. | *B*

Fill in the blanks with the appropriate prepositions

لـ	بـ	على	مع	بـ

أدلى الرئيس الليبي .... خطاب نوه فيه ....أهمية الخطوة التي اتخذتها إدارة الولايات

المتحدة الأمريكية .... استئناف العلاقات الدبلوماسية .... بلاده. واعتبر ذلك خطوة

مهمة نحو بناء علاقة وثيقة تعتمد .... التعاون بين البلدين. ويعد ذلك عهدا جديدا يتم فيه طي

صفحة الخلافات وفتح عهد الحوار والدبلوماسية. ويذكر أن العلاقات الدبلوماسية الليبية /الأمريكية انقطعت

حوالي 20 سنة.

ج تعلموا العبارات التالية من خلال استخدامها في النص و ضعوها في جمل مناسبة. | *C*

Look at how the following phrases are used in the text, then try using them in sentences of your own.

1 انقطاع العلاقات ....

2 استئناف العلاقات ....

3 نبذ العنف ....

4 نتائج ملموسة...

5 ترتّب على..

الأفعال في السياق   Verbs in context

لاحظوا أن الأفعال التالية قد تتبعها صيغ مختلفة لكن المعنى لايتغير. تعلموها واعطوا أمثلة لأفعال مماثلة.

The following verbs can be followed by different forms (preposition, gerunds . . .) but the meaning does not change. Learn them and give examples of similar verbs.

أعلن:

1 أعلن + مصدر = أعلن استئناف المباحثات

2 أعلن + أن = أعلن أن الولايات المتحدة استأنفت علاقاتها الدبلوماسية مع العراق

3 أعلن (مبني للمجهول) + عن = أعلن عن استئناف المباحثات

دعا

دعا إلى = دعا الأمين العام للأمم المتحدة إلى ضبط النفس وتوخي الحذر

دعا لـ = دعا الرئيس شعبه للمشاركة في الانتخابات

دعا + مصدر = دعا القاضي المتهم الوقوف أمام المحكمة

✓

د *املأوا الفراغات بالمصطلح المناسب. صلوا الرقم في الفراغ بالكلمة المناسبة أعلاه.*	D

Match the number in the blank with the appropriate word.

تحرك – لخوض – حل – لحفظ – نفذ – علق – صدر

(...) عما اذا كانت لديه ثقة بالامم المتحدة لوقف اطلاق النار و...........①...........الازمة، افاد الرئيس بري: «ان حل الازمات لا يأتي عبر الامم المتحدة، انما عبر الولايات المتحدة». واضاف: «لو ....②........... القرار 425 الذي ....③...........في العام 1973 لما كانت حصلت فتنة في لبنان».
وتوجه بري بالسؤال الى الأميريكيّين قائلاً: «اذا كنتم تطالبون بانتشار الجيش اللبناني على الحدود ....④ .... الامن فلماذا تسمحون لاسرائيل بضربه وضرب ثكنه؟» مشيرا الى أنّ الجيش «قدّم تضحيات كبيرة ومن واجبه ان يدافع عن ارض الوطن».

وأسف بري للموقف الرسمي العربي «الموجود في مكان و...........⑤........... الشارع العربي الموجود في مكان آخر ويتجه الى تغيير في المنطقة». واشار الى ان المنطق الرسمي العربي «اصبح ضد الموقف اللبناني وضد الموقف الشعبي المقاوم». و...........⑥........... على كلام الرئيس المصري حسني مبارك الرافض ....⑦...........حرب من أجل لبنان بالقول: «نحن لم نطلب من أحد أن يحارب معنا. ولكن بامكان الرئيس مبارك الذي له تاريخه في الحكم، أن يدعو الى وقف إطلاق النار أو أن يستعمل تعبيراً غير الذي سمعناه منه».

الشرق الأوسط 29/07/06

3.3 Translation   3.3 الترجمة

A	أ *ترجموا ما يلي إلى الإنجليزية.*
Translate the following into English.	

أعلن الرئيس الأمريكي جورج بوش أنه يسعى لحل الأزمة النووية الإيرانية بالسبل الدبلوماسية. وقال بوش بعد لقائه بالمستشارة الألمانية أنجيلا ميركل في واشنطن إنهما اتفقا معا على السعي لحل الأزمة "دبلوماسيا من خلال العمل المشترك". ورفض بوش الإفصاح عما إذا كان يؤيد فرض مجلس الأمن عقوبات على إيران. وكان وزراء أوروبيون قد أكدوا الخميس الماضي أن الوقت قد حان لكي يتعامل مجلس الأمن مع الملف النووي الإيراني.

من جانبها هددت إيران بالتوقف عن سماحها للمفتشين بالقيام بزيارات مباغتة لمواقعها النووية إذا تم إحالة ملفها النووي إلى مجلس الأمن. ويتوقع أن يعقد الرئيس الإيراني محمود أحمدي نجاد مؤتمرا صحافيا السبت لمخاطبة بلاده حول الإدانة الدولية للقرار الإيراني.

تصريحات نجاد

وكان الرئيس الايراني قد صرح في وقت سابق بأن بلاده لن تتراجع "ذرة واحدة" عن قرار استئناف الابحاث النووية. واضاف نجاد ان لإيران الحق في امتلاك التكنولوجيا النووية، وانه يجب ان يفهم الغرب انها لا تسعى لامتلاك اسلحة نووية. وكان البرلمان الإيراني أقر قانونا يلزم الحكومة الإيرانية بوقف الزيارات شبه المفاجئة لمواقعها النووية من جانب مفتشي الأمم المتحدة في حالة إحالة طهران لمجلس الأمن.

وجاء التهديد الإيراني بعد أن حثت وزيرة الخارجية الأمريكية كوندوليزا رايس الأمم المتحدة على مواجهة "تحدي" إيران بشأن برنامجها النووي. الدبلوماسية لم تستنفد بعد.

من جهتها قالت طهران إنها لا تزال راغبة في الحوار بشأن برنامجها النووي، كما حثت الاتحاد الأوروبي على عدم إحالتها إلى مجلس الأمن.

http://news.bbc.co.uk/hi/arabic/middle_east_news/newsid_4611000/4611316.stm

B	ب *ترجموا الجمل التالية إلى العربية.*
Translate the following sentences into Arabic.	

1 The US army has handed over control to the Iraqi navy and air force.

2 US officials called the handover of control to Iraqi navy and air force a milestone in Iraq's history, but the key test will be whether the Iraqi-led forces can control violence across the country.

3 The handover took place amid speculations that the Iraqi navy is not ready yet for this enormous security task.

4 US-led forces disbanded what was left of the Iraqi army after they overthrew Saddam Hussein's rule in 2003.

5 Two Iraqis died in bombings and shootings elsewhere in the Iraqi capital.

3.4 Discussion — 3.4 حوار ومناقشة

A	ناقشوا المواضيع التالية. أ
Discussion the following topics.	

الحرب والسلام

- لماذا يلجأ البعض إلى العنف لحل مشاكلهم؟
- تأثير الحروب على الإنسان والمجتمعات
- فوائد السلام ودوره في تلاحم الشعوب
- السياسات الخارجية الدولية ومساهمتها في نشر السلام أو العنف

3.5 Writing — 3.5 نشاط كتابة

A	لخصوا النص أسفله بالعربية والإنجليزية. أ
Summarise the following text in both Arabic and English.	

العرب سيطالبون مجلس الأمن بآلية جديدة للمفاوضات وإطار زمني

قرر وزراء الخارجية العرب في ختام اجتماعات مجلس الجامعة العربية أمس إعادة ملف عملية السلام إلى مجلس الأمن ومطالبته باعتماد آلية جديدة لاستئناف المفاوضات، وتحديد إطار زمني لتسوية النزاع الفلسطيني - الإسرائيلي.

وقال رئيس الدورة وزير الخارجية البحريني الشيخ خالد بن أحمد آل خليفة، في الجلسة الإفتتاحية: «سنطلب من مجلس الأمن أن يعيد النظر بشكل جذري وشامل في عملية السلام المتعثرة بغية إيجاد آلية مستحدثة وفاعلة ومستمدة من قرارات مجلس الأمن والمبادرة العربية للسلام ومرجعية مدريد».

وذكرت مصادر ديبلوماسية عربية أن إجتماعا تنسيقيا عقد بين وزراء خارجية السعودية ومصر والأردن قبيل اجتماعات مجلس الجامعة للاتفاق على الرؤية العربية التي ستعرض على مجلس الأمن. وكشفت أن الدول الثلاث تريد أن يقتصر الطرح العربي أمام مجلس الأمن على استعراض مسيرة السلام والفشل الذي اصابها بسبب السياسات الاسرائيلية والمطالبة بأن يضع مجلس الأمن آلية محددة لإحياء هذه المسيرة، سواء عن طريق «خريطة طريق» معدلة أو عقد مؤتمر جديد لعملية السلام، ووضع برنامج زمني لإنهاء هذه العملية.

وأشارت الى أن هذه الدول تريد ابداء مرونة في ما يتعلق بامكان القبول مجددا بأن تكون أميركا هي الوسيط، لكن عدداً من وزراء الخارجية اصر على التمسك بإشراف مجلس الأمن على ملف المفاوضات و «عدم تركه مجدداً في يد وسيط غير نزيه ومنحاز دائماً لصالح اسرائيل». ومن المقرر أن تعقد المجموعة العربية في الأمم المتحدة اجتماعاً في 19 الجاري لبلورة موقف عربي موحد.

وفي ملفات أخرى، قرّر المجلس الوزاري مواصلة تقديم الدعم للبنان والمطالبة برفع الحصار الاسرائيلي عنه، كما أصدر قرارات عدة اعتبر الأمين العام للجامعة عمرو موسى أن أهمها الاستخدام السلمي للطاقة النووية، والتنسيق مع الحكومة السودانية في ما يتعلق بتنفيذ القرار 1706 الخاص بإرسال قوات دولية الى دارفور. ونفى موسى تدخل الجامعة في الوساطات التي يقوم بها الامين العام للامم المتحدة كوفي أنان لتبادل الأسرى بين لبنان واسرائيل، وقال: «لن نقوم بالوساطة، ولن نتدخل في ذلك». الحياة 06/09/07

UNIT 4 الوحدة 4

1 ما سبب توتر العلاقات الأمريكية – الإيرانية بعد عام 2003؟

2 هل تعرف شيئا عن الرسالة المفتوحة التي وجّهها الرئيس الإيراني ، أحمدي نجاد، إلى نظيره الأمريكي جورج بوش الإبن؟

http://news.bbc.co.uk/hi/arabic/news/newsid_4754000/4754775.stm

الدبلوماسية هي الخيار الأول مع إيران

قال الرئيس الأمريكي جورج بوش إن الدبلوماسية تظل أفضل الخيارات لدى إدارته، لمعالجة النزاع مع إيران بشأن أنشطتها النووية. وقال بوش في هذا الخصوص :" الدبلوماسية هي الخيار الاول، واعتقد اننا سنتمكن من حل تلك المشكلة بالدبلوماسية".

ومن جهة أخرى، نسب الى البيت الأبيض قوله إن الرئيس الأمريكي لن يردّ كتابة على الرسالة المفاجئة التي بعثها له الرئيس الايراني محمود أحمدي نجاد. وقد تسرّبت بعض تفاصيل هذه الرسالة المفاجئة، التي تضمنت إنتقادات لغزو العراق. وقد قللت وزيرة الخارجية الأمريكية كوندوليزا رايس من أهمية الرسالة، وقالت إنها لا تحتوي على جديد. وقد وجهت الرسالة في الوقت الذي يجتمع فيه وزراء خارجية الدول في نيويورك لإجراء محادثات حول الأزمة النووية الإيرانية.

ولكن بعد ثلاث ساعات من المحادثات، لم يتمكن الوزراء من الاتفاق على موقف موحد حول كيفية التعامل مع المشكلة المتعلقة بالبرنامج الذري لطهران. غير أن الوزراء اتفقوا على أن يجتمع مسؤولون من بريطانيا وفرنسا وألمانيا لبحث الخطوة المقبلة، وكذلك لإعداد حزمة مساعدات اقتصادية إذا وافقت على وقف برنامجها النووي، أو التهديد بعقوبات دولية إذا لم توافق على ذلك.

وقد أثار الخطاب - الذي يعتقد أنه الأول الذي يوجّهه رئيس إيراني إلى زعيم أمريكي منذ الثورة الإسلامية لإيران عام 1979 - اهتماما كبيرا، حيث جاء في وقت تتوتّر فيه العلاقات بشكل خاص بين واشنطن وطهران. ولم يتم الكشف عن محتويات الرسالة البالغة المكونة من 18 صفحة بالكامل بعد، ولكن وفق بعض مما تسرب منها، فقد تحدث أحمدي نجاد عن غزو العراق، وعما وصفه بعملية تغطية أمريكية لهجمات الحادي عشر من سبتمبر/أيلول 2001، وعن حق إسرائيل في الوجود، ودور الدين في العالم.

ونقلت وكالة رويترز للأنباء من الرسالة القول "تحت ذريعة وجود أسلحة دمار شامل وقعت هذه الطامة الكبرى (الغزو الأمريكي للعراق) حتى حاقت بشعبي البلد المحتل وبلد الاحتلال". وتابعت قائلة "تمّ اللجوء إلى أكاذيب فيما يتعلق بالشأن العراقي، فماذا كانت النتيجة؟ لا شك لدي أن أي ثقافة تمقت الكذب، ولا أحد يحب أن يكذب عليه".

كما شكك الرئيس الإيراني في إقامة دولة إسرائيل، حيث تساءل "كيف يمكن عقلنة أو شرح تلك الظاهرة؟". وفيما يبدو أنه إشارة للبرنامج النووي لإيران، نقلت وكالة أسوشييتدبرس للأنباء عن أحمدي نجاد قوله "لماذا يتم ترجمة أي إنجاز تكنولوجي أو علمي في الشرق الأوسط على أنه "تهديد للكيان الصهيوني (إسرائيل)؟ أليس البحث والتطوير العلمي حقا من الحقوق الأساسية للأمم؟".

وفي جزء آخر من الرسالة، تقول رويترز إن أحمدي نجاد ألمح إلى اعتقاده أن واشنطن أخفت جوانب من الحقيقة فيما يتعلق بهجمات الحادي عشر من أيلول/سبتمبر على نيويورك وواشنطن.

وتساءل أحمدي نجاد قائلا "لماذا تمّ إبقاء الجوانب العديدة المتعلقة بالهجمات طي الكتمان؟ لماذا لم نبلغ بمن أهمل مسؤولياته؟". وينهي الرئيس خطابه بمناشدة بوش بالعودة إلى الدين، فيقول "نرى بشكل متزايد أن الناس في العالم أجمع يتوجهون إلى الله تعالى، فهلا انضممت إليهم؟".

خلافات

وقد سارعت واشنطن بوصف الرسالة بأنها خدعة، حيث قالت إنها لا تسهم بجديد نحو حل الأزمة المتعلقة بالبرنامج النووي الإيراني.

BBC Arabic online 09/05/06

Glossary القاموس

The best options	أفضل الخيارات	**Weapons of mass destruction**	أسلحة دمار شامل
Solving the conflict	معالجة النزاع	**Catastrophe**	الطامة الكبرى
Nuclear activities	الأنشطة النووية	**Abhor lack of honesty**	تمقت الكذب
Attribute to	نسب إلى	**Hinted at**	ألمح إلى
Leaked	تسرّب	**Under the veil of secrecy**	طيّ الكتمان
Play down	قلّل من	**Call upon**	ناشد
Common stance	موقف موحد	**Trick**	خدعة
The next move	الخطوة المقبلة	**Involvement in**	الإنخراط في
Economic incentives	مساعدات إقتصادية	**Concrete**	ملموس
Halt the nuclear programme	وقف البرنامج النووي	**His counterpart**	نظيره
Threatening economic sanctions	التهديد بعقوبات إقتصادية	**Adopt a resolution**	تبنى القرار
Souring of relations	توتّر العلاقات	**In accordance with**	بموجب
Under the pretext of	تحت ذريعة	**Binding**	ملزم
		Military operation	عمل عسكري

? **4.1 Comprehension questions** 4.1 أسئلة حول المضمون

| ✓ | A | *أ* ضعوا علامة (✓) أمام الصواب و (✗) أمام الجواب الخطأ. |

Tick (✓) the correct statements and cross (✗) the incorrect ones.

☐ **1** صرّح الرئيس الأمريكي بأن الخيار العسكري هو أفضل الخيارات

☐ **2** سيردّ الرئيس الأمريكي على رسالة نظيره الإيراني قريبا

☐ **3** اجتمع وزراء خارجية الدول العربية لمناقشة رسالة الرئيس الايراني

☐ **4** أخفق وزراء خارجية الدول للوصول إلى اتفاق بشأن البرنامج النووي الايراني

☐ **5** سيجتمع كل وزراء الدول لدراسة الخطوة المقبلة

☐ **6** رسالة الرئيس الايراني تعدّ الأولى في تاريخ العلاقات الأمريكية/الإيرانية بعد الثورة.

☐ **7** تتضمن الرسالة مواضيع تخص الشأن الأمريكي الداخلي فقط

☐ **8** اعتبر البيت الأبيض الرسالة خدعة

| ✓ | B | *ب* اقرأوا النص أعلاه ثم أجيبوا عن الأسئلة التالية. |

Read the above text and answer the following questions.

1 ما فحوى تصريح الرّئيس الأمريكي؟

....

2 ماهو ردّ الرّئيس الأمريكي على الرّئيس الإيراني؟

....

3 ما تفاصيل رسالة الرئيس الايراني إلى الرّئيس الأمريكي؟

....

4 ماهي نتائج محادثات وزراء خارجية الدول؟

....

5 ماذا تقول رسالة الرّئيس الإيراني بخصوص أحداث الحادي عشر من سبتمبر؟

....

6 بماذا اختتم الرئيس الايراني رسالته؟

....

		C
✓	ج أعيدوا صياغة ما يلي بأسلوبكم العربي الخاص.	

Paraphrase the following in Arabic.

1 الدبلوماسية هي الخيار الأول ، واعتقد أننا سنتمكن من حل تلك المشكلة بالدبلوماسية

....

2 لم يتم الكشف عن محتويات الرسالة المكوّنة من 18 صفحة

....

3 لم يتمكن الوزراء من الإتفاق على موقف موحد فيما يتعلق بكيفية التعامل مع المشكلة

....

4 ناشد الرئيس الإيراني نظيره الأمريكي العودة إلى الدين

....

		D
✓	د اشرحوا ما تحته خط فيما يلي.	

Explain or give synonyms for the following underlined words and phrases.

1 <u>تضمنت</u> الرسالة انتقادات لغزو العراق

....

2 تمّ غزو العراق <u>تحت ذريعة</u> وجود أسلحة الدمار الشامل

....

3 إبقاء بعض الحقائق <u>طي الكتمان</u>

....

4 نتعامل مع القضايا بشكل <u>ملموس</u>

....

5 رفضت روسيا هذه الخطوة <u>خشية اندلاع</u> حرب جديدة

....

6 <u>يخوّل</u> هذا القرار استخدام القوة في حالة فشل المباحثات الدبلوماسية

....

7 <u>فرص التوصل إلى</u> اتفاق أصبح صعبا

....

4.2 Language in context — 4.2 اللغة في السياق

A — أ

ادرسوا كيفية استخدام بعض من المصطلحات التالية في النص ثم ضعوها في جمل مفيدة.

Study how some of the following words are used in the text. Then try using them in sentences of your own.

1 نسب إلى..

2 لم يتمكن من..

3 جاءت الرسالة في الوقت الذي ....

4 في هذا الخصوص قال ....

5 وفي جزء آخر من القرار ....

6 تبنت الدول الأعضاء القرار القاضي بـ..

7 ناشد الرئيس العراقي نظيره الأمريكي بـ ....

B — ب

أكملوا الجمل التالية باستخدام الحرف المناسب.

Fill in the blanks with the appropriate prepositions.

في – من – إلى – عن – إلى – إلى – لـ – بـ

كتب وزير الخارجية العراقي رسالة .... شقيقه الأردني يشكره فيها .... المجهودات الجبارة التي تقوم بها حكومة الأردن .... مكافحة الإرهاب ودعم الشعب العراقي وذلك بمواصلة مراقبة الحدود. كما أشاد الوزير .... المساعدات الإنسانية التي مدتها منظمات خيرية أردنية .... الشعب العراقي. وتابع أن الشعب العراقي يمر .... محنة وفترة عصيبة للغاية ، لكنه أبدى أمله .... تحسن الوضع و رجوع بلده .... عصر الاستقرار والرفاهية التي طالما نعم بها.

C — ج

للأفعال التالية معان مختلفة حسب استخدامها في السياق. خمّنوا معنى كل جملة باللغة الإنجليزية.

The following verbs have different meanings in different contexts. Can you guess the meaning of each sentence?

عقد

1 عقد الملك اجتماعا مع وزرائه

2 عقد عقد زواج

3 انعقد المؤتمر

4 تعاقد الطرفان

تسرّب

1 تسرّب الخبر

2 تسرّب الماء من السقف

3 تسرّب الأطفال من المدرسة

د اعيدوا كتابة ما يلي مستعملين زمن المستقبل.	*D*
Rewrite the following using the future tense.	

اجتمع أمير منطقة الرياض مع رئيس الحكومة الروسية وعمدة موسكو امس، في ثاني ايام زيارته الرسمية للعاصمة الروسية

ورحب رئيس الحكومة الروسية بأمير منطقة الرياض، مؤكدا أن العلاقات بين البلدين في تطور مستمر، مشيرا إلى أن ذلك يعكس أهمية البلدين على المستوى الدولي. وقدّم الأمير شكره لرئيس الحكومة الروسية، ونقل له تحيات خادم الحرمين الشريفين وولي العهد. وأعرب عن ثقته بتطور العلاقات بين البلدين الصديقين في ظل اهتمام قيادة البلدين وحرصهما على تعزيز التعاون الثنائي، مشيرا إلى أن زيارة خادم الحرمين الشريفين السابقة لروسيا، ساهمت في تعزيز العلاقات. من ناحيته وصف رئيس الحكومة الروسية زيارة الأمير سلمان بأنها «تاريخية.. وحلقة بالغة الأهمية في علاقات البلدين». وقال الأمير سلمان، إن الزيارات المتبادلة ستكون مفيدة للجانبين، مشيرا إلى تاريخ العلاقات السعودية الروسية.

✓

هـ *أكملوا الفراغات بالمصطلح المناسب. صلوا الرقم في الفراغ بالكلمة المناسبة أعلاه.*	*E*
Match the number in the blank with the appropriate word.	

تبقى – تحتوي – تنطوي – يجيب – الصدد – ناحية أخرى

قال الرئيس الأمريكي جورج بوش إن الدبلوماسية ....①........... أفضل الخيارات لدى إدارته، لمعالجة النزاع مع إيران بشأن أنشطتها النووية.

وقال بوش في هذا ....②...........: "الدبلوماسية هي الخيار الأول، واعتقد إننا سنتمكن من حل تلك المشكلة بالدبلوماسية".

ومن ....③...........، نسب إلى البيت الأبيض قوله إن الرئيس الأمريكي لن ....④........... كتابة على الرسالة المفاجئة التي بعثها له الرئيس الإيراني محمود احمدي نجاد.

وقد تسربت بعض تفاصيل هذه الرسالة المفاجئة، التي ....⑤........... على انتقادات لغزو العراق. وقد قللت وزيرة الخارجية الأمريكية كوندوليزا رايس من أهمية الرسالة، وقالت إنها لا ....⑥........... على جديد.

4.3 Translation   4.3 الترجمة

A	*ترجموا ما يلي إلى الإنجليزية.*	أ
Translate the following into English.		

1 الدبلوماسية تظل أفضل الخيارات لمعالجة النزاعات العالقة بين الأطراف

....

2 قللت وزيرة الخارجية الأمريكية من أهمية الرسالة وقالت إنها لا تحتوي على جديد

....

3 لم يتمكن الوزراء من الاتفاق على موقف موحد حول كيفية التعامل مع المشكلة المتعلقة ببرنامج طهران النووي

....

4 اندلعت الحرب اللبنانية/ الاسرائلية في وقت تشهد فيه العلاقات الأمريكية-الإيرانية توترا شديدا.

....

5 أعلن الوزراء أن فرص التوصل إلى قرار موحد لا يزال بعيدا عن المأمول

....

6 استبعد الرئيس الخيار العسكري لحل الأزمة

....

B	*ترجموا ما يلي إلى العربية.*	ب
Translate the following into Arabic.		

You can't rush democracy, says Chinese PM

In self-assured mood before setting off for a visit to Europe, the Chinese Prime Minister voiced his confidence today in the strength of his booming economy but ruled out any swift advance towards greater democracy.

The Prime Minister, whose main task is to manage China's race to prosperity, appeared in high spirits as he welcomed a small group of journalists to the Throne Hall of the Effulgent Pole-Star.

The Prime Minister granted a rare interview within the vermilion walls that surround the sprawling garden-palace complex in Beijing where emperors once reviewed archers and which is now the headquarters of China's ruling Communist Party. He will leave this week to attend the sixth summit of the Asia-Europe Meeting before flying on to Britain, Germany and Tajikistan.

He made clear that a visit to one of the world's oldest democracies would not encourage Beijing to accelerate the introduction of direct elections at home.

China's progress towards democracy would be a very gradual process and the Prime Minister avoided giving a timetable. China's huge size, its enormous population and the large gaps between rich and poor, educated and uneducated, were reasons he cited for the Communist Party's decision to delay change.

Times Online 06/09/06
http://www.timesonline.co.uk/tol/news/world/asia/article628722.ece

1 ما سبب شنّ إسرائيل هجوما على لبنان صيف 2006؟

2 هل إستطاع الأعضاء المشاركون في مؤتمر روما إيقاف الهجوم؟

http://news.bbc.co.uk/hi/arabic/middle_east_news/newsid_5207000/5207104.stm

جهود دبلوماسية مكثفة تسبق مؤتمر روما بشأن لبنان

تتواصل التحركات السياسية والدبلوماسية الدولية في مواكبة التطورات العسكرية على الساحة اللبنانية-الإسرائيلية. فمن المقرر أن يجري موفدون من ثلاث دول أوروبية محادثات اليوم الأحد مع الحكومة الاسرائيلية بشأن سبل الخروج من الأزمة الحالية، وذلك قبيل الزيارة المرتقبة التي ستقوم بها وزيرة الخارجية الأمريكية كوندوليزا رايس للمنطقة. وهؤلاء الموفدون هم وزير الخارجية الألماني غرانك - والتر شتاينمر ووزير الخارجية الفرنسي فيليب دوست-بلازي ووزير الدولة البريطاني كين هاولز. وكان فيليب دوست-بلازي الذي زار القاهرة بعد بيروت قد قال إن وقفا لإطلاق النار ضروري لتجنيب تدمير الدولة اللبنانية.

وقد زار دوست-بلازي الأردن بعد مصر، حيث التقى الملك عبد الله ودعا مرة أخرى إلى تغليب المفاوضات محذّرا من أن العنف لا يولّد إلا العنف. وقال الوزير إنه يأمل في أن تشارك الولايات المتحدة في مؤتمر روما المقرر انعقاده يوم الأربعاء.

ومن القاهرة أيضا أكد وزير الخارجية الألمانية فرانك والتر شتاينمر بعد لقائه نظيره المصري أحمد أبو الغيط أن بلاده ستعمل على منع المواجهة بين حزب الله وإسرائيل من الانتشار إلى دول أخرى في الشرق الأوسط، ولكنها لن تطالب بوقف فوري لإطلاق النار. وأضاف شتاينمر: "لن نسمح لقوى التشدّد أن تقرّر أجندة الشرق الأوسط". ومن المقرّر أن يلتقي شتاينمر الأحد رئيس الوزراء الإسرائيلي ايهود اولمرت ورئيس السلطة الفلسطينية محمود عباس. يُذكر أن ألمانيا كانت الدولة التي توسطت بين حزب الله وإسرائيل عام 2004 لإتمام صفقة تبادل الأسرى بينهما.

حملة دبلوماسية

وكان وزير الدولة البريطاني للشؤون الخارجية كيم هويلز وصل إلى العاصمة اللبنانية بيروت يوم السبت وأجرى محادثات مع المسؤولين اللبنانيين تتعلق بالأزمة.

وانتقد الوزير البريطاني ما يتعرّض له المدنيون من جراء الهجوم الإسرائيلي على لبنان.

وتأتي هذه التحركات قبل انعقاد مؤتمر دولي حول لبنان في روما بدعوة من الحكومة الإيطالية يوم الأربعاء المقبل، من المنتظر أن تحضره وزيرة الخارجية الأمريكية كوندوليزا رايس التي تتوجه إلى المنطقة في بداية الأسبوع المقبل. ويشارك في مؤتمر روما روسيا وبريطانيا وفرنسا ومصر والأردن والسعودية والولايات المتحدة إضافة إلى إيطاليا.
وفي سياق متصل، نقلت وكالة "رويترز" للانباء أن الرئيس الأمريكي جورج بوش أطلق حملة دبلوماسية

حول الأزمة في لبنان قائلا إن الولايات المتحدة ستحث القادة العرب على المساعدة في الضغط على حزب الله وعلى سوريا وإيران. ونقلت الوكالة أن بوش أجرى في هذا الإطار إتصالا برئيس الوزراء التركي رجب طيب أردوغان وبحث معه الأحداث في لبنان، كما اتصل للغرض نفسه بالمستشارة الألمانية أنجيلا ميركيل.

وقبل توجه رايس إلى الشرق الأوسط، تلتقي والرئيس بوش وفدا سعوديا يضم وزير الخارجية الامير فيصل بين عبد العزيز والامير بندر بن سلطان الامين العام لمجلس الامن الوطني السعودي.

إيران

وقد كرّر بوش توجيه اللوم لحزب الله ومن وصفهم بـ"داعميه الأجانب" لما يحدث في لبنان. واعتبر بوش في رسالته الإذاعية الأسبوعية إن سوريا وإيران "الراعيين الأساسيين" لحزب الله وإن أعمالهما تهددان الشرق الأوسط بأكمله. في غضون ذلك، وعد رئيس الأركان الإيراني حسن فيروزابادي بتقديم دعم ديبلوماسي وسياسي لحزب الله، ولكنه أنكر أن يكون هناك تدخل عسكري إيراني في لبنان. وقال فيروزبادي إن الأعمال الإسرائيلية هي جزء من خطة أمريكية-بريطانية تهدف لحماية الإمدادات النفطية في الشرق الأوسط. BBC Arabic online, 23/07/06

Glossary القاموس

Intensive diplomatic efforts	جهود دبلوماسية مكثفة	**Ministry of State for Foreign Affairs**	وزير الدولة للشؤون الخارجية
It is anticipated that	من المقرر أن	**Urge (to do something)**	حثّ على
Hold talks	يجري محادثات	**Put pressure on; pressurise**	ضغط على
Prior to the visit	قبيل الزيارة	**Made contact**	أجرى اتصالا
Ceasefire	وقف إطلاق النار	**Denied military intervention**	أنكر التدخل العسكري
Destroying the infrastructure	تدمير البنية التحتية		
Agreement; deal	صفقة		
Exchange of prisoners	تبادل الأسرى		

5.1 Comprehension questions 5.1 أسئلة حول المضمون

A أ *ضعوا علامة (✓) أمام الصواب و (✗) أمام الجواب الخطأ.*

Tick (✓) the correct statements and cross (✗) the incorrect ones.

1 ☐ زار فيليب دوست بلازي القاهرة وهو في طريقه إلى لبنان

2 ☐ قال فيليب دوست إن العنف يسبّب العنف

3 ☐ انعقاد مؤتمر دولي في روما بدعوة من أمريكا

4 ☐ تمّ تبادل الأسرى بين حزب الله وإسرائيل عام 2005.

✓ | B | ب اقرأوا النص أعلاه وأجيبوا عن الأسئلة التالية.

Read the above text and answer the following questions.

1   ما هو غرض المحادثات بين موفدوا الدول الأوربية وإسرائيل؟

....

2   ممن يتكون الوفد الأوروبي؟

....

3   ما هي الدول العربية التي زارها دوست ـ بلازي؟

....

4   بماذا صرّح دوست ـبلازي وهو يزور الأردن؟

....

5   عن ماذا أسفر توسط ألمانيا بين حزب الله وإسرائيل عام 2004؟

....

6   من سيشارك في مؤتمر روما؟

....

7   ما الغرض من حملة بوش الدبلوماسية؟

....

🔍 5.2 Language in context   5.2 اللغة في السياق

✓ | A | أ تعلموا العبارات التالية من خلال استخدامها في النص و ضعوها في جمل مناسبة.

Look at how some of the following phrases are used in the text, then try using them in sentences of your own.

1   من المقرّر أن ....

2   اعتبر بوش سوريا وإيران ....

3   تأتي هذه الزيارة قبيل ....

4   تتواصل الحملة الانتخابية ....

5   طالبت الدول الأوربية حزب الله بـ ....

✓ | B | ب أكملوا الفراغات باستخدام الكلمات المناسبة.

Fill in the blanks with the appropriate words.

1 طالبت الأمم المتحدة الأطراف المعنية بالوقف الفوري لـ .... النار

* إخماد * انقطاع * إطلاق

2 دعت الجامعة العربية الأقليات العراقية للجلوس على .... المفاوضات لحل الأزمة الداخلية.

* كرسي * أرضية * طاولة

3 حمّل الرئيس الأمريكي سوريا وإيران .... ما يجري في العراق.

* عقوبة * مسؤولية * معضلة

4 .... مجلس الأمن الدولي إلى قرار لوقف العنف فورا

* تبنى * توعد * توصل

ج	استخدموا القاموس لفهم الجمل التالية.	C
	Use the dictionary to help your understanding of the following sentences.	

1 تجري محادثات بين الأطراف المتنازعة

2 العنف يولّد العنف

3 يأمل وزراء الدول العربية في وقف إطلاق النار

4 وفي سياق متصل قال الرئيس اللبناني إن إسرائيل تتحمل كامل المسؤولية على الخراب الذي لحق بلاده

5 جاء المؤتمر بدعوة من الحكومة الإيطالية

✓

د	*اكملوا الفراغات بالمصطلح المناسب. صلوا الرقم في الفراغ بالكلمة المناسبة أعلاه.*	D
	Match the number in the blank with the appropriate word.	

قتال – الحدود – اتفاق – هائلة – الأمني – المتضررين – الصراع

قالت مراسلة بي بي سي في شرق إفريقيا إن التهديد بإغلاق ....①.......... وطرد لاجئي دارفور يهدف إلى تركيز اهتمام المجتمع الدولي على ....②.......... الداخلي في تشاد وعلى روابطها العرقية المعقدة مع جارها السودان. وتضيف المراسلة إن تدفق اللاجئين الهاربين من دارفور قد يشكل ضغوطا ....③..........على وكالات الإغاثة، التي تعاني بالفعل من أجل الوصول إلى ....④..........

ففي الشهر الماضي، تدهور الموقف ....⑤.......... في غرب دارفور، وحذر برنامج الغذاء العالمي من أنه إذا اندلع ....⑥.......... قرب الحدود مع تشاد فإن السبل قد تتقطع باللاجئين. ولا تزال الاشتباكات والاتهامات المتبادلة بين السودان وتشاد مستمرة على الرغم من ....⑦.......... وقعه البلدان في فبراير / شباط يهدف إلى تخفيف حدة التوتر.

E	لائموا بين العبارات في العمود الأول على اليمين و ما يناسبها من معان في العمود الثاني على اليسار.	هـ

Match the phrases on the right with those on the left.

1 تتواصل التحركات الدبلوماسية الدولية — القصف الجوي الإسرائيلي على مساكنهم

2 غادر سكان لبنان مدنهم وقراهم بسبب — حتى يتم تسليم الجنديين المختطفين من قبل حزب الله

3 دعا مجلس الأمن الأطراف المعنية — لما لحق سكان شرق آسيا من كوارث طبيعية

4 عبّرت إسرائيل عن عزمها مواصلة الحرب على لبنان — إلى الجلوس على طاولة المفاوضات لحل المشاكل العالقة

5 أعربت منظمة الصليب الأحمر عن أسفها — لتجنب الحرب على العراق

5.3 Translation — الترجمة 5.3

A	ترجموا النص التالي إلى اللغة الإنجليزية.	أ

Translate the following text into English

الكويت تستأنف العلاقات الدبلوماسية مع العراق

أعلنت الكويت أنها ستستأنف علاقاتها الدبلوماسية مع العراق، والتي كانت قد قطعت عقب الغزو العراقي للكويت عام 1990. وقالت وكالة الأنباء الكويتية نقلا عن مصدر بوزارة الخارجية الكويتية قوله إن الكويت "تعلن استئناف العلاقات الدبلوماسية مع جمهورية العراق الشقيق".

ويأتي هذا الإعلان بعد يوم واحد من تسليم السلطة للحكومة العراقية الجديدة المؤقتة. وقال المصدر أنه سيتم تعيين سفير للكويت لدى بغداد في وقت لاحق.

وشددت الكويت على أن استئناف العلاقات الدبلوماسية مع العراق "يجسد حرصها على تحقيق التعاون والتنسيق لما فيه خدمة مصالح البلدين وشعبيهما"، وأعربت عن أملها في أن تعزز هذه الخطوة الأمن والاستقرار في المنطقة.

يذكر أن الكويت، التي كانت قاعدة انطلاق للقوات البريطانية والأمريكية لغزو العراق العام الماضي، قد تمتعت بعلاقات جيدة مع مجلس الحكم العراقي الذي تم حله أمس الاثنين لتتولى السلطة بدلا منه الحكومة العراقية المؤقتة.

BBC Arabic 29/06/04
http://news.bbc.co.uk/hi/arabic/news/newsid_3848000/3848869.stm

5.4 Writing — 5.4 نشاط كتابة

Background

يمرّ التعليم في العالم العربي بظروف صعبة ليس فقط بسبب كثرة الأميين من النساء والرجال وقلة فرص التعليم للأطفال في بعض الدول ، بل أيضا بسبب ما يسمى بالأمية الثقافية والجهل بالأساليب الحديثة والتكنولوجيا المستخدمة في مجال التعليم في العالم المتقدم.

A	أ
اكتبوا مقالا عن هذه القضية تناقشون فيه العناصر التالية.	
Write an article about the above subject discussing the following topics.	

1 واقع التعليم في العالم العربي في الماضي.

2 التطور الذي حصل في التعليم في العالم العربي في السنوات الأخيرة.

3 أسباب تخلف التعليم مثلا: مستوى الوعي الاجتماعي ، مستوى المعيشة ، الظروف السياسية في العالم العربي ، المناهج ، طرق التدريس ، المواد النظرية والعلمية......

4 علاقة التعليم بقضايا أخرى مثل : الفقر والبطالة.

5.5 Listening — 5.5 نشاط استماع ومناقشة

A	أ
استمعوا إلى النص على الشريط واستخرجوا الأفكار الأساسية التي يدور حولها النص.	
Listen to the recording and list three of the main topics.	

1 ....

2 ....

3 ....

B	ب
استمعوا إلى النص و ضعوا علامة (✓) أمام الصواب و (✗) أمام الجواب الخطأ.	
Tick (✓) the correct statements and cross (✗) the incorrect ones. Then listen to check your answers.	

1 ☐ تتلقى جبهة الخلاص دعما من إرتيريا

2 ☐ وافق الرئيس السوداني على قرار الأمم المتحدة 1706

3 ☐ أبدى الرئيس السوداني استعداده لنشر قواته لحفظ السلام في دارفور

4 ☐ عبّر البشير عن عزمه لمقاتلة كل من يحمل السلاح

✓ **C** ج *استمعوا إلى النص ثم أجيبوا عن الأسئلة التالية.*

Can you answer the following questions? Listen again to check your answers.

1 من اتهم الرئيس السوداني بدعم المتمردين؟

....

2 لماذا قرّر الرئيس السوداني مقاومة قرار مجلس الأمن؟

....

3 كيف وصف الرئيس السوداني الأوضاع في دارفور؟

....

4 إلى ماذا دعا الرئيس السوداني اريتريا؟

....

5 كيف وصف البشير قرار مجلس السلم والأمن التابع إلى الاتحاد الإفريقي؟

....

✓ **D** د *استمعوا إلى النص مرة أخرى واكتبوا الكلمات الناقصة.*

Fill in the blanks, then listen a final time to check your answers.

وطالب اريتريا .... «جبهة الخلاص» من أراضيها. وتابع: «نرفض أي دور لاريتريا في قضية دارفور»، مؤكداً حرص الخرطوم على .... جيدة مع اسمرا تقوم على حسن .... وتبادل ....

من ناحية أخرى، قال البشير إن حكومته .... قيوداً على تنقل الديبلوماسيين .... الأميركيين يجعل وجودهم مقتصرا على الخرطوم فقط، وعلى مسافة 25 كيلومتراً من مقر القصر الرئاسي في وسط العاصمة رداً على قيود .... فرضت على المسؤولين السودانيين في الولايات المتحدة. وكشف تقييد حركته في نيويورك بقانون .... خلال زيارته .... لحضور اجتماعات الجمعية العامة للأمم المتحدة. وشدد على تمسكه بهذا .... حتى لو عادت اميركا عن قرارها في ....، مشيراً الى أن البلدين كانا اتفقا في وقت سابق على رفع الحظر عن تحركات .... داخل البلدين «إلا ان واشنطن ....».

Full transcript at page 271.

MODULE 2

Elections

الفصل الثاني: الانتخابات

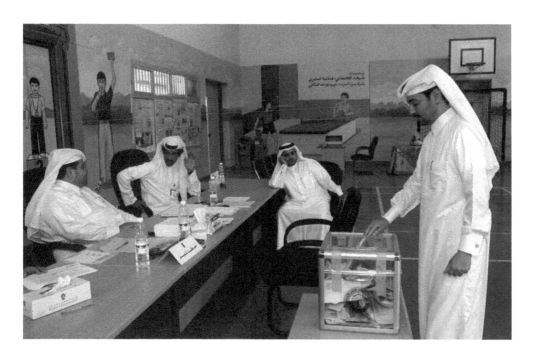

UNIT 6 الوحدة 6

1 ماذا تعرف عن توني بلير؟

2 أذكر بعض الأحزاب المركزية البريطانية؟ ماذا تعرف عن كل منها؟

http://news.bbc.co.uk/hi/arabic/world_news/newsid_4507000/4507309.stm

المرشحون يحاولون الاستفادة من الساعات الأخيرة لجذب أكبر عدد من المؤيدين

في الساعات الثمانية والأربعين السابقة للانتخابات العامة البريطانية، يتوجه المرشحون إلى الناخبين مؤكدين لهم أن أمامهم خيارا حقيقيا يوم الانتخاب ويركز المرشحون حملتهم الانتخابية في الساعات الأخيرة على الفوارق والتباينات بين برامج الأحزاب المتنافسة.

ويُظهر استطلاع للرأي تراجع حزب العمال في بعض المناطق، وهو ما سيركز عليه الحزب في حملته مشيرا إلى أن التصويت لصالح حزب الأحرار الديموقراطيّين سيوصل المحافظين إلى الحكم من "الباب الخلفي". وفي الوقت الذي تدور فيه مواجهات بين المرشحين في برامجهم وأولوياتهم الداخلية، لا تزال الحرب في العراق الموضوع الأكثر سخونة في الانتخابات. وكانت زوجة الجندي البريطاني الذي قتل في العراق قد أنحت باللائمة على رئيس الوزراء البريطاني توني بلير في وفاة زوجها. وفي غضون ذلك، يعتزم أقارب جنود آخرين قتلوا في العراق توجيه رسالة إلى رئاسة الحكومة، في محاولة منهم لملاحقة الحكومة قضائياً.

وكان بلير قد خاطب الناخبين يوم الاثنين الماضي في لقاء تلفزيوني، وقال: "يستطيع الناس أن يحدّدوا ما إذا كانوا سيثقون بي أو لا، وسيكون هذا قرارهم في الخامس من مايو/أيار." ومن جهته، واصل مرشح المحافظين مايكل هاورد، هجومه على بلير واصفاً إياه بأنه متلهف للبقاء في السلطة ولكنه عاجز عن تقديم أية نتائج. ويتهم حزب الديموقراطيين الأحرار حزب العمال بأنه خائف منه، فيما يصف حزب المحافظين بأنه "حزب الأمس." وكان زعماء الأحزاب قد وجهوا اهتماماتهم إلى الناخبين الذين لم يحسموا مواقفهم بعد.

وحذر بلير الناخبين العماليين من التحول عن حزب العمال الذي يتزعمه إلى الديموقراطيين الأحرار، مشيرا إلى أن ذلك قد ينتهي بفوز المحافظين. ومن جانبه حذر تشارلز كينيدي زعيم الديموقراطيين الأحرار الناخبين من الثقة في العمال أو المحافظين فيما يتعلق بقضية العراق. وتشير التقارير إلى أن نحو 30 بالمئة من الناخبين البريطانيين لم يحددوا موقفهم بعد.

Glossary القاموس

Elections	إنتخابات	**Labour party**	حزب العمال
Polling stations	مراكز الإقتراع	**Conservative party**	حزب المحافظين
Voting	التّصويت	**Liberal democrats**	حزب الديمقراطيين الأحرار
International monitors	مراقبين دوليين	**Vote-rigging**	تزوير الإنتخابات
Heavy turnout	إقبال كبير/كثيف	**Voting in favour of**	التصويت لصالح
Election campaign	حملة إنتخابية	**Contending parties**	الأحزاب المتنافسة
By-elections	إنتخابات فرعية	**Opinion polls; surveys**	استطلاع الرأي
General elections	إنتخابات عامة	**Election results**	نتائج الإنتخابات
Candidate	مرشّح	**Transparency**	الشفافية
Electorates	الناخبون	**Third term**	ولاية ثالثة
Free and fair elections	إنتخابات حرّة ونزيهة	**Sweeping victory**	فوز كاسح
Hold elections	أجرى انتخابات	**Financing public services**	تمويل الخدمات العامة
Delay/postpone elections	أجل الانتخابات	**Absentee ballot**	إقتراع غيابي
Cancel elections	ألغى الانتخابات	**Ballot paper**	ورقة الإنتخابات
To abstain from voting	أحجم عن التصويت	**Secret ballot**	إقتراع سرّي
Win a landslide victory	فاز فوزا ساحقا	**A decline in popularity**	تراجع في الشعبية

6.1 Comprehension questions 6.1 أسئلة حول المضمون

A / *ضعوا علامة (✓) أمام الصواب و (✗) أمام الجواب الخطأ.*

Tick (✓) the correct statements and cross (✗) the incorrect ones.

1 ☐ يؤكد المرشحون في الساعات الأخيرة من حملتهم الإنتخابية على تشابه برامجهم

2 ☐ تشير استطلاعات الرأي إلى تقدم حزب العمال في كل المناطق

3 ☐ تعدّ الحرب على العراق حدثا ثانويا في الحملات الإنتخابية البريطانية

4 ☐ بلير رجل متعطش للحكم حسب قول هاورد

5 ☐ تحول الناخبين عن حزب العمال يعني فوز الديمقراطيين الأحرار

B	اقرأوا النص أعلاه ثم أجيبوا عن الأسئلة التالية.	ب
Read the above text and answer the following questions.		

1 ما هي الأمور التي تركز عليها الأحزاب خلال الساعات الأخيرة من الإنتخابات؟

....

2 ما هو الموضوع الأكثر سخونة في الإنتخابات ؟

....

3 ما مضمون خطاب بلير للناخبين؟

....

4 ما هي الاتهامات التي يوجّهها حزب الأحرارللعمال والمحافظين؟

....

5 ما موقف الأحرار من حرب العراق؟

....

6 ما فحوى تحذير بلير للناخبين العماليين؟

....

C	أعيدوا صياغة العبارات التالية بأسلوبكم العربي الخاص.	ج
Paraphrase the following in Arabic.		

1 في الوقت الذي تدور فيه مواجهات بين المرشّحين ....

2 يركز المرشّحون على الفوارق والتباينات في برامجهم الإنتخابية ....

3 التصويت لصالح الديمقراطيين يوصل المحافظين إلى الحكم من الباب الخلفي ....

4 يعتبر موضوع العراق الموضوع الأكثر سخونة في الإنتخابات ....

D	أدرسوا ما يلي في النص ثم اشرحوا ما تحته خط.	د
Study the following as used in the text. Then explain or give synonyms for the underlined words.		

1 الفوارق والتباينات

2 الموضوع الأكثر سخونة

3 أنحت باللائمة

4 يعتزم

5 لم يحسموا مواقفهم

6 يظهر استطلاع الرأي

7 حاول ملاحقة الوزير قضائيا

8 هذا الرئيس متلهف للبقاء في السلطة

6.2 Language in context — 6.2 اللغة في السياق

A	تستخدم الأفعال والعبارات التالية في تلخيص النصوص وإعادة صياغة الخطاب. حاولوا استخدام بعضها في فقرة من عندكم.	أ

The following verbs and phrases can be used in summarising texts or reporting direct speeches. Study them and try using some of them in a paragraph of your own.

1 أشارت إلى: ....

2 طعن في: ....

3 أبدى تخوفه /قلقه من: ....

4 انتقد: ....

5 رحب بالتصريح واعتبره خطوة نحو الاتجاه الصحيح: ....

6 عبّر عن فرحه: ....

7 بدا الاختلاف واضحا بين: ....

8 وبدوره دافع عن: ....

9 أعرب عن الأسف: ....

10 تساءل عن: ....

11 هاجم: ....

12 اتهم : ....

13 وردّد قائلا: ....

14 بيّن بوضوح: ....

15 عبّر عن قلقه لما: ....

16 وبخصوص.....قال..

17 وضّح نقطة الخلاف بين: ....

18 أجاب بكل ثقة: ....

B ب أكملوا الجمل التالية باستخدام الحرف المناسب.

Fill in the blanks with the appropriate prepositions.

عن – على – مع – إلى – عن – إلى

خاطب بلير حزب العمال اليوم قائلا إن الفوز بولاية ثالثة لم يعد سهلا وأشار .... المهمة الصعبة التي يواجهها حزبه. وعبر ...... أسفه لكون بعض المواطنين لا يتفقون .... قراره شن حرب .... صدام حسين. وأكد أنه سيستمع .... ما يقوله المواطنون. لكنه لم يعتذر .... قراره مشاركة بوش في حرب العراق.

C ج للأفعال التالية معان كثيرة حسب استخدامها في سياق الجملة. ادرسوا كيفية استخدام الأفعال التالية في سياقها ثم ضعوها في جمل من عندكم.

The following verbs have different meanings in different contexts. Study them and try using them in sentences of your own.

قام:

| 1 | قام الرئيس بمخاطبة الجمهور = خاطب | to address |
| 2 | قام بمحاولة اغتيال فاشلة = حاول | to attempt |

وجّه:

1	وجّه الرئيس خطابا لشعبه = خاطب	to address
2	وجّه الأب نصيحة لولده = نصح	to advise
3	وجّه تحذيرا شديد اللهجة = حذر	to warn
4	وجّهت الأمم المتحدة نقدا لاذعا لكوريا الشمالية = انتقد	to criticise
5	وجّه اتهاما = اتهم	to accuse
6	وجّه القائد اهتمامه لما يجري = اهتم	to show interest

أدلى بـ :

1	أدلى بتصريحات معادية للحرية = صرّح	to give a statement
2	أدلى برأيه أمام الملأ	to express one's opinion
3	أدلى بصوته في انتخابات الرئاسة العامة	to cast one's vote
4	أدلى بموقفه أمام الجمعية العامة	to give one's stance

D	د اعيدوا كتابة مايلي في زمن الماضي.

Rewrite the following in the past tense.

في الساعات الثمانية والأربعين السابقة للانتخابات العامة البريطانية، يتوجه المرشحون إلى الناخبين مؤكدين لهم أن أمامهم خيارا حقيقيا يوم الانتخاب ويركز المرشحون حملتهم الانتخابية في الساعات الأخيرة على الفوارق والتباينات بين برامج الأحزاب المتنافسة.

ويُظهر استطلاع للرأي تراجع حزب العمال في بعض المناطق، وهو ما سيركز عليه الحزب في حملته مشيرا إلى أن التصويت لصالح حزب الأحرار الديموقراطيين سيوصل المحافظين إلى الحكم من "الباب الخلفي". وفي الوقت الذي تدور فيه مواجهات بين المرشحين في برامجهم وأولوياتهم الداخلية، لا تزال الحرب في العراق الموضوع الأكثر سخونة في الانتخابات. وكانت زوجة الجندي البريطاني الذي قتل في العراق قد أنحت باللائمة على رئيس الوزراء البريطاني توني بلير في وفاة زوجها. وفي غضون ذلك، يعتزم أقارب جنود آخرين قتلوا في العراق توجيه رسالة إلى رئاسة الحكومة، في محاولة منهم لملاحقة الحكومة قضائياً.

E ✓	هـ اعيدوا كتابة الفقرة التالية بأسلوبكم الخاص.

Paraphrase the following paragraph.

" وحذر بلير الناخبين العمّاليين من التحول عن حزب العمّال الذي يتزعمه إلى الديموقراطيين الأحرار، مشيرا إلى أن ذلك قد ينتهي بفوز المحافظين. ومن جانبه حذر تشارلز كيندي زعيم الديموقراطيين الأحرار الناخبين من الثقة في العمال أو المحافظين فيما يتعلق بقضية العراق. وتشير التقارير إلى أن نحو 30 بالمئة من الناخبين البريطانيين لم يحددوا موقفهم بعد"

6.3 Translation   6.3 الترجمة 🔄

A	أ ترجموا النص الأول في الصفحة 38 إلى الإنجليزية.

Translate the text at page 38 into English.

B	ب ترجموا الجمل التالية إلى العربية.

Translate the following sentences into Arabic.

1 Palestinian election officials said polling would now close at 1900 GMT.

2 There were problems with heavy turnout and registration lists.

3 The favourite to win is ex-Prime Minister Mahmoud Abbas, who is calling for peace talks and an end to the armed Palestinian uprising.

4 Voters complained that Israeli officials were not allowing them to vote, even though the Palestinian central election commission had properly registered them.

5 One election monitor said he thought up to 500 voters had been turned away.

6 Casting his vote at the West Bank compound in Ramallah where Arafat is buried, Mr Abbas – also known as Abu Mazen – said the vote was taking place in a "marvellous" fashion.

7 Palestinian militant group Hamas has called for a boycott of the vote.

8 The former French Prime Minister Michel Rocard, the head of the European Union's monitoring mission, said he had seen no serious problems at checkpoints.

9 As Palestinians went to the polls, Israel's Labour Party leader Shimon Peres, who is entering a new coalition government with Mr Sharon, told the BBC he thought "very highly" of Mr Abbas.

10 Speaking on the BBC's *Breakfast with Frost* programme, he described Mr Abbas as a "serious man" and a "tough negotiator".

11 Mr Abbas has said he will ask current Prime Minister Ahmed Qurei to form a new government if he wins the election.

UNIT 7 الوحدة 7

1 كم ولاية حكم بلير بريطانيا؟

2 إلى أي حزب بريطاني ينتمي بلير؟

3 ماذا تعرف عن الإنتخابات البريطانية؟

http://www.aljazeera.net

الشفافية والحذر دروس الإنتخابات البريطانية

انصب اهتمام الصحف الأمريكية الصادرة اليوم السبت على نتائج الانتخابات البريطانية وأبدت ترحيبها بنصر رئيس الوزراء البريطاني توني بلير حيث أشارت إلى ضرورة الشفافية والحذر في القضايا الأساسية مثل الحرب والسلام، كما تهكمت على قناة تيليسور الفنزويلية وقالت إن كراهية الولايات المتحدة الأمريكية تجمعها مع قناة الجزيرة.

ولاية بلير الثالثة

خصصت صحيفة **نيويورك تايمز** مساحة للحديث عن الرسالة التي تمخضت عنها الإنتخابات البريطانية ومفادها أن رئيس الوزراء البريطاني توني بلير ما زال يحتل الصدارة في السياسات البريطانية رغم أنه لم يعد يهيمن عليها.

وقالت الصحيفة إن بلير يستحق هذا الفوز بسبب إصراره على تكريس_جهوده خلال ولايتيه السابقتين لتحسين الاقتصاد وإعادة تمويل الخدمات العامة والمبادرة بإجراء الإصلاحات المؤجلة.

وأشارت إلى أن الدرس الذي ينبغي على القادة البريطانيين أن يستخلصوه من هذه النتائج ينطوي على ضرورة التمتع بالصراحة وأخذ الحيطة والحذر في المستقبل، لا سيما إذا كانت القضايا حيوية كالحرب والسلام.

أما صحيفة **واشنطن تايمز** فقالت إن مسؤولين كبارا في حزب العمال سيلقون باللائمة بلا شك على بلير بسبب تدني مؤشر شعبيته من خلال نتائج الإنتخابات وبالتالي فإن بلير ربما لا يكمل ولايته ويرغم على تسليم السلطة إلى وزير ماليته غوردن براون قبيل إنتخابات عام 2006.

وعلقت على إعلان زعيم حزب المحافظين مايكل هوارد عن عزمه على التنحي عن رئاسة الحزب، قائلة إنه رجل يستحق التقدير والاحترام لجهوده التي بذلها خلال ولايته.

ووصفت إنجازات الحزب الديمقراطي الليبرالي بأنها متواضعة ولكنها مؤشر على أن العمال لن يقوى على تجاهل هذا البديل الأقرب أيديولوجيا.

وخلصت الصحيفة إلى أن الانتخابات ونتائجها ما هي إلا دليل على انتقال بريطانيا بخطى ثابتة نحو اليسار لتنضم إلى بقية الركب الأوروبي.

انتصار الحليف

وتحت هذا العنوان كتبت صحيفة **واشنطن بوست** افتتاحية تمجد فيها هي الأخرى مواقف بريطانيا مع الولايات المتحدة في حربها على العراق واتخاذ قرارات في غاية الصعوبة رغم تحديها للرأي العام البريطاني.
وعلقت الصحيفة على أولئك الذين ما إن أعلنت النتائج حتى أخذوا يتساءلون متى سيتنحى بلير عن السلطة لصديقه ومنافسه غوردن براون، قائلة إنه ليس من حق الدخلاء أن يدسوا أنوفهم في مثل تلك القضية معتبرة إياها مسألة داخلية.

وقالت إن بلير يعد من الحلفاء المتميزين للولايات المتحدة الأمريكية، وليس فقط لرئيسين أمريكيين متعاقبين ينتميان إلى حزبين مختلفين

? 7.1 Comprehension questions — 7.1 أسئلة حول المضمون

✓

A	*اقرأوا النص أعلاه ثم أجيبوا عن الأسئلة التالية.*	أ

Read the above text and answer the following questions.

1 ما موقف الصحف الأمريكية من فوز بلير؟

....

2 ما هو الدّرس الذي لقنه القادة البريطانيون في نظر صحيفة نيويورك تايمز؟

....

3 ما مضمون تعليق صحيفة واشنطن تايمز؟

....

4 كيف ترى نفس الصحيفة ما حققه الليبراليون؟

....

5 ما تعليق واشنطن بوست على كل من يطلب من بلير التنحي عن منصبه؟

....

✓

B	*خمّنوا معنى العبارات المسطّر عليها في الجمل التالية.*	ب

Guess the meaning of the underlined phrases in English.

1 تحاول الحكومة <u>وضع حدّ</u> لتجارة المخدرات

2 فازت حركة فتح الفلسطينية <u>فوزا كاسحا</u> على الأحزاب الأخرى

3 <u>التعددية الحزبية</u> جوهر الديمقراطية

4 فاز الحزب الإشتراكي في الجولة <u>الأولى من الإنتخابات التشريعية</u>.

ج	أعطوا مرادفات من النص لما يلي.	C
	Provide Arabic synonyms from the text for the following.	

1 انصب اهتمام: ....

2 أبدت ترحيبها: ....

3 تهكمت على: ....

4 يحتل الصدارة: ....

5 تكريس الجهود: ....

6 ينطوي على: ....

7.2 Language in context — اللغة في السياق 7.2

أ	أدرسوا سياق استخدام الأفعال التالية في النص وأتمموا الجمل التالية.	A
	Look at how the following phrases are used in the text, then try using them in sentences of your own.	

1 انصب اهتمام الصحف البريطانية اليوم على ....

2 خصصت صحيفة الحياة مساحة لـ ....

3 وأشارت صحيفة الشرق الأوسط إلى ....

4 علقت صحيفة الحياة اللبنانية في عددها الصادر اليوم على ....

5 وصفت صحيفة العرب انسحاب سوريا من لبنان ....

6 و خلصت الصحيفة إلى ....

7 انتقدت صحيفة التايمز الأردنية..........

ب	املأوا الفراغات بالحروف المناسبة.	B
	Fill in the blanks with the appropriate prepositions.	

على	عن	إلى	على	إلى	على

يتوجه الناخبون غدا .... صناديق الاقتراع للإدلاء بأصواتهم لانتخاب رئيس جديد للبلد. وتشير التوقعات ..... احتمال فوز حزب العمال .... نظيره المحافظ. وأعربت لجنة المراقبة الدولية .... ارتياحها لنزاهة الانتخابات وشفافيتها. وفي وقت متأخر من الليل علق الرئيس المنتهية ولايته .... الانتخابات قائلا إنها كانت حرة ونزيهة ويتوقع الفوز .... منافسه.

ج *استخرجوا من النص العبارات أو الجمل التي تناسب معنى العبارات و الجمل التالية.* C

Read the above text and identify the Arabic phrases and sentences which correspond in meaning to the following English phrases and sentences.

1 The lesson learnt from the election.

2 Because of the decline of his popularity.

3 Switching firmly towards the left.

4 . . . as soon as the results were in they started asking when Blair will hand over power to his adversary. . . .

5 Blair is a distinguished ally of America.

6 . . . describes the Liberal Democrats' achievement as modest . . .

7.3 Translation — 7.3 الترجمة

أ *ترجموا ما يلي إلى اللغة الإنجليزية.* A

Translate the following into English.

خصصت صحيفة **نيويورك تايمز** مساحة للحديث عن الرسالة التي تمخضت عنها الانتخابات البريطانية ومفادها أن رئيس الوزراء البريطاني توني بلير ما زال يحتل الصدارة في السياسات البريطانية رغم أنه لم يعد يهيمن عليها.

وقالت الصحيفة إن بلير يستحق هذا الفوز بسبب إصراره على تكريس جهوده خلال ولايتيه السابقتين لتحسين الاقتصاد وإعادة تمويل الخدمات العامة والمبادرة بإجراء الإصلاحات المؤجلة.

وأشارت إلى أن الدرس الذي ينبغي على القادة البريطانيين أن يستخلصوه من هذه النتائج ينطوي على ضرورة التمتع بالصراحة وأخذ الحيطة والحذر في المستقبل، لا سيما إذا كانت القضايا حيوية كالحرب والسلام.

أما صحيفة **واشنطن تايمز** فقالت إن مسؤولين كبارا في حزب العمال سيلقون باللائمة بلا شك على بلير بسبب تدني مؤشر شعبيته من خلال نتائج الانتخابات وبالتالي فإن بلير ربما لا يكمل ولايته ويرغم على تسليم السلطة إلى وزير ماليته غوردن براون قبيل انتخابات عام 2006.

ب *ترجموا الجمل التالية إلى اللغة الإنجليزية.* B

Translate the following sentences into English.

1 انصب اهتمام الحكومة الجديدة على محاربة الفقر

2 أبدت الولايات المتحدة الأمريكية تخوفها من تدخل إيران في شؤون العراق الداخلية

3 يحتل فريق أرسنال الصدارة في الدور الإنجليزي لكرة القدم

4 تمخّضت عن الزلزال الذي ضرب باكستان خسائر فادحة

5 ألقى الفريق باللائمة على مدربه

6 تنحّى الرئيس عن السلطة لنائبه

7.4 Writing

7.4 نشاط كتابة

A

أ *أعيدوا صياغة الفقرة الثانية والثالثة والرابعة في النص أعلاه صفحة 45 مستعملين أسلوبكم الخاص.*

Write the second, third and fourth paragraph in the above text at page 45 in your own words.

B

ب *لخّصوا الفقرة الأولى والثانية والثالثة أسفله بالعربية فيما لا يقل عن 150 كلمة مستعملين الأفعال والعبارات التالية.*

Use the following verbs and phrases to write a précis in Arabic in no more than 150 words of paragraphs 1, 2 and 3 below.

قال – أكد – تطرّق إلى – أشار إلى – تناول –

علق على – طعن في – انتقد – مدح – خلص إلى – لوح إلى

Paragraph 1

الفقرة 1

" انتهت الانتخابات النيابية اللبنانية أمس بفوز كبير للوائح المعارضة المدعومة من سعد الحريري مما مكنها من تحقيق أغلبية في البرلمان هي الأكبر في تاريخ لبنان. وأعلن الحريري فوز المعارضة بـ«الأكثرية المطلقة» في البرلمان الجديد، واضعاً في أولويات عمل المجلس وضع قانون جديد للانتخاب. وبدا الفوز الكبير الذي أحرزته كتلة سعد الحريري بمثابة ثأر سياسي لوالده الذي اغتيل بينما كان يستعد للمعركة الانتخابية. وتعهد سعد أمس بإكمال مشروع والده السياسي والاقتصادي." (الشرق الأوسط 21/06/05)

Paragraph 2

الفقرة 2

" وشددت بعثة الاتحاد الاوروبى التى ضمت أكثر من مئة مراقب عملوا ميدانيا طوال فترة الاقتراع الذى بدأ فى 29 ايار-مايو وانتهى فى 19 حزيران- يونيو على "الحاجة الملحة لإصلاح النظام الانتخابي بكامله". وقالت البعثة التى ترأسها النائب الاوروبى المحافظ الاسبانى خوسيه اينياسيو سالافرانكا سانشيز-نيرا ان النظام الانتخابى الحالى "يتضمن ثغرات لا تتطابق مع الدستور ولا مع الميثاق الدولى المتعلق بالحقوق المدنية والسياسية الذى وقعه لبنان" (جريدة العرب 21/06/05)

Paragraph 3

الفقرة 3

" قاطع نواب معارضون في مجلس الأمة (البرلمان) الكويتي أمس وزيرة التخطيط الدكتورة معصومة مبارك وهي تدلي بالقسم الدستوري لعضوية المجلس، باحتجاجات شديدة، قائلين إنها غير مسجلة في قوائم الناخبين، وأن عضويتها في البرلمان غير دستورية. غير أنها تجاهلت الاحتجاجات وأكملت القسم وأردفته بخطبة، اعتبرت فيها أن دخولها البرلمان «يوم عظيم للمرأة الكويتية التي ناضلت لنيل كامل حقوقها». (الحياة 05/06/21)

UNIT 8 الوحدة 8

1 بماذا تذكرك الجولة الأولى من الإنتخابات الأوكرانية عام 2005؟

2 من هو فكتور يوشنكو؟

http://news.bbc.co.uk/hi/arabic/world_news/

فوز يوشنكو بالإنتخابات الرئاسية في أوكرانيا

أعلن مسؤولو الانتخابات في أوكرانيا فوز زعيم المعارضة فكتور يوشنكو في الانتخابات الرئاسية التي جرت الاحد. وظل يوشنكو متقدما بـ12 نقطة بعد فرز أكثر من 90 بالمئة من الاصوات مما يعني استحالة لحاق رئيس الوزراء فكتور يانكوفتش به. ولايزال فرز الاصوات جاريا بعد الانتخابات التي حضرها حوالي 12 ألف مراقب اجنبي. وكانت نتائج الانتخابات الاصلية التي فاز بها يانكوفتش الشهر الماضي، قد ألغيت بسبب وقوع تزوير.

"بداية جديدة"

وقال يوشنكو للصحفيين في حوالي الساعة الثانية عشرة بتوقيت جرينتش "إنني أود القول إنه نصر للشعب الاوكراني، والامة الاوكرانية. إن دولتنا مستقلة منذ 14 عاما، والآن أصبحنا أحرارا". وأضاف يوشنكو "اليوم، في أوكرانيا، بدأ عام سياسي جديد. إنها بداية عهد جديد، بداية ديمقراطية عظيمة جديدة".

واحتشد عشرات الآلاف من أنصار المعارضة المبتهجين متوشحين الملابس البرتقالية المميزة في ساحة الاستقلال بوسط العاصمة كييف في وقت متأخر الاحد. واحتفلت الحشود بالنصر المتوقع بإقامة حفلة وإطلاق ألعاب نارية.

تعب الانتخابات

وأعرب العديد من الأوكرانيّين الذين توجهوا إلى مراكز الاقتراع اليوم للمرة الثالثة في أقل من شهرين عن رغبتهم في وضع حد للازمة السياسية التي تمزق بلدهم. وقالت ليديا كاربنكو، 55 عاما، لوكالة الأنباء الفرنسية في كييف "الكل أصابه التعب. أتمنى أن تكون تلك هي الجولة الأخيرة". وقال يوشنكو أثناء الإدلاء بصوته " سأفوز. أنا متأكد من ذلك". في حين قال يانوكوفيتش " أتوقع من الشعب الأوكراني أن يقوم بالاختيار السليم". ومن جانبه، أعلن الرئيس الروسي فلاديمير بوتين أنه سيقبل نتيجة الإنتخابات وسيتعاون مع الفائز أيا كان.

حملة مريرة

وقد أعرب الرئيس الأوكراني ليونيد كوتشما عن أمله في أن تحدد تلك الإنتخابات الرئيس المقبل لأوكرانيا. وقال كوتشما في حديث للصحفيين " أدعو الله أن تكون تلك هي الجولة الاخيرة من الإنتخابات. أنا متأكد أنها ستكون كذلك".

يذكر أن المرشحين اتهما بعضهما البعض بالتزوير والغش أثناء الحملة الإنتخابية. وفي مناظرة تلفزيونية، بدت وقتها وكأنها حلبة للصراخ، اتهم يوشنكو الحكومة بمحاولة "سرقة مستقبل اوكرانيا."

أما يانوكوفيتش، فقال في المناظرة التي جرت يوم الاثنين إن حلفائه القدامى - وعلى الأخص الرئيس المنتهية ولايته ليونيد كوتشما - قد انضموا الى معسكر يوشنكو. من ناحية أخرى، أكد الأطباء مؤخرا أن زعيم المعارضة قد تعرض لمحاولة اغتيال عن طريق سم الديوكسين مما أدى إلى اصابته بتشوهات جلدية.

8.1 Comprehension questions — 8.1 أسئلة حول المضمون

A — أ

اقرأوا النص أعلاه ثم أجيبوا عن الأسئلة التالية.

Read the above text and answer the following questions.

1 من الفائز بالإنتخابات الأكرانية؟

....

2 لماذا ألغيت إنتخابات الشهر الماضي؟

....

3 ما مضمون تصريح يوشنكو للصحفيين؟

....

4 تحدث عن طبيعة المناظرة التلفزيونية التي جرت بين المرشّحين؟

....

B — ب

رتّبوا الكلمات التالية وكوّنوا منها جملا مفيدة.

Put the following words in order to form meaningful sentences.

1 أبوابها – مراكز – مبكرا – الاقتراع – تفتح

2 الناخبون – للإدلاء – يتوجه – صناديق – إلى – ب – الاقتراع – أصواتهم

3 بعد – أبوابها – تتم – الأصوات – عملية – إغلاق – فرز – الاقتراع – مراكز

4 الفائز – الانتخابات – تعلن – يحدد – نتائج – و

5 و – الانتخابات – حرّة – تعد – نزيهة –

C	رتّبوا الجمل التالية حسب تسلسلها في الأحداث.	ج
Put the following sentences in their order of occurrence in the text.		

1 يتّم الإدلاء بالأصوات في سريّة تامة

2 إعلان المرشح الفائز

3 ترحب مراكز الاقتراع بالناخبين

4 يتّجه الناخبون إلى صناديق الإقتراع

5 يتّم فرز الأصوات

D	خمّنوا معنى الكلمات التالية واستعملوها لكتابة تقرير عن الفقرة أسفله.	د
Guess the meaning of the following phrases and then use them to report the extract below.		

1 أكد بحرارة ....

2 وقال متفاعلا ....

3 خاطب الحضور متحمسا ....

4 لوّح بكل ثقة ....

5 وأصرّ متفائلا على ....

"إنني أودّ القول إنه نصر للشعب الأوكراني، والأمة الأوكرانية. إن دولتنا مستقلة منذ 14 عاما، والآن أصبحنا أحرارا. اليوم، في أوكرانيا، بدأ عام سياسي جديد. إنها بداية عهد جديد، بداية ديمقراطية عظيمة جديدة".

E	اشرحوا ما تحته خط في الجمل التالية.	هـ
Give synonyms in Arabic for the following underlined words.		

1 إنني أودّ القول إنه نصر للأمة الأكرانية

2 احتشد عشرات الآلاف من أنصار المعارضة المبتهجين.

3 الإختيار السليم

4 انضم إلى الجيش

5 وأعرب عن أمله أن يتحسن الوضع في العراق

8.2 Language in context / 8.2 اللغة في السياق

A	اختاروا الفعل المناسب ما بين الأقواس لملء الفراغات.	أ

Fill in the blanks with the appropriate verb.

1 (يقول – يصرّح – يتوقع) الجميع عودة الاستقرار إلى العراق

2 (علمت – أكّدت – نسبت) صحيفة الشرق الأوسط لمسئول عراقي قوله إن محاكمة صدام ستبدأ قريبا

3 (ألقى – انعقد – عقد) الرئيسان مؤتمرا صحافيا بعد انتهاء محادثاتهما

4 (قالت – أشارت – أفادت) واشنطن بوست بان بوش سيلتقي ولي العهد السعودي الأمير عبدالله

5 (وجّه – شنّ – واجه) المدرب نقدا لاذعا للاعبيه

8.3 Discussion / 8.3 حوار ومناقشة

A	عرفت أسعار البيوت إرتفاعا ملحوظا في بريطانيا في السنوات الأخيرة. ناقشوا تأثير هذا على ميزانية العائلات ذات الدخل الضعيف والمتوسط. استعينوا بالعبارات التالية.	أ

House prices have surged in Britain over the last few years. Discuss the impact of this on lower and middle class families. Use the following phrases to give your opinion.

مع:

- أوافق زميلي هذا الرأي
- أشاطر زميلي الرأي في
- ليس لدي أدنى شك في
- أشد على يد زميلتي في
- أنا مقتنع كل القناعة بـ
- ما طرحه الزميل بعيد عن كل شك

ضد:

- عندي شك
- لا أشاطرك الرأي
- ما طرحته بعيد عن كل إقناع
- طرحه ليس منطقي وتحليله سطحي
- فشل المتدخّل فشلا دريعا في
- تغافل المتحدث

8.4 نشاط كتابة | **8.4 Writing**

A	*لخّصوا النص أسفله "الإنتخابات العراقية" مستعملين العبارات التالية.*

Study the following phrases. Then use them to summarise the text below.

يشرح بتفصيل يصف بتفصيل	في هذا المقال يتكلم الكاتب/عن
يلمّح الكاتب إلى	يحكي الكاتب عن
يستهل الكاتب هذا النص قائلا	يشير الكاتب إلى
يتمحور النص حول	يصف الكاتب
في الفقرة الأولى يطرح الكاتب	يتناول الكاتب في هذا المقال
يحثّ الكاتب القارئ على	يبدأ الكاتب النص بـ
يختم الكاتب المقال بـ	يبيّن الكاتب أن ثم يمر ل
	يعطي الكاتب نظرة عامة عن

الإنتخابات العراقية

يتوجه غدا إلى مراكز الاقتراع آلاف العراقيين للإدلاء بأصواتهم وسط تخوف من انهيار الأمن. ويتوقع الكل فوز اللائحة الشيعية والتي وافق عليها آية الله علي السيستاني؛ فأغلبية المرشحين على استعداد كامل من البصرة إلى بغداد. و حث الرئيس الأمريكي جورج بوش اليوم السبت العراقيين كافة على تحدي المسلحين والإدلاء بأصواتهم في الانتخابات التي ستجرى غدا والتي قال إنها ستكون لحظة عظيمة في تاريخ البلاد.

ودعا بوش في أول مؤتمر صحافي يعقده خلال فترة رئاسته الثانية جميع العراقيين للمشاركة في التصويت، وأقر في الوقت ذاته بأن "البعض يشعر بالخوف"، مضيفا أن استطلاعات الرأي تظهر أن الغالبية العظمى من الشعب العراقي تريد المشاركة في الديمقراطية.

وقد هددت الجماعات المسلحة بقتل وهدم مراكز الاقتراع. وحثت العراقيين على البقاء في بيوتهم و مقاطعة الانتخابات. كما هددت بقتل ومتابعة كل من يساعد أمريكا وحلفائها. أما في الجزء الكردي، فقد تشبث الأكراد بحقهم في التصويت والمشاركة في الانتخابات الوطنية. وأكد البعض أن هذه فرصة للمطالبة بالحكم الذاتي تحت نظام فدير الي.

ومن جانبه دعا الرئيس العراقي إياد علاوي خلال حملة انتخابية كل العراقيين للوحدة والابتعاد عن العنف. كما دعا جميع مكونات الشعب العراقي إلى العمل الجاد من أجل إحلال الأمن والديمقراطية في العراق. وفي السياق نفسه دعا كل الفصائل العراقية وخاصة منها السنية للمشاركة وعدم مقاطعة الانتخابات.

وتتوقع لجنة الانتخابات المركزية وبعض المراقبين الدوليين أن يكون هناك إقبال كثيف على التصويت.

http://www.aljazeera.net/News/archive/archive?ArchiveId=104495

UNIT 9 الوحدة 9

1 ذكروا بعض الأحزاب والحركات الفلسطينية؟

2 من فاز بالإنتخابات البرلمانية الفلسطينية عام 2006؟

Alhayyat online, 09/01/05

الإنتخابات الفلسطينية

تعدّ الإنتخابات الفلسطينية "ظاهرة صحية" تتمثل في تعدد المرشحين والتنافس بينهم ما يبعد فكرة الفوز بـ"التزكية" لأي مرشح وهذا يؤكد تطلع الفلسطينيين لانتخابات ديموقراطية تتمثل في اختيار خلف للرئيس الراحل ياسر عرفات.

إلا أن مقاطعة حركتي حماس والجهاد الإسلامي لهذه الإنتخابات تطرح العديد من الأسئلة حول مدى الشرعية التي سيتمتع بها الرئيس المقبل.

افتتحت مراكز الإقتراع أبوابها السابعة صباحاً بالتوقيت المحلي على أن تقفل في السابعة مساء، ليبدأ فرز الأصوات فور إغلاق المكاتب.

إذ يدلي 1282524 ناخبا بأصواتهم - بحسب إحصاءات لجنة الإنتخابات المركزية - لإختيار واحد من سبعة مرشحين في الإنتخابات من بينهم ثلاثة يمثلون أحزابا سياسية هي فتح وحزب الشعب الفلسطيني والجبهة الديمقراطية لتحرير فلسطين إلى جانب أربعة مرشحين مستقلين من بينهم إسلاميون ومحام وناشط في مجال حقوق الإنسان.

ويعتبر الدكتور مصطفى البرغوثي «سكرتير المبادرة الوطنية» المنافس الأقوى لرئيس اللجنة التنفيذية لمنظمة التحرير مرشح حركة «فتح» لرئاسة السلطة، محمود عباس (ابو مازن) الذي يتمتع بأكبر فرصة للفوز، حسب إستطلاعات الرأي واستنتاجات معظم المحللين.

وتجري الإنتخابات الفلسطينية قي وقت طغت مسألة القيود التي تفرضها إسرائيل على حركة تنقل المرشحين نتيجة الحصار المفروض على الضفة الغربية وقطاع غزة على حملة إنتخابات الرئاسة الفلسطينية. و انتشر المئات من المراقبين في الضفة الغربية وقطاع غزة في مهمة وصفت بـ"غير المألوفة" لأجل تمكين شعب محتل من إنتخاب رئيسه بحرّيّة.

Glossary القاموس

Successor to the late leader Yasser Arafat	خلفاً للرئيس الراحل ياسر عرفات.	**International monitors**	مراقبين دوليين
Recommendation	تزكية	**Imposed restrictions on**	قيود مفروضة على
Candidate	مرشح	**Legitimacy**	الشرعية
Boycotting election	مقاطعة الإنتخابات	**Election campaign**	حملة انتخابية
Cast the vote	يدلي بصوت	**Heavy turnout**	إقبال كبير؛ كثيف
Counting votes	فرز الأصوات	**Central election commission**	لجنة الإنتخابات المركزية

9.1 Comprehension questions 9.1 أسئلة حول المضمون

A ا *اقرأوا النص أعلاه وأجيبوا عن الأسئلة التالية.*

Read the above text and answer the following questions.

1 لماذا تعد الإنتخابات الفلسطينية ظاهرة صحية؟

....

2 ما هي الأحزاب السياسية المشاركة في الإنتخابات؟

....

3 لماذا انتشر مئات المراقبين في الضفة وغزة؟

....

9.2 Language in context 9.2 اللغة في السياق

A ا *هذه الأفعال والعبارات تتعلق بقاموس الإنتخابات ويكرر استخدامها في الإعلام العربي خلال الحملات الإنتخابية. تعلموها وضعوها في جمل مفيدة.*

The following verbs and phrases are frequently used in Arabic media during elections. Study them and then try using them in sentences of your own.

تجري – يدلي – يمثل – إستطلاعات الرأي – فرز – حملة انتخابية – منافس أقوى – صناديق الاقتراع – إقبال كثيف – مقاطعة الانتخابات

✓

ب اكملوا الفراغات بالمصطلح المناسب. صلوا الرقم في الفراغ بالكلمة المناسبة أعلاه. B

Match the number in the blank with the appropriate word.

تفتح – تلميع – توجّه – تشير – أظهر – عشية – طعن – ترأس – خاطب – قبيل – كرّس – تمكن

1 ....①.......... محمود عباس المراقبين الدوليين قائلا انه يمد يد السلام والمصالحة للإسرائليين.

2 ....②.......... الولايات المتحدة الأمريكية في نتيجة الانتخابات الأوكرانية الأولى.

3 ....③.......... آلاف الناخبين إلى صناديق الاقتراع للإدلاء بأصواتهم.

4 ....④.......... التوقعات الأولى إلى فوز بوش.

5 ....⑤.......... بوش من اقناع المترددين للتصويت لصالحه.

6 ....⑥.......... استطلاعات الرأي تقدم بوش على كيري.

7 ....⑦.......... لجنة المراقبين الرئيس الأمريكي السابق جيمي كارتر.

8 خاطب الرئيس الحضور ....⑧.......... إعلان فوزه قائلا " انه فوز لكل متطلع للحرية والديمقراطية"

9 توقفت الحملات الانتخابية في بريطانيا ....⑨.......... الاقتراع

10 ....⑩.......... صناديق الاقتراع أبوابها في الساعة السابعة صباحا بالتوقيت المحلي.

11 ....⑪.......... المتنافسون جهودهم لكسب رضا الناخبين

12 تحاول الولايات المتحدة الأمريكية ....⑫.......... صورتها في العالمين العربي والإسلامي.

ج اقرأوا العبارات التالية ثم وضّحوا ما تعنيه كل من (يتمتع بـ) و (أعرب عن) في كل سياق. C

Learn and guess the meaning of يتمتع بـ *and* أعرب عن *in each context in the following sentences.*

تمتع بـ:

1 يتمتع المولود الجديد بصحّة جيّدة

2 يتمتع الرئيس بشعبية كبيرة خارج بلده

3 يتمتع بدعم قوي من أنصاره

أعرب عن:

1 أعرب بوش عن خيبة أمله لما يجري في العراق

2 أعرب بلير عن ارتياحه لنظام الإصلاح الجديد

3 أعرب الصديق عن حزنه لوفاة صديقه

4 أعرب الأمين العام للأمم المتحدة عن رضاه للمساعدات الإنسانية المقدمة لضحايا تسونامي.

5 أعرب المرشح عن أمله في الفوز بالإنتخابات البرلمانية

✓ D د *أكملوا الفراغات بالمصطلح المناسب. صلوا الرقم في الفراغ بالكلمة المناسبة أعلاه.*

Match the number in the blank with the appropriate word.

نكران – تقاليد – الحضارية – يشجبها – الإعتراف – المحسوبية نشعر – تشعبا – خدمة – العليا

ليست الإنتخابات سياسة فحسب، إنها ثقافة متقدمة ، ولكونها ثقافة تكون أكثر..........①.......... من السياسة وأكثر ثوابت فيما يخصها كممارسة وكأعراف وك..........②.......... وكطاقة حية داخل المجتمع لتحريك كل خصائصه الإنسانية و..........③..........، فليس الانتخابات هي من ينعكس على حال البلاد العامة ومفاصلها الاجتماعية والتاريخية بل كل ذلك ينعكس على الانتخابات ، ثقافات ومواصفات عديدة تنعكس على الانتخابات ،لتجعل منها ثقافة ، التسامح، الصبر، الحوار، احترام القانون العام، تحول بعض المفاهيم كالرشوة و..........④.......... والتعصب من سمة وامتياز لممارسها إلى صفة ذميمة..........⑤.......... المجتمع بل ويسخر منها ، لا يمكن أن نمارس الانتخابات دون أن..........⑥.......... بحرية داخلية ومنطق معتدل يرى ان السياسة هي..........⑦.......... الآخرين وان المنصب السياسي هو تكليف خدمي ينزل إلى أدق الحاجات و المستويات الإنسانية من أجل تقويمها والإرتقاء بها. لا يمكن أن نمارس الإنتخابات ونحن نخضع لمنطق القوة و"العفرتة" ومنطق الخوف ومنطق رضا الآخرين على حساب غياب مصلحة البلد..........⑧.......... التي هي من مصلحة أفراده. فليس الانتخابات تحتاجها الشعوب فقط بل العكس، الانتخابات تحتاج إلى وعي عام و..........⑨.......... ذات و..........⑩.......... بالفشل أو الهزيمة والعمل على تجاوزهما والاحتمال المتبادل بين السلطة والمعارضة والناس ، دون المساس بالاولويات.

http://www.iraqgate.net/article/publish/article_322.shtml

| E | هـ | لائموا بين العبارات الواردة في العمود الأول على اليمين و ما يناسبها من معان في العمود الثاني على اليسار. |

Match the phrases on the right with those on the left.

أ – العيد الوطني لبلاده	1	توجّه آلاف الناخبين
ب- المتأجّجة في آبار النفط	2	عبّر المرشحون
ج –تدني شعبية الرئيس	3	تمّت عملية فرز
د- إيران مهلة للتفكير في المقترح الأوروبي الأمريكي	4	طعنت لجنة المراقبين الدوليين
هـ – الخروقات الانسانية التي تستهدف المدنيين العزل	5	تنحى الرئيس المنتخب عن
و - إلى صناديق الاقتراع	6	خاطب الملك شعبه بمناسبة
ز- عن أملهم في الفوز	7	تمّ إخماد لهيب النيران
ح- الأصوات في جو يسوده الهدوء	8	تسببت الحرب الجارية في
طـ في شفافية الانتخابات الفنزويلية	9	وافقت وزيرة الخارجية على إعطاء
ي- منصبه الذي شغله منذ الانتخابات الماضية	10	أدانت جمعية حقوق الإنسان

9.3 Translation

9.3 الترجمة

| A | أ | ترجموا الجمل والعبارات التالية إلى اللغة الإنجليزية. |

Translate the following phrases/sentences into English.

1   بحسب لجنة الإنتخابات المركزيّة

2   يتوجه النّاخبون لصناديق الإقتراع لإختيار خلفا للرئيس الراحل

3   قاطعت الأحزاب الإنتخابات المصرية

4   تجري الإنتخابات الفلسطينية في وقت تحاصر فيه إسرائيل قطاع غزة

| B | ب | ترجموا النص أعلاه "الإنتخابات الفلسطينية" (ص: 55) إلى اللغة الإنجليزية. |

Translate the text at page 55 into English.

9.4 Listening — 9.4 نشاط استماع

A — أ استمعوا إلى النص على الشريط واستخرجوا الأفكار الأساسية التي يدور حولها النص.

Listen to the recording and list three main topics.

1 ....

2 ....

3 ....

B — ب استمعوا إلى الشريط وأجيبوا بصحيح أو خطأ.

Are these statements true (T) or false (F)? Listen and check your answers.

1 ☐ قضى علي صالح 18 عشر سنة في الحكم

2 ☐ سمح للناخبين ارتداء الخنجر اليمني

3 ☐ سيهتم مرشح تحالف المعارضة بالقضاء على الفساد

4 ☐ اتهم علي صالح منافسيه بالافتقار إلى الخبرة

5 ☐ ينص القانون على إعلان نتائج الإنتخابات بعد 62 ساعة

6 ☐ تعد هذه أول انتخابات رئاسية تجري في اليمن

C — ج استمعوا إلى النص وأجيبوا عن الأسئلة التالية.

Can you answer the following questions?

1 ماذا أظهرت النتائج الأولية للإنتخابات الرئاسية اليمنية؟

....

2 كيف كانت نسبة المشاركة؟

....

3 كم عاما قضى صالح في الحكم؟

....

4 كم مرشحا سينافسه على الحكم؟

....

5 كم عدد سكان اليمن؟

....

D	د استمعوا واستخرجوا من النص العبارات أو الجمل التي تناسب معنى العبارات و الجمل التالية.
Listen again to the text and identify the Arabic phrases and sentences which correspond in meaning to the following English phrases and sentences.	

✓

1 Polling stations closed late on Wednesday.

....

2 Three candidates were competing in the Yemeni general elections.

....

3 Weapons are not allowed on election day.

....

4 Heavy turnout among female voters.

....

5 Our reporter reported that violations took place in some of the constituencies.

....

E	هـ استمعوا إلى النص مرة أخرى واكتبوا الكلمات الناقصة.
Fill in the blanks, then listen to the recording to check your answers.	

✓

كما أكد رئيس .... للانتخابات في مؤتمر صحافي أن نتائج الانتخابات الرئاسية ستعلن أولا بأول وستعلن .... وفقاً للقانون بعد 72ساعة من انتهاء عملية .... وقد أدلى الرئيس اليمني على عبد الله صالح، الذي تنتهي ولايته قانونياً في 4 أكتوبر تشرين أول القادم، بصوته في الانتخابات .... في الساعات الأولى من صباح الأربعاء، تحت .... التلفزيون.

اشتباكات وقتيل

وتواردت .... عن سقوط أحد المرشحين في الانتخابات المحلية قتيلا، بعد .... في دائرة انتخابية بمحافظة تعز التي تبعد 270 كيلومترا جنوب العاصمة اليمنية صنعاء.

وقال مسؤول أمني لم يرد .... عن اسمه لوكالة أسوشيتد برس للأنباء، ان المرشح عن الحزب الناصري خالد حسن قتل في .... دارت في تعز بين مؤيدي أطراف مختلفة في الانتخابات اثر .... بعرقلة عملية ادلاء الناخبين بأصواتهم.

Full transcript at page 272.

MODULE 3

Violence and Anarchy

الفصل الثالث:
العنف والفوضى

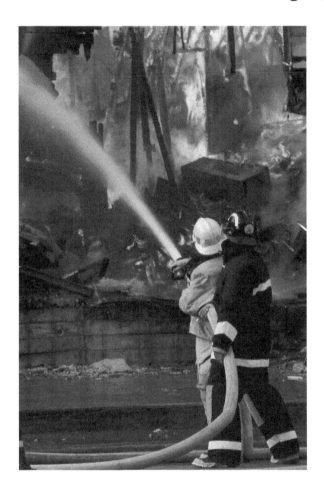

1 ما سبب قيام بعض مشجّعي الفرق الرياضية بأعمال العنف والشغب في نظرك؟

2 أذكر بعض الفرق العربية لكرة القدم؟

أحداث الشغب تسود القامشلي

أعلنت السلطات السورية عن *تشكيل* لجنة للتحقيق في أحداث الشغب التي *سادت* مدينة القامشلي قبيل بدء مباراة بين فريقي الجهاد والفتوة ذهب ضحيتها عدد من الأشخاص وجرح المئات وقد تضاربت الأنباء حول العدد الفعلي للضحايا والجرحى، ولم *تقتصر* أعمال العنف على منطقة القامشلي بل *امتدت* إلى مدينة دمشق حيث قام بعض الغوغائين كما وصفهم المصدر الإعلامي السوري *بتدمير* بعض السيارات والمحال التجارية وجاء في البيان اقدم بعض الغوغاء على تخريب عدد من المؤسسات الحكومية والممتلكات العامة وقاموا بأعمال تخريبية منافية للقانون وللحس الوطني السليم في منطقة القامشلي وبعض المدن التابعة لها، وقال البيان..ان هذه الممارسات الغريبة عن طبيعة وأخلاق المجتمع السوري تشكل إساءة لاستقرار الوطن وأمنه.هذا الاستقرار الذي يعد من *ثوابت* تكويننا الوطني الذي من غير المسموح العبث به تحت اي *ذريعة* ، وأضاف ان استغلال ما جرى في ملعب القامشلي من قبل بعض المدسوسين للقيام بأعمال شغب وتخريب استهدفت المواطنين والممتلكات العامة والخاصة تعبر عن طبيعة مرتكبيها ليس اكثر وهي تخالف القانون وسيخضع مرتكبوها للمساءلة القانونية.

وقد شكلت لجنة للتحقيق بهذه الحوادث بقصد الكشف عن مسببيها ومفتعليها حيث ستتخذ أشد العقوبات بحق العابثين بأمن واستقرار الوطن والمواطن - حسب المصدر -.

وتقول مصادر كردية أنه وخلال مبارة لكرة القدم بين فريق الجهاد "القامشلي" والفتوة هتف جمهور الأخير للرئيس العراقي المخلوع صدام حسين وشتم الزعيمين الكرديين جلال الطالباني ومسعود البرزاني الأمر الذي استفز بعض الجمهور من الأكراد فاندلعت الاشتباكات.

وقال شهود عيان إن المظاهرات امتدت إلى مدن عامودة ورأس العين والحسكة القريبة من منطقة القامشلي حيث لحقت أضرار بمبان أيضا، وتحدثت تقارير عن امتداد الاحداث إلى ضواحي دمشق وتحديدا في منطقة دمر حيث فرقت قوات مكافحة الشغب مظاهرات قام بها الأكراد، ولم تقتصر أعمال العنف على سوريا بل امتدت إلى بروكسل حيث حاول عدد من الأكراد اقتحام السفارة السورية الا أن العملية انتهت بعد مفاوضات بين السفير السوري والشرطة البلجيكية والمتظاهرين الأكراد.

هذا وقد أكد فيصل يوسف عضو قيادي كردي في سوريا أن التظاهرات غلب عليها طابع انفعالي وأدت إلى تماس المشيعين (في إشارة إلى تشيع الضحايا) مع رجال الأمن والجيش.

هذا وقد علمت الرياض أن مدينتي عفرين وعين العرب حيث يتكاثر فيهما الأكراد لم تشهد أي أعمال عنف، وأشارت المصادر أن قيادي الأحزاب الكردية التي تضم 11حزبا عقدت اجتماعا عاجلا بحضور وزير الداخلية علي حمود لتطويق أعمال العنف التي من المتوقع السيطرة عليها سريعا.

جريدة الرياض

15/03/04

Glossary القاموس

Announce	أعلن	**Stability and security of the state**	استقرار الوطن وأمنه
Forming a committee	تشكيل لجنة	**Principles**	ثابت (ج) ثوابت
Investigation	التحقيق	**Abuse; play**	العبث
Acts of riots; riot incidents	أحداث الشغب	**With the pretext of**	بذريعة
Overwhelm; cover (v)	ساد	**Violate the law**	تخالف القانون
Shortly before	قبيل	**Interrogation**	مساءلة
Victim	ضحية – (ج) ضحايا	**With the aim of**	بقصد
Conflicting reports/news	تضاربت الأنباء	**Discover**	كشف
Injured	الجرحى	**Severe punishments**	أشد العقوبات
Act of violence	أعمال العنف	**Cheer (v)**	هتف لـ
Mob	الغوغاء	**Provoke**	استفز
Demolish; destroy	دمر – تدمير	**Clashes erupted**	اندلعت اشتباكات
Statement	البيان	**Anti-riot forces**	قوات مكافحة الشغب
Demolish	تخريب	**Storm (v)**	اقتحم
Governmental institution; establishment	مؤسسة حكومية	**Be afflicted by**	أصيب بـ
Public possessions; belongings	الممتلكات العامة	**Suffer from injuries**	عانى من جروح
Above the law; against the law	منافية للقانون	**Convicted of**	مدان بـ
Strange practices	ممارسات غريبة	**Looting**	سرقة – نهب
		Angry crowd	جمع غضبان

10.1 Comprehension questions 10.1 أسئلة حول المضمون

A — *ضعوا صحيح أو خطأ أمام الإجابات التالية.* — أ

Read the text. Are these statements true (T) or false (F) ?

1 ☐ عقدت الأحزاب الكردية جلسة طارئة لمناقشة الحدث

2 ☐ وصفت أعمال الشغب بأنها مخالفة للقانون السوري

3 ☐ سلمت مدينة عفرين من أعمال العنف

4 ☐ اقتصرت أعمال الشغب على منطقة القامشلي

5 ☐ لم يتم معرفة عدد الضحايا الحقيقي

B	اقرأوا النص أعلاه وأجيبوا عن الأسئلة التالية.	ب

Read the above text and answer the following questions.

1 ما هو مضمون البيان؟

....

2 ما جزاء العابثين بأمن واستقرار البلد؟

....

3 ما هو سبب انفجار الشغب والعنف؟

....

4 هل انحصرت المظاهرات في الملعب فقط؟

....

10.2 Language in context   10.2 اللغة في السياق

A	تعلّموا وضعوا كل من المصطلحات التالية في جمل مفيدة.	أ

Learn and use each of the following words/phrases in a complete Arabic sentence of your own.

1 أعلن عن ....

2 أحداث شغب ....

3 ذهب ضحية ....

4 انتشرت الفوضى ....

5 تهديد الأمن والاستقرار ....

6 الخارجون عن القانون ....

7 ارتكاب أعمال عنف ....

8 العبث بأمن البلد ....

9 اندلاع اشتباكات ....

10 اقتحام مبنى ....

11 تضاربت الأنباء حول ....

12 خضع للمسائلة ....

ب	أكملوا الفراغات بالمصطلح المناسب. صلوا الرقم في الفراغ بالكلمة المناسبة أعلاه.	B
	Match the number in the blank with the appropriate word.	

مقتل – اندلعت – تخريب – صرّح – اقتحام – لمّح – استخدام – تهدّد – أسفرت – عمّت

قامت قوات محاربة الشغب بـ ....①......... نزل أحد المشاغبين في مدينة بغداد. وقد ....②.........
أعمال العنف في المدينة عن ....③......... 15 شخصا وجرح 20. و ....④....... الفوضى أنحاء
مدينة بغداد حيث لجأ المتظاهرون إلى ....⑤.........الأماكن العامة والخاصة. و.........⑥.......... وزير
الداخلية العراقي قائلا انه لا يمكن السماح لفئة خارجة عن القانون أن.........⑦......... امن واستقرار العراق.
و.........⑧......... إلى معاقبة كل مجرم لم يحترم القانون. وفي مدينة بعقوبة.........⑨......... اشتباكات مع
المتظاهرين ورجال الشرطة الذين هدّدوا ب.........⑩......... القنابل المسيلة للدموع لا يقاف كلّ من يساهم
في إشعال نار العنف.

ج	أكملوا الفقرة التالية باستخدام الحرف المناسب.	C
	Complete the blank with the appropriate preposition.	

مع – ب – من – الى – ب – ب – على – في – عن

ودعا النائب علي حسن خليل (حركة امل) الحكومة .... «تحمل مسؤوليتها والتحقيق جديا .... كشف ملابسات المظاهرة». واعتبر ان «شؤون الدولة لا تدار .... مثل هذه الذهنية والعقلية». وقال: «حصل خطأ في التعاطي .... المظاهرة التي جرت يوم الأحد، لكن هذا الخطأ يجب أن يقابل بتحمل المسؤولية .... قبل الدولة والحكومة». واضاف: «اجتمعت الحكومة وقررت ان تفتح تحقيقا. ونحن رحبنا .... هذا الامر. لكن يجب .... الحكومة، وهي تمثل قطاعات واسعة، ان تتحمل المسؤولية لا أن تقوم قوة مكونة لهذه الحكومة (في اشارة الى قوى 14 آذار) برمي التهم .... شكل يفتح معارك جانبية تبعد .... الوصول الى الحقيقة».

D	للأفعال التالية معان مختلفة حسب السياق. تعلموها في سياقها.	د

These verbs can have different meanings in different contexts. Learn them in their contexts.

- اندلع – يندلع – اندلاع: اندلعت الحرب (الفوضى/النيران/الثورة/أحداث الشغب/احتجاجات)
- شكّل – يشكل – تشكيل: تشكيل لجنة (حكومة – منتخب – فريق)
- ساد: سادت أعمال العنف مدينة بغداد؛ ساد الفساد الحكومة.
- تضارب– يتضارب – تضارب (الأفكار/ الأنباء)

  تضاربت الأنباء حول اعتقال مدبّر عملية الاغتيال.
- دمّر- يدمر – تدمير: دمّر جيش العدو البنايات الحكومية.
- العبث بـ: لا يسمح العبث بأمن و استقرار البلد.
- خضع لـ (المساءلة / المحاكمة/البحث / عملية جراحية / لفحص طبي)
- استخدم (القوة المفرطة/القنابل المسيلة للدموع / الآليات العسكرية)

  استخدمت الشرطة القنابل المسيلة للدموع في مواجهة الحشود الغاضبة
- أصيب بـ (مرض مزمن / جروح خطيرة /نكسة قلبية / أزمة سياسية)

  أصيب الجندي بجروح خطيرة أثناء مواجهة العدو
- توخي (الحذر / الانزلاق في العنف / الكذب / الفوضى)

  دعا الرئيس الشرطة إلى توخي الحذر في التعامل مع المتظاهرين

10.3 Translation — الترجمة 10.3

A	ترجموا ما يلي إلى الإنجليزية.	أ

Translate the following into English.

من جانب آخر، قال وزير الدفاع الأمريكي وليم كوهين يوم السبت بأن على إيران التوقف عن دعم ما أسماه بالإرهاب ومعارضتها لعملية السلام في الشرق الأوسط إذا ما أرادت تحسين علاقاتها بواشنطن

لكن الوزير الأمريكي أضاف بأنه يلاحظ نبرة مشجعة في الوضع السياسي في إيران، حيث يبدو أن الأجيال الشابة تريد بناء علاقات أفضل مع المجتمع الدولي

وفي معرض تعليقه على تحسن العلاقات بين إيران والسعودية، قال كوهين الذي يقوم حاليا بجولة في دول الخليج العربية إن على الدول تتبع السياسات الخارجية التي تروق لها. ولكنه قال إن على كل دولة أن تتوخى الحذر في تعاملاتها مع إيران للتأكد من أن طهران ترغب فعلا في انشاء علاقات سلمية ومستقرة معها

BBC online 08/04/00

B	ب ترجموا ما يلي إلى العربية.
Translate the following into Arabic.	

Malawi's presidential inauguration

Malawi's new President, Bingu wa Mutharika, today was sworn in at a ceremony in the presence of several African Heads of State. Meanwhile, opposition supporters and security forces clashed for a second day as the election results were contested. Police have killed at least one person.

The presidential inauguration was however strongly tainted by the second day of riots in Blantyre, Malawi's second city. Opposition supporters contested the official results of the elections, which have been termed "chaotic" by foreign observers. Also several Malawian opposition politicians have criticised the ruling UDF party of rigging the poll.

Angry protesters alleged the election had been stolen by the UDF and set fire on the ruling party's Blantyre offices. Looting this night was reported from several parts of the city. Today, armed Malawian police forces were sent in to control the angry crowds, resulting in the bloodiest day in Malawi's democratic history.

Afrol News, 24/05/04

10.4 Writing 10.4 نشاط كتابة

A	أ اكتبوا الفقرة التالية بأسلوبكم الخاص.
Paraphrase the following paragraph.	

شارك آلاف من الإيرانيين في أحداث الشغب التي شهدتها مدينة خلخ بعد قرار هيئة الإنتخابات التي يتزعمها المحافظون بإلغاء انتخاب أحد الإصلاحيين في المنطقة لعضوية البرلمان.

وقالت وكالة الأنباء الإيرانية إن قوات الشرطة تمكنت من استعادة النظام في المدينة أمس الجمعة بعد أخذ المتظاهرون يرشقون المباني الحكومية بالحجارة منذ أول أمس. وكان المتظاهرون يحتجون على قرار مجلس الأوصياء بإلغاء انتخاب النائب مصطفى خانزادي . وقد ألغى المجلس نتائج 21 مركزا من مراكز الاقتراع في المدينة، وأعطى المقعد للمرشح التالي لخانزادي وهو كيكافوس خاكينزاد المؤيد للمحافظين

وقال سكان المدينة إن المتظاهرين أتلفوا 10 حافلات على الأقل وكسروا النوافذ ولم تتضح بعد الأسس التي ألغي بناء عليها انتخاب خانزادي . ويقول المراسلون إن هذا هو المنتخب الإصلاحي السادس من المؤيدين للرئيس محمد خاتمي الذي يلغى انتخابه

UNIT 11

الوحدة 11

عرفت بعض المدن الفرنسية عام 2005 حالة من العنف والشغب قامت بها بعض الأقليات الفرنسية. فهل تعرف سبب إندلاع العنف والشغب في ضواحي المدن الفرنسية؟ كيف كان ردّ الحكومة على هذه الأحداث؟

http://arabic.cnn.com/2005/world/11/4/paris.riot/

توسيع أحداث الشغب في فرنسا لتشمل جاليات المهاجرين

لليلة الثامنة على التوالي تستمر أحداث الشغب والعنف في فرنسا، غير أنها هذه المرة امتدت لتشمل نحو 20 جالية في مختلف أنحاء البلاد، وبخاصة بين المهاجرين، المصابين بالإحباط نتيجة البطالة المتفشية بينهم إضافة إلى ما وصفوه "بالتمييز العنصري في المجتمع الفرنسي".

وكانت أحداث الشغب قد انحصرت في البداية في ضواحي باريس، غير أنها انتشرت إلى ما وراء العاصمة الفرنسية ليلة الجمعة، حيث بلغت مناطق مثل ديجون في جنوب شرقي البلاد.

ويبدو أن الشغب في المناطق المحيطة بباريس قد خفت حدته الخميس، إذ أفادت مصادر الشرطة بوقوع عدد محدود من الاشتباكات، رغم أن النيران التهمت العديد من السيارات والحافلات والمحال التجارية.

وتكافح قوات الشرطة والأجهزة الأمنية في فرنسا من أجل إعادة الهدوء، فيما بدأ الجدل يستعر حول كيفية وقف أحداث العنف والشغب.

وقامت الأجهزة الأمنية بنشر نحو ألفي رجل شرطة إضافيين في الشوارع مساء الخميس، فيما طالبت الشرطة بمساعدة قوات من الجيش الفرنسي.

وخلال الفترة الماضية، اعتقلت الشرطة الفرنسية ما يقرب من 100 شخص، معظمهم من الشباب والمراهقين، لعلاقتهم بأحداث الشغب.

وكان الرئيس الفرنسي، جاك شيراك ، قد دعا مثيري الشغب قبل يومين إلى التزام الهدوء، محذراً من أن السلطات ستلجأ إلى الحزم لإعادة الأمور إلى نصابها، وحتى لا تصبح "خطيرة".

وكان الشبان الفرنسيون قد واصلوا على مدى الليالي الماضية، أعمال الشغب في واحدة من ضواحي باريس، في تحد واضح لدعوة وزير الداخلية نيكولا ساركوزي، للهدوء.

وأدت المواجهات مع الشرطة في ضاحية "كليشي سو بوا"، إلى إصابة احد العناصر بجروح.

وكان ساركوزي تعهد الاثنين بتعزيز الأمن في الضواحي التي اندلعت فيها أعمال العنف، إثر مقتل مراهقين اثنين، قبل نحو أسبوع، بعد أن صعقهما التيار الكهربائي في محطة فرعية للطاقة، أثناء فرارهما من الشرطة، على ما يبدو.

يُشار إلى أن ضاحية "كليشي سو بوا" يسكنها كثير من المهاجرين والأسر الفقيرة التي تعيش في مجمعات سكنية تشتهر بأعمال العنف التي يقوم بها الشبان.

وبدأ ساركوزي، الذي يطبق سياسة "اللا تسامح" إزاء العنف، حملة جديدة على الجريمة هذا الشهر، وأمر بأن تتولى قوات شرطة خاصة مدربة أمر 25 ضاحية مضطربة بمدن في أنحاء فرنسا.

ويقول الاشتراكيون المعارضون إن العنف في ضواحي باريس يظهر فشل سياسات ساركوزي الصارمة، وتؤكد الحاجة لإتخاذ خطوات في مجالات منع الجريمة والإسكان والتعليم.

Glossary — القاموس

Consecutive	على التوالي	**Beyond the capital**	ما وراء العاصمة
Riots and violence	الشغب والعنف	**Consume**	التهمت
Immigrants	المهاجرون	**Restoring calm**	إعادة الهدوء
Community	جالية	**Stirring riots**	إثارة الشغب
Frustration	الإحباط	**Eruption of acts of violence**	اندلاع أعمال العنف
Spread	متفشي		
Racism	التمييز العنصري	**Zero tolerance**	اللا تسامح

11.1 Comprehension questions — 11.1 أسئلة حول المضمون

A — أ *ضعوا علامة (✓) أمام الصواب و (✗) أمام الجواب الخطأ.*

Tick (✓) the correct statements and cross (✗) the incorrect ones.

1 ☐ يتمتع المهاجرون في فرنسا بأشغال متنوعة

2 ☐ عرفت أعمال العنف والشغب إنتشارا خارج المدينة

3 ☐ الشرطة في حاجة إلى الجيش الفرنسي

4 ☐ يلوم الاشتراكيون ساركوزي على انتشار العنف

5 ☐ أغلب المتظاهرين من أسر فقيرة تعيش في ضواحي باريس

✓ B | ب اقرأوا النص أعلاه وأجيبوا عن الأسئلة التالية.

Read the above text and answer the following questions.

1 كم استغرقت أحداث العنف والشغب في فرنسا؟

....

2 ما سبب إندلاع أحداث الشغب والعنف في فرنسا؟

....

3 ما فحوى خطاب شيراك؟

....

4 بماذا واعد ساركوزي الفرنسيين؟

....

5 هل نجحت خطة ساركوزي في مواجهة العنف؟

....

✓ C | ج أعطوا أضداد الكلمات المسطر عليها في الجمل التالية.

Provide Arabic antonyms for the following underlined words.

1 البطالة متفشية في بعض بلدان العالم الثالث

2 خفّت حدة الشغب

3 إعادة الهدوء

4 سياسة الرئيس ايجابية

5 بدا حزينا وهو أمام الشرطة

✓ D | د استخرجوا من النص العبارات أو الجمل التي تناسب معنى العبارات و الجمل التالية.

Read the above text and identify the Arabic phrases and sentences which correspond in meaning to the following English phrases and sentences.

1 Riots were limited to Paris, but then spread beyond the capital.

2 The acts of riots surrounding the capital lessened yesterday.

3 Sarkozy pledges Zero tolerance for rioting.

4 Anti-riot police are fighting to restore order.

5 Violence on the outskirts of Paris reflects the failure of Sarkozy's strict policy.

6 Police asked for the support of the French army.

11.2 Language in context

11.2 اللغة في السياق

A | أ

العبارات التالية مأخوذة من قاموس العنف والشغب. أدرسوها و أكملوا الجمل التالية.

The following phrases are used to discuss violence and riots. Study them, then complete the following sentences.

1 عمّت أحداث الشغب ....

2 اقتصرت أعمال العنف على..

3 اندلعت اشتباكات ....

4 سيتولى الجيش..

5 تؤكد الحاجة..

6 أدت أعمال العنف إلى ....

7 تزايدت حدّة ....

8 التهمت النيران..

B | ب

املأوا الفراغات بالحروف المناسبة.

Fill in the blanks with the appropriate preposition.

في – من – في – على – الى – في – على – في – على – على

وكانت أعمال العنف تفاقمت............ ضواحي باريس وخارجها أمس، لليوم العاشر............ التوالي. ورغم الدعوات............. الهدوء، التي اطلقت أمس، فإن معدل احراق السيارات، كان أعلى .... أي يوم مضى، حيث بلغ 1300 سيارة، منها 554 سيارة خارج المنطقة الباريسية، مما يدل .... امتداد اعمال العنف........... المدن خارج هذه المنطقة. كما تم توقيف 312 مشتبها............ وقوفهم خلف هذه المظاهرات الغاضبة. وسلطت الأضواء منذ البداية على وزير الداخلية نيكولا سركوزي، بالنظر الى أن دوره الأساسي هو الحفاظ............ أمن الفرنسيين. غير أن تصريحاته، مباشرة عقب اندلاع أعمال العنف، وحديثه............ «الأوباش» ثم «الحثالة» وإعلان عزمه على «تنظيف» الضواحي، ساهمت............ نشر واتساع أعمال العنف.

C	ج خمّنوا معنى الكلمات و العبارات المسطّر عليها باللغة الإنجليزية.

Guess the meaning of the underlined words and phrases in English.

1 بدأ الجدل يستعرّ حول كيفية وقف أحداث العنف والشغب

2 التهمت النيران السيارات والحافلات

3 فرضت الشرطة حظر التجول في المدينة

4 أوقعت الهجمات قتلى وجرحى في صفوف المدنيين

5 سقط نتيجة الهجمات قتلى وجرحى

6 هزّت أعمال العنف ضواحي المدينة

7 عاد الهدوء نسبيا إلى المدينة بعد خطاب الرئيس

8 فتحت عناصر الشرطة النّار على المتظاهرين

11.3 Translation 11.3 الترجمة

A	أ ترجموا ما يلي إلى اللغة الإنجليزية.

Translate the following into English.

أعلن الرئيس الفرنسي، جاك شيراك، أمس في ختام اجتماع لمجلس الأمن الداخلي الفرنسي، ان أولوية الحكومة هي «إعادة الأمن والنظام» الى الضواحي التي تجتاحها أعمال العنف منذ عشرة أيام.

وقال شيراك في ختام اجتماع لمجلس الأمن الداخلي الذي يضم رئيس الوزراء ووزيري الداخلية والدفاع: «لقد اتخذنا عددا من القرارات التي من شأنها تعزيز عمل الشرطة والعدالة لأن الاولوية المطلقة اليوم هي إعادة الأمن والنظام». ولم يحدد شيراك هذه الاجراءات. وقال ان «الذين يريدون زرع العنف أو الخوف سيتم توقيفهم وسيحاكمون ويعاقبون»، مشددا من جهة اخرى على ضرورة «احترام كل فرد»، وعلى أهمية «العدالة وتكافؤ الفرص» لتهدئة الوضع في ضواحي باريس الفقيرة.

كما أكد رئيس الوزراء الفرنسي، دومينيك دو فيلبان، تعزيز قوات الأمن حيث تقتضي الضرورة في جميع أنحاء البلاد.

B	ب ترجموا ما يلي إلى اللغة العربية.

Translate the following into Arabic.

Nearly 900 cars were burnt on the ninth consecutive night of unrest in immigrant-dominated areas near Paris, despite a heavy police presence. Nurseries and a school were burnt overnight and unrest spread to Nice, Lille, Marseille and Toulouse.

Hundreds of people have heard a call for calm at a rally in one of the Paris suburbs worst hit. The mayor of Aulnay-sous-Bois, Gerard Gaudron, made the appeal to marchers outside a fire station which had come under attack.

But youths at the rally in the suburb's rundown Mitry estate predicted violence would continue until tough-talking Interior Minister Nicolas Sarkozy resigned. Muslim and Christian leaders were expected to join the march along with the families of the two youths whose deaths triggered the unrest.

BBC Online: http://news.bbc.co.uk/1/hi/world/europe/4407688.stm

11.4 Writing

11.4 نشاط كتابة

A

/ *لخصوا النص التالي مستعملين العبارات التالية.*

Use the following verbs and phrases to write a précis in Arabic in no more than 150 words about the following text.

- يتحدث الكاتب
- يصف الكاتب
- انتقد الكاتب
- يلمح الكاتب إلى
- يعبر الكاتب عن
- عقب على
- يشير الكاتب إلى
- يطرح الكاتب
- علق على
- استخلص

ليس عيباً ولا جريمة أن لا يتفق الفرد أو الجماعة مع السياسة الرسمية لحكومة الدولة التي ينتمي إليها، بل أنه من الغريب أن يكون الجميع على رأي واحد فيما يتعلق بالموقف من هذه السياسة أو تلك. فالمعارضة السياسية في نهاية المطاف هي سبب من أسباب الاستقرار وتخفيف حدة التوتر السياسي والاجتماعي، بل هي جزء من أنظمة الحكم القائمة على التعددية السياسية ، ووسيلة من وسائل التعبير عن تلك التعددية. ولكن أن يكون هناك اختلاف في الرأي، أو الموقف من هذه السياسة أو تلك، سواء اتخذ شكل معارضة واضحة ومنظمة أو لم يتخذ، لا يعني الخروج عن تلك الأطر التي تحدد وجود الكيان السياسي نفسه. تلك الأطر التي إذا لم تراع، فإن ذات الكيان الذي تجري فيه العملية السياسية سوف يذوي، وبالتالي ينتفي كل شيء عندما يتحطم الوعاء الحاضن للعملية السياسية. فقد يختلف الليبرالي مع المحافظ في بريطانيا مثلاً، وعندما يحكم هذا يصبح ذاك معارضاً سياسيا، ولكن الجميع متفقون على وحدة الدولة ونظام الحكم فيها، وتنتفي بذلك صفة المعارضة السياسية عن منظمة مثل الجيش الجمهوري الآيرلندي، من حيث أنها لا تختلف مع هذه السياسة البريطانية أو تلك، ولكنها ترفض ذات الكيان البريطاني في آيرلندا الشمالية. وفي الولايات المتحدة قامت حرب أهلية بين الشمال والجنوب، عندما تحولت معارضة ولايات الجنوب لقانون إلغاء العبودية إلى محاولة لرفض الاتحاد، أي ذات الدولة، وانتفت بذلك صفة المعارضة حين تحولت إلى خروج. وذات الشيء يمكن أن يُقال عن الحرب الأهلية النيجيرية حين حاولت بيافرا الانفصال عن الاتحاد، أو عن روسيا في تعاملها مع الحركات الانشقاقية في الشيشان وغيرها، والأمثلة كثيرة في هذا الشأن. المراد قوله في النهاية هو أنه يجب أن يكون واضحاً في الأذهان الفرق الشاسع بين المعارضة السياسية، سواء كان مصرحاً بها أو غير مصرح، وبين رفض الكيان السياسي جملة وتفصيلاً: فالأولى اختلاف مع السياسة، والثانية رفض للكيان، وذلك مثل الفرق بين المظاهرة وبين أعمال الشغب ، حيث الأولى تعبير سلمي عن الرأي، والثانية تدمير وإفساد وفرض للرأي، رغم الاشتراك في بعض المظاهر أحياناً. هذه التفرقة بين المعارضة السياسية والمعارضة «الكيانية»، إن صح التعبير، يجب أن تكون واضحة في الأذهان حين الحديث عن السعودية وأحداثها الأخيرة. فقد كانت هنالك دعوة لـ«مظاهرات» صاخبة في الرياض وجدة تحت اسم «الزحف الكبير»، صُورت على أنها تعبير عن معارضة سياسية، ومطالبة بالإصلاح، وهي في حقيقتها دعوة لأعمال شغب الهدف منها تدمير الكيان في النهاية، وإسقاط نظام الحكم في الختام، وليس مجرد مظاهرات للتعبير عن الذات. كما أن أعمال العنف والتفجيرات التي عادت إلى الرياض برعاية ذات الجماعات التي رعت التفجيرات السابقة، هي تعبير عن رفض لكامل الكيان، وليست مجرد تعبير عنيف ، للاختلاف مع هذه السياسة أو تلك.

الشرق الأوسط : 9 يناير 2005

UNIT 12

الوحدة 12

1 ماذا تعرف عن حركة طالبان؟ ولماذا تمّ الإطاحة بها؟

2 بماذا يسمى البرلمان الأفغاني حاليًا؟

أفغانستان: البرلمان يطالب بمحاكمة الجنود الأمريكيين

وافق مجلس اللويا جيرغا الافغاني (البرلمان) على مقترح يدعو الحكومة الى محاكمة الجنود الأميركيين المسؤولين عن حادث سير تسبّب الاثنين الماضي في اسوأ أعمال عنف وشغب تعرفها كابل منذ سنوات، في وقت افاد مسؤولون بان مقاتلي طالبان قتلوا 12 على الاقل من افراد الشرطة وخطفوا نحو 40 آخرين في هجومين منفصلين في جنوب البلاد.

ونقلت وكالة «اسوشييتد برس» للأنباء الأميركية عن صالح محمد سلجوقي، مساعد رئيس البرلمان قوله ان المشرعين تبنوا المقترح غير الملزم الثلاثاء بعد مناقشاتهم الاحداث الدامية التي شهدتها كابل الاثنين. واوضح سلجوقي أن المقترح يقول «إن أولئك المسؤولين عن الحادث يجب تسليمهم الى السلطات القضائية الافغانية».

وجاء هذا في وقت عاد الهدوء إلى العاصمة الأفغانية أمس في أعقاب أعمال الشغب الدموية، التي فرضت السلطات بسببها حظراً للتجوال خلال الليل. كما يأتي بعد تأكيد متحدث باسم التحالف في افغانستان أن جنود التحالف الذين فتحوا النار خلال تظاهرات الاثنين إثر حادث السير كانوا «في وضع الدفاع المشروع عن النفس»، غير أن المتحدث الكولونيل الأميركي توم كولينز، نفى خلال مؤتمر صحافي بكابل ان يكون الجنود اطلقوا النار مباشرة على الحشد الغاضب الذي راح يرشق الجنود بالحجارة، وهو ما رواه العديد من الشهود منذ الاثنين. وقال الكولونيل إن شريط فيديو عن الحادث يظهر أن الجنود اطلقوا النار «فوق الحشد»، الا أنه أشار الى أن هذه ليست سوى «العناصر الأولى» من تحقيق جار.

ويقول مسؤولون أفغان إن خمسة أشخاص قتلوا في حادث السير الذي سببته شاحنة قال الجيش الأميركي إن مكابحها أصيبت بعطب أثناء نزولها من تل. وقد تسبب الحادث في مظاهرات عنيفة قتل فيها سبعة أشخاص. لكن كولينز قال إن الوزارات الأفغانية ابلغت الجيش الأمريكي بأن العدد الاجمالي للقتلى في الحادث وأعمال الشغب بلغ 20 شخصا.

إلى ذلك، قال مسؤولون أمس إن مقاتلي حركة طالبان قتلوا 12 على الأقل من أفراد الشرطة الأفغانية وخطفوا نحو 40 منهم في هجومين منفصلين في جنوب البلاد. ففي إقليم زابول (جنوب) قتل محمد رسول المسؤول البارز بالشرطة وأصيب أربعة أشخاص منهم مسؤولان محليان كبيران بجروح بعد أن أطلق افراد من طالبان صاروخا على سيارتهم الليلة قبل الماضية. وقال يوسف ستانيزاي المتحدث باسم وزارة الداخلية: «كانوا ضمن التعزيزات التي ارسلت لمساعدة مجموعة من الشرطة على الطريق السريع تعرضوا لهجمات من جانب طالبان على أحد طرق زابول». وقال مسؤول في زابول طلب عدم نشر اسمه إن أكثر من عشرة من رجال الشرطة قتلوا في الهجوم الذي شنته طالبان. كذلك، قال مسؤول في كابل طلب عدم نشر اسمه هو الآخر ان الغارة على زابول جاءت بعد بضع ساعات من هجوم طالبان على قاعدة للشرطة في منطقة تشورا في اقليم اوروزغان المجاور وخطفها نحو 40 من رجال الشرطة. وقالت وكالة «رويترز»

ان مراسلها في المنطقة تلقى اتصالا هاتفيا من مجهول عرف نفسه بأنه الملا أحمد، أحد قادة طالبان، وقال إن المقاتلين احتجزوا رجال الشرطة كرهائن وأن قيادة طالبان ستقرر مصيرهم. وأكد أن طالبان قتلت 12 شرطيا في الهجوم قبل أن تخطف الباقين. كذلك، قال رئيس شرطة ولاية اوروزغان، حجي رضا خان، إن المقاتلين سيطروا الليلة قبل الماضية على المقر العام للشرطة وعلى مبنى حكومة ولاية شورا في الاقليم وارغموا قوات الأمن على الفرار بعد معارك استمرت بضع ساعات. وأضاف قائلاً: «سيطروا خلال الليل على المقر العام لكنهم رحلوا صباحا» و«وسط المحافظة هو حاليا منطقة مهجورة، لكننا نستعد للعودة اليه فور حصولنا على تعزيزات». ويجري حاليا نشر قوة هولندية من نحو 1300 عنصر في اوروزغان للمساعدة على ارساء الاستقرار وتعزيز وجود الحكومة المركزية وسلطتها.

وتأتي أعمال العنف في زابول واوروزغان وسط سلسلة من العمليات التي قامت بها قوات التحالف في الجنوب على مدى الأسبوعين الماضيين، وقتل فيها نحو 350 شخصا غالبيتهم في غارات جوية. وكانت غالبية القتلى من عناصر طالبان الا ان بينهم ايضاً العشرات من رجال الشرطة و17 مدنيا على الاقل وأربعة من أفراد القوات الأجنبية. وتعد هذه الإضطرابات الأعنف من نوعها من إطاحة قوات التحالف بنظام طالبان في أواخر عام 2001.

الشرق الأوسط 2006/06/01

Glossary القاموس

Bringing soldiers to trial	محاكمة الجنود	**Ongoing investigation**	تحقيق جار
Bloody events	الأحداث الدامية	**Hijack**	خطف
Handover	تسليم	**Launch the missile**	أطلق الصاروخ
Curfew	حظر التجول	**Reinforcement**	التعزيزات
Coalition	التحالف	**Abandon area; region**	منطقة مهجورة
Open fire	فتح النار	**Foreign troops**	القوات الأجنبية
Demonstrations	تظاهرات	**Removal of the regime; bringing down the regime; ousting of the regime**	الإطاحة بالنظام
Self-defence	الدفاع عن النفس		
Angry crowd	الحشد الغاضب		
Lance; throw	رشق		

12.1 Comprehension questions 12.1 أسئلة حول المضمون

A — *اقرأوا النص أعلاه وأجيبوا عن الأسئلة التالية.* — أ

Read the above text and answer the following questions.

1 على ماذا وافق مجلس اللويا جيرغا؟

....

2 من الذي تسبّب في أعمال العنف والشغب؟

....

3 لماذا فرضت السلطات الأفغانية حظر التجول في كابول؟

....

4 ما مضمون تصريح الكولونيل الأمريكي؟

....

5 حدّد العدد الاجما لي لضحايا حادث أعمال الشغب؟

....

6 من اتصل بمراسل رويترز؟ وماذا قال؟

....

ب *رتّبوا الجمل التالية حسب الحدث من أوله إلى آخره.* B

Put the following sentences in their order of occurrence in the text.

1 إبلاغ الجيش الأمريكي بالعدد الإجمالي لقتلى حادث الشغب

2 تمّ قتل 12 شرطيا أفغانيا من طرف طالبان

3 موافقة الحكومة على محاكمة الجنود الأمريكيين المسؤولين عن الحادث

4 تلقي مراسل رويترز اتصالا هاتفيا من أحد قادة طالبان

5 تأكيد متحدث باسم قوات التحالف بأفغانستان بأن فتح النار كان دفاعا عن النفس

6 تبنى البرلمان مقترحا

ج *اشرحوا ما تحته خط في الجمل التالية.* C

Give synonyms in Arabic for the following underlined words.

1 عمّت أعمال النهب مدينة بغداد بعد سقوط نظام صدام

2 رشق المتظاهرون رجال الشرطة بالحجارة

3 تظاهرت حشود غاضبة أمام البرلمان احتجاجا على رفع أسعار البترول

4 هدّد وزير الداخلية بمعاقبة العابثين بأمن واستقرار البلد

5 شجب أغلب المواطنين الأحداث الدامية التي عرفها الشارع العراقي الأسبوع الماضي

6 اندلاع أعمال النهب والسرقة ناتج عن غياب الأمن.

12.2 Language in context — 12.2 اللغة في السياق

أ *أكملوا الفراغات بالمصطلح المناسب. صلوا الرقم في الفراغ بالكلمة المناسبة أعلاه.* A

Match the number in the blank with the appropriate word.

موجة –	*بتنفيذ* –	*اندلعت* –	*خلفت* –	*خضع* –	*استهدفوا*
تخطط –	*الشرطة* –	*محاولة* –	*للاستجواب* –	*الأولى* –	*تنحني*

..........①.......... أحداث شغب في 18 سجن في ولاية ساو باولو البرازيلية إثر..........②.......... من الهجمات التي شهدتها شوارع الولاية والتي ....③.......... وراءها على الأقل 30 قتيلا. وأفاد مسؤولون حكوميون أن أحداث الشغب هذه تم تنظيمها من قبل نفس المجموعة الإجرامية، القيادة الأولى للعاصمة (PCC)، والتي قامت ....④.......... الهجمات. يذكر أن قرابة 100 شخص قد أخذوا كرهائن من قبل نزلاء السجون. وكان مجرمون مسلحون قد ....⑤.......... ضباط الشرطة في سلسلة من 55 هجمة وقعت في الساعات ....⑥.......... من يوم السبت. وكان بين القتلى 19 شرطيا.

وأصر حاكم الولاية أن ساو باولو لن ....⑦.......... أبدا للجريمة المنظمة. يذكر أن الحادثة التي أطلقت شرارة الهجمات كانت عملية نقل حوالي 600 سجين إلى وحدة للحماية المشددة. وجاءت العملية كـ..........⑧.......... لمواجهة عصيان منسق كانت مجموعة PCC ....⑨.......... القيام به في عدد من السجون في ولاية ساو باولو خلال عطلة نهاية الأسبوع. و ....⑩.......... زعماء مجموعة PCC..........⑪.......... في القضية عندما بدأت الهجمات ليلة الجمعة والتي استهدفت الضباط في مراكز ....⑫.......... وفي وحداتهم المنقولة أو حتى في بيوتهم أو في البارات.

BBC Online

ب *تعلموا الأفعال التالية وضعوها في جمل مفيدة مع كل إسم بين قوسين.*	B
Form meaningful sentences from the verb and each noun between brackets.	

1 نفذ (قرارا – حكما – إعداما)

نفذ القاضي الحكم في حق المجرم

2 أشعل (النار /الفتنة / الفوضى)

أشعل النار في البناية الفارغة

3 أطلق (سراح / النار على / حملة...)

أطلق الجندي النار على العدو

4 قدّم (تقريرا / محاضرة / بيانا / خطة...)

قدمت وكالة الطاقة الذرية تقريرا عن البرنامج النووي الإيراني للأمم المتحدة

12.3 Listening — 12.3 نشاط استماع

A — أ استمعوا إلى الشريط وحدّدوا الأفكار الأساسية مما يلي.

Listen to the recording and tick the statements which are main topics.

1 ☐ أعمال العنف والشغب في باريس
2 ☐ انفجار أعمال العنف والشغب في باريس بعد موت الشابين
3 ☐ مساهمة سركوزي في تدهور الأوضاع في باريس
4 ☐ العنف يسود مدينة باريس
5 ☐ توقف أعمال العنف بعد الليلة الأولى
6 ☐ تحميل وزير الداخلية مسؤولية أعمال العنف والشغب في باريس

B — ب استمعوا إلى النص واستخرجوا الكلمات والعبارات التي لها نفس معنى مايلي.

Listen to the recording and find synonyms for the following.

1 تنتشر = ...
2 مثل = ...
3 تزامنت = ...
4 اشتعلت النيران = ...
5 رشق بالحجارة = ...
6 إحساس لا يمكن تحمّله = ...

C — ج استخرجوا من النص العبارات أو الجمل التي تناسب معنى العبارات و الجمل التالية.

Listen again and identify the Arabic phrases and sentences which correspond in meaning to the following English phrases and sentences.

1 Acts of riots continue for the second consecutive night.

....

2 Amid fears of spreading

....

3   Political wrangling between the government and the left

....

4   Cars were set ablaze.

....

5   The death of the two men sparked/prompted the acts of riots.

....

6   Fuelling the political conflict

....

| D | د   استمعوا إلى النص مرة أخرى على الشريط واكتبوا الكلمات الناقصة. | ✓ |

Fill in the blanks, then listen again to check your answers.

وكان هولند يشير الى .... سابقة لوزير الداخلية .... لدى زيارة مدينة

غرينيي .... ليل الثلاثاء /الأربعاء، و .... أن أعمال الشغب من تدبير

«أوباش» يسعون الى «.............. أكبر عدد ممكن من الجرحى». وأكد سركوزي أنه «لن

.... بزرع الفوضى». ويعزو .... الفرنسي ومعه عدد من

.... أسباب العنف الى الوضع الاجتماعي والاقتصادي المتدهور في ....

ولوجود نسبة أعلى في البطالة. وسبق للحكومة أن أقرت عددا من .... عقب حوادث

الخريف الماضي، لكن .... لم يظهر حتى الآن. وقال هولند إن الحكومة «لم تقم بشيء منذ

أربع سنوات ونصف السنة و................... أنها لم تحرك ساكنا منذ أزمة الضواحي».

Full transcript at page 274.

الوحدة 13 UNIT 13

1 ماذا تعرف عن الطوائف العرقية الأمريكية ؟

2 أذكر بعض الأقليات العرقية في بلدك؟

فتنة حروب الطوائف في لوس أنجليس (1992) وضواحي باريس (2005)

تشبه أعمال الشغب التي هزت الضواحي الفرنسية في شهري تشرين الأول (اكتوبر) وتشرين الثاني (نوفمبر) الماضيين العنف الذي عرفته لوس أنجليس في 1992، من بعض الوجوه: ففي الحالين كانت نسبة البطالة عالية، واندلعت احتجاجات حادة على التمييز العرقي، وسوء العلاقة بين السكان والشرطة، واخيراً سبق الحوادث خفض أموال الدعم الاجتماعي ونقلها الى باب اجراءات مكافحة الجريمة. ففي الثالث من آذار (مارس) 1991 تعرض رودني كينغ، وهو سائق أميركي من أصل أفريقي، للضرب المبرح على قارعة الطريق على يد أربعة شرطيين، وهم ثلاثة شرطيين بيض وشرطي من أصل لاتيني. وصور أحد المواطنين الهواة هذا المشهد من شرفة منزله، على شريط فيديو أذيع بعد ساعات قليلة على شاشات التلفزة، وشاهده الأميركيون. وبعد إدانة الشرطيين الأربعة، أصدرت المحكمة، في 29 من نيسان (أبريل) 1992، بواسطة هيئة المحلفين ضمت غالبية من البيض، ببراءة الشرطيين.

فلم يلبث سكان حي ساوث سنترال أن ردوا على الحكم و «عدالة العرقية»، بمهاجمة شبان سود سائق شاحنة يدعى ريجينالد ديني، على تقاطع جادتي فلورانس ونورماندي. وهذه المرة، صورت المشهد مروحية كانت تحلق فوق المنطقة. وكانت الحادثة أولى شرارات إحدى أعنف الفتن في تاريخ أميركا المعاصر. وخلفت خمسة أيام من الاضطرابات دامت من 29 نيسان الى 3 أيار (مايو)، 52 قتيلا، و2383 مصاباً، وبليون دولار خسائر مادية.

ولا شك في أن الشغب بدأ بثورة السود على الظلم. ولكن قصر الحوادث على صدام بين السود والبيض يحور معناها الحقيقي، ويتستر على الأسباب الكامنة التي أدت إليها. فقد فصلت دقائق قليلة بين هجوم الأميركيين – الأفريقيين على ريجينالد ديني وهجومهم على مهاجر من أصل غواتيمالي. ولم تطاول الهجمات التي كان ضحيتها ثلاثون شخصاً ذاك النهار، على مفترق فلورانس ونورماندي، غير اثنين من البيض. وكان الضحايا المتبقين من الاسبان اللاتينيين والآسيويين. والذين أضرموا النيران، ونهبوا وارتكبوا أعمال عنف، لم يكونوا من السود وحدهم، بل من اللاتينيين الذين هاجموا الكوريين ومخازنهم في المرتبة الاولى، وليس عناصر الشرطة وحسب. والمعتقلون الذين بلغ عددهم العشرة آلاف تقريباً، كان 42 في المئة منهم أميركيين أفارقة، و44 في المئة أميركيين لاتينيين (بينهم مهاجرون).

والثورة التي اشتعلت على اثرها ساوث سنترال، كانت اقتتال اثنيات مختلفة أو حرباً بين الجماعات العرقية والقومية. وتكشف العنف عن هوة تفصل السود عن اللاتينيين والكوريين. وتمخضت الهوة هذه عن المنافسة بين الاقوام الثلاثة على الاعمال والسكن والموارد العامة الشحيحة.

وتعود الأزمة الإقتصادية المتفشية في المنطقة إلى بداية السبعينات، والى تغير في هيكلية اقتصاد لوس أنجليس أدى إلى استبدال الوظائف الصناعية، ذات المردود العالي بوظائف خدماتية قليلة المردود. فأقفلت131 مصنعاً أبوابها، بين 1982 و1989، وألغيت 124000 وظيفة.

وخفضت إدارة ريغان في إطار تقليص عام للنفقات الفيديرالية، تعويضات تسدد إلى جمعيات الأحياء، وتعاظم الإلحاح على مكافحة الجريمة. فبلغت نسبة البطالة والفقر في حي ساوث سنترال، قبل الاضطرابات، ضعف نسبتها في مقاطعة لوس أنجليس. وعلق أحد المراقبين البصيرين على الحال، فوصفها بـ «ثورة الرغيف الأولى ما بعد الحداثة».

الحياة - 06/01/18

13.1 Comprehension questions

13.1 لمضمون

أ ضعوا علامة(✓) أمام الصواب و (✗) أمام الجواب الخطأ.	A
Tick (✓) the correct statements and cross (✗) the incorrect ones.	

1 ☐ اندلعت أعمال الشغب في لوس أنجليس بعد إطلاق سراح الجنديين

2 ☐ حصلت المواجهة بين السود والبيض فقط

3 ☐ سقط ضحايا من الأقليات الاثنية والآسيوية في أعمال الشغب

4 ☐ تصاعدت نسبة البطالة والفقر في حي ساوث سنترال بسبب تقليص النفقات الفيدرالية

5 ☐ تميزت أعمال الشغب الفرنسية بالتلاحم بين الأقليات الاثنية

ب اقرأوا النص أعلاه وأجيبوا عن الأسئلة التالية.	B
Read the above text again and answer the following questions.	

1 يقارن الكاتب بين شغبين ، ما هما؟

....

2 ما سبب اندلاع أحداث الشغب في كل من فرنسا ولوس أنجليس؟

....

3 كيف كان ردّ سكان ساوث سنترال على براءة الشرطيين؟

....

4 كم دامت أعمال الشغب؟ وما مخلفاتها؟

....

5 كيف يصف الكاتب الثورة التي اشتعلت على إثرها ساوث سنترال؟

....

6 ما سبب الأزمة الاقتصادية في ساوث سنترال؟

....

7 ما سبب تعاظم البطالة والفقر في ساوث سنترال؟

....

13.2 Language in context — 13.2 اللغة في السياق

A	أ ضعوا الأفعال والعبارات التالية في جمل مفيدة.
Put the following verbs and phrases into sentences.	

1 هزّ ....

2 تعرّض لـ ....

3 لم يلبث أن ....

4 يتستّر على..

5 ارتكب (جريمة / أعمال عنف / خطيئة) ....

6 تمخض عن ....

B	ب اشرحوا ما تحته خط في الجمل التالية.
Give synonyms in Arabic for the following underlined words.	

1 اشتكى السجين من الضرب المبرح خلال عملية الاستنطاق

2 وجد الشاب مغميا عليه على قارعة الطريق

3 عرفت مدينة بغداد أعمال النهب والسرقة وإضرام النيران في أنابيب النفط بعد الإطاحة بصدام حسين

4 يحاول المفاوضون تقريب الهوة السياسية بين أمريكا وإيران

5 طاولت الهجمات ضحايا من المدنيين العزل

C	ج أكملوا الفراغات بالمصطلح المناسب. صلوا الرقم في الفراغ بالكلمة المناسبة أعلاه.
Match the number in the blank with the appropriate word.	

حظرا	أنحاء	طائفية	الهجمات	حذرت
منشآت	اندلاع	وقعت	الرد	الشغب

و تأتي بعد أيام من تصريح رئيس الوزراء الهندي مانموهان سينغ بأن وكالات المخابرات........①........ من مزيد من الهجمات في........②........ البلاد، ربما في أهداف اقتصادية ودينية، بالإضافة الى........③........ نووية. وقال مسؤول بوزارة الداخلية في نيودلهي، انه تم على وجه السرعة إرسال قوات اتحادية تضم جنودا من قوة........④........ السريع التي تستخدم في السيطرة على أعمال ....⑤........ الى بلدة ماليجاون. وقد فرضت الشرطة........⑥........ للتجول فى المدينة خوفا من ....⑦........ مواجهات........⑧.........

بين الهندوس والمسلمين الذين يشكلون نحو 70% من عدد السكان. وكانت بومباي قد شهدت في 11 يوليو (تموز) اعتداءات على محطات قطار وقطارات.........⑨......... 186 قتيلا، في حين أوقعت هجمات في نيودلهي في أكتوبر (تشرين الاول) 2005 اكثر من ستين قتيلا. ونسبت المسؤولية في هذه.........⑩......... الى منظمات إسلامية متشددة لها علاقات عبر الحدود في باكستان.

الشرق الأوسط 06/09/9

✓ د *لائموا بين العبارات في العمود الأول على اليمين و ما يناسبها من معان في العمود الثاني على اليسار.* D

Match the phrases on the right with those on the left.

1 تدخلت قوات محاربة الشغب	للشباب العاطل عن العمل
2 تسبب ارتفاع نسبة البطالة في أوساط الأقليات	على حظر التجول في مناطق الشغب
3 لوح الوزير بإمكانية خلق فرص الشغل	لإيقاف العنف والفوضى في الشوارع
4 حذر الرئيس من إمكانية اتساع المظاهرات	إلى المدن الجنوبية من البلاد
5 تبنت الحكومة قرارا عاجلا ينص	في ارتفاع الجرائم والتعاطي للمخدرات

13.3 Translation — 13.3 الترجمة

أ *ترجموا النص التالي إلى اللغة الإنجليزية.* A

Translate the following into English.

شهدت الهند سلسلة تفجيرات، امس، أدت الى مقتل نحو عشرين شخصا على الأقل، وإصابة نحو 150 آخرين بجروح. غير ان محطة «ان دي تي في» الاخبارية الهندية، قالت إن هناك مخاوف ان يكون 25 شخصا على الأقل قتلوا في سلسلة الانفجارات التى وقعت في بلدة ماليجاون بولاية مهاراشترا الواقعة بغرب البلاد. وقالت محطة التلفزيون أن اربعة انفجارات وقعت في بلدة ماليجاون التي تبعد 260 كيلومترا شمال شرقي مومباي المركز المالي للهند. ووقع أحد الانفجارات أثناء خروج المصلين بعد أداء صلاة الجمعة في مسجد نوراني في مدينة ماليجاون، ووقعت الانفجارات الثلاثة الاخرى في أجزاء أخرى من المدينة التي تسكنها أغلبية مسلمة من بينها منطقة «موشايرا تشوك» أثناء انعقاد مهرجان للمسلمين. وأفادت تقارير أن معظم القتلى سقطوا في سوق مزدحم قرب مسجد نوراني. وقال مسؤول كبير بالشرطة يدعى بي كيه جاين، إن الوقت ما زال مبكرا للغاية لتأكيد عدد قتلى الانفجارات. وأوضحت الشرطة ان آلاف الأشخاص تجمعوا عند مسجد نوراني احتجاجا. وقالت الشرطة إن بلدة ماليجاون التي لها تاريخ في العنف الديني، سادها التوتر فيما احتشدت مجموعات من الاشخاص في أنحاء البلدة وهم يرددون شعارات ضد السلطات. ومن ناحيته، قال ال. ان. شوهان الطبيب المسؤول في مستشفى «واديا» الخاص إن «الاجهزة الصحية أبلغتني بأنه تم نقل حوالي عشرين جثة الى المستشفى».

MODULE 4

War and Military Action

الفصل الرابع: الحرب و العمليات العسكرية

UNIT 14 — الوحدة 14

أ استمعوا إلى النص على الشريط واستخرجوا خمس أفكار أساسية.

A Listen to the recording and list three of the main topics.

1 ....

2 ....

3 ....

ب استمعوا إلى النص وأجيبوا عن الأسئلة التالية.

B Listen again and answer the following questions.

1 لماذا أدانت الهند إسرائيل؟

....

2 من أدان عنان؟ ولماذا؟

....

3 ماذا سيترتب عن وقف إطلاق النار في نظر عنان؟

....

4 ما هو موقف روسيا من الحرب؟

....

5 كيف اعتبرت بنغلاديش الهجوم الاسرائيلي على لبنان؟

....

6 ما هو الموقف العام الأمريكي من الحرب؟

....

7 هل تريد الإدارة الأمريكية وقف إطلاق النار حالا؟

....

C	استمعوا إلى الشريط وأتمموا الجمل التالية بكلمات من عندكم. ج	🎧

Listen again and complete the following sentences in your own words.

1 انتقدت الهند إسرائيل على

....

2 طالب عنان بـ

....

3 رفضت الإدارة الأمريكية

....

4 شجبت روسيا

....

5 قامت فرنسا بـ

....

6 يعارض الأمريكيون

....

D	استخرجوا من النص ما يناسب ما يلي. د	🎧

Listen and find what corresponds to the following.　✅

1 Annan condemns the heavy handedness of the war.

....

2 The ceasefire will allow rescuing staff to reach those who are desperate for Aid.

....

3 The ceasefire will allow for practical solutions to be reached to settle the current crisis once and for all.

....

4 Russia has criticised the Israeli handling of the war.

....

E	هـ استمعوا إلى الشريط واملئوا الفراغات التالية.
Fill in the blanks, then listen a final time to check your answers.	

"ممر إنساني"

وفي غضون ذلك، قال إيهود أولمرت رئيس الوزراء الإسرائيلي أن .... سوف يفتح من جزيرة قبرص .... أمام المساعدات الإنسانية كي تنقل إلى لبنان، برغم الحصار .... إسرائيل على البلاد، وذكر .... أن القرار اتخذ .... وكانت السفن الحربية والمدنية قد .... من مختلف الدول نحو 10 آلاف شخص من لبنان الخميس، وكانت الهند هي .... التي أرسلت........................ .... لتقل أكثر من 500 من رعاياها، إلى .... من كل من نيبال، وباكستان، وسري لانكا، وبنجلاديش.

Full transcript at page 275.

UNIT 15   الوحدة 15

1 ما سبب وقوع حرب الخليج الأولى في نظرك؟

2 من كان يحكم العراق خلال حرب الخليج الأولى؟

3 من أين انطلق الغزو البرّي ضد العراق؟

http://4flying.com/vb/archive/index.php/t-8784.htm

حرب الخليج الأولى

عاصفة الصحراء :

ففي السابع عشر من يناير عام 1991 شنت طائرات أمريكية وبريطانية وأخرى حليفة حملة مكثفة من القصف الجوي على العراق. وأعلن الرئيس جورج بوش الأب " إننا لن نفشل". أما الرئيس العراقي صدام حسين فقال " إن أم المعارك تجري الآن".

وقد استخدمت في تلك الحرب صواريخ كروز لأول مرة حيث كانت تطلق من سفن حربية أمريكية في منطقة الخليج. وكانت الصور التي يلتقطها البنتاجون للصواريخ المنطلقة وهي تتجه نحو أهدافها، تبث في جميع أنحاء العالم.

وتراوحت هذه الأهداف من المقار العسكرية والقواعد الجوية وحتى الجسور والمباني الحكومية والأجهزة الإعلامية ومراكز الاتصالات ومحطات الطاقة.

ونفذت طائرات التحالف أكثر من 116 ألف غارة على العراق وألقت عليه ما وزنه 85 ألف طن من القنابل.

وكانت نسبة 10 % من هذه القنابل مما يعرف بالقنابل الذكية وهي التي توجه نحو أهدافها عن طريق أشعة ليزر موجهة من طائرة ثانية.

الخسائر في الأرواح المدنية

ارتفع عدد الخسائر في الأرواح المدنية، التي سماها القادة العسكريون الأمريكيون خسائر عرضية، بسبب قيام قوات التحالف بعشرات الآلاف من الطلعات الجوية.

وتحدث لاجئون وصلوا إلى الحدود الأردنية من العراق عن قتلى مدنيين وقالوا إن إمدادات الكهرباء والمياه انقطعت عن بغداد. وثار خلاف حول مصنع دمرته الطائرات الأمريكية وقال العراق إنه مصنع لحليب الأطفال. لكن رئيس هيئة الأركان الأمريكية المشتركة وقتها، الجنرال كولن باول قال إن المصنع الذي دمر كان منشأة لتصنيع الأسلحة البيولوجية.

وفي تلك الأثناء استغل صدام حسين أخطاء الحلفاء لتحقيق أكبر المكاسب الدعائية، كما اعتقل مزيدا من المدنيين الكويتيين لاستخدامهم كدروع بشرية في المنشآت العسكرية والصناعية في العراق

الحرب البرية

في يوم الأحد 24 فبراير 1991، شنت القوات الأمريكية والقوات المتحالفة معها هجوما بريا وجويا وبحريا كبيرا اكتسح القوات العراقية وانزل بها الهزيمة في غضون مئة ساعة.

وكانت الحكومة العراقية قد تجاهلت في اليوم السابق إنذارا نهائيا بسحب قواتها من الكويت، كما تم إضرام النيران في العديد من آبار النفط الكويتية.

اجتازت القوات الأمريكية والقوات المتحالفة معها حدود الكويت والعراق من محاور عدة منطقة من الأراضي السعودية، وتوجهت مئات الدبابات شمالا لملاقاة قوات الحرس الجمهوري العراقية.

وقامت قوات أخرى بفرض سيطرتها على طريق بصرة-كويت الرئيسية قاطعة بذلك خط الإمدادات عن القطاعات العراقية المتمركزة في الكويت. وفي ذات الوقت، أمرت قطاعات من مشاة البحرية الأمريكية بدخول الكويت أيضا.

اتفاق وقف إطلاق النار

في 27 فبراير 1991، رحب كويتيون فرحون بطلائع القوات الأمريكية والمتحالفة معها عند دخولها مدينة الكويت العاصمة.

وكانت وحدات من القوات الخاصة أولى القوات الغربية التي دخلت الكويت، وتبعتها قطاعات من مشاة البحرية الأمريكية.

وقد أعلن الرئيس الأمريكي جورج بوش في الساعة التاسعة من مساء ذلك اليوم إن وقفا لإطلاق النار سيسري اعتبارا من الرابعة صباح اليوم التالي.

وكانت القوات الأمريكية والقوات المتحالفة معها قد أسرت أثناء ذلك عشرات الألوف من الجنود العراقيين الذين استسلموا للقوات المهاجمة دون مقاومة تذكر. ويقدر الأمريكيون أن زهاء 150,000 من العسكريين العراقيين كانوا قد فروا من وحداتهم.

أما خسائر الأمريكيين وحلفائهم، فلم تتجاوز 48 قتيلا جراء العمليات الحربية و145 آخرين قتلوا جراء ما وصف "بحوادث لا قتالية."

Glossary القاموس

Air strike	القصف الجوي	Raids	غارة (ج) غارات
The mother of battles	أم المعارك	Smart bombs	القنابل الذكية
Take place	تجري	Casualties among civilians	خسائر في الأرواح المدنية
Cruise missiles	صواريخ كروز	Air raids; strikes	الطلعات الجوية
American warships	سفن حربية أمريكية	Refugees	لاجئ (ج) لاجئون
Collect; take	التقط	Water and electricity supplies	إمدادات الكهرباء والماء
Broadcast; transmit	بث	Manufacturing of biological weapons	تصنيع الأسلحة البيولوجية
Range between	تراوح	Propaganda gains	المكاسب الدعائية
The military headquarters	المقر العسكري	Human shield	دروع بشرية
Air bases	القواعد الجوية	Land, air and sea attack	هجوم بري وبحري وجوي
Bridges	جسر (ج) جسور	Final ultimatum	إنذار نهائي
Media apparatus	الأجهزة الإعلامية	Withdraw its forces	سحب قواتها
Communication centres	مراكز الاتصالات		
Energy centres; power stations	محطات الطاقة		
Execute; carry out	نفذ ينفذ تنفيذ		

Set fire	إضرام النيران	Casualty evaluation	تقييم الخسائر
The supply line	خط الإمدادات	Ammunition	ذخيرة
Republican Guard	الحرس الجمهوري	Artillery	مدفعية
Undergo, sustain losses	تكبد خسائر	Disarmament	نزع السلاح
Light losses	خسائر خفيفة	Deployment of forces	نشر القوات
Heavy losses	خسائر فادحة (جسيمة)	Crude oil	نفط خام

15.1 Comprehension questions

15.1 أسئلة حول المضمون

A

أ ضعوا صحيح أو خطأ أمام الجمل التالية.

Are these statements true (T) or false (F)?

1 ☐ نفذت الطائرات الأمريكية لوحدها غارات جوية

2 ☐ تمثل القنابل الذكية 10% من القنابل المستخدمة في الحرب

3 ☐ اعتقل صدام كويتيين واستخدمهم لحماية منشآت عسكرية وصناعية

4 ☐ انهزمت القوات العراقية في ظرف أسبوع

5 ☐ كانت مشاة البحرية الأمريكية أول من دخلت الكويت

B

ب اقرأوا النص أعلاه وصلوا بين السؤال وجوابه.

Read the text again and match each question with its answer.

100 ساعة	متى بدأت عاصفة الصحراء؟	1
استخدامهم كدروع بشرية	ماهي الأهداف التي ضربتها قوات التحالف؟	2
مقار عسكرية وقواعد جوية ومباني حكومية	ماهي تصريحات اللاجئين؟	3
قتلى مدنيين وانقطاع إمدادات الكهرباء والمياه عن بغداد	لماذا اعتقل صدام مدنيين كويتيين؟	4
1991	كم دام الهجوم البري؟	5

93

✓ C

ج اقرأوا النص واتمموا الهيكل التالي.

Read the text and complete the following chart.

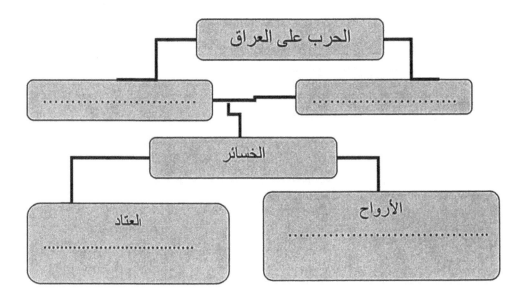

✓ D

د رتّبوا ما يلي حسب الحدث في النص.

Put the following in the order that they occur in the text.

1 وقف إطلاق النار

2 توالت تصريحات بوش وصدام

3 وقوع خسائر في الأرواح المدنية

4 أواخر فبراير 1991 دخول القوات الأمريكية إلى الكويت

5 استعمال صواريخ كروز لأول مرة

6 فبراير 1991 بدأ الهجوم البري

7 اجتياح القوات الأمريكية والمتحالفة حدود الكويت والعراق

8 بدأ القصف الجوي على العراق في يناير 1991

E

هـ ضعوا أسئلة للعبارات المسطر عليها في الجمل التالية.

Provide questions for the underlined phrases in the following sentences.

1 تمّ القصف الجوي على بغداد في السابع عشر من يناير عام 1991

2   استخدمت <u>صواريخ كروز</u> لأول مرة وتطلق من سفن حربية

3   تحدث لاجئون عن <u>قتلى مدنيين</u>

4   توجهت الدبابات لملاقاة قوات <u>الحرس الجمهوري العراقية</u>

15.2 Language in context — ‎15.2 اللغة في السياق‎ 🔎

| A | ‎لائموا بين الكلمات في العمود الأول على اليمين وما يناسبها من معان في العمود الثاني على اليسار.‎ | I ✔ |

Match the verbs/phrases on the right with those on the left.

الطرفان اتفاقية الهدنة والرجوع إلى المفاوضات	شنّ	1
صدام حسين الأسرى الكويتيين كدروع بشرية	استغلت	2
مجلس الأمن إلى إطلاق سراح كل المعتقلين خلال الحرب	اكتسح	3
مجلس الأمن قرارا ينص على نزع أسلحة حزب الله	تكبّد	4
الجيش القرى والمدن الأفغانية	دعا	5
وزير الخارجية الإيراني نقدا لاذعا على سياسة بوش الخارجية	وقع	6
قوات محاربة الشغب السيطرة على أماكن الشغب	تمّ العثور	7
الجيش خسائر فادحة في الأرواح والعتاد	أصدر	8
على مقابر جماعية في ضواحي بغداد	فرضت	9
المعارضة ضعف الرئيس السياسي فقامت بمحاولة انقلاب فاشلة	استخدم	10

| B | ‎تعلموا وضعوا كل من المصطلحات التالية في جمل مفيدة.‎ | ب ✔ |

Learn and use each of the following words/phrases in a complete Arabic sentence of your own.

1   شنّ (حربا / حملة / هجوما / نقدا) ....

2   استغل (ضعف (شخص ما) / أخطاء / كرم) ....

3   اكتسح (الأرض / البلدة) ....

4   إطلاق سراح (معتقل / سجين)..

5   توقيع (اتفاقية / معاهدة)..

6   مقابر جماعية ....

7   إصدار(قرار / حكم / قانون) ....

C	أكملوا الفراغات بالمصطلح المناسب. صلوا الرقم في الفراغ بالكلمة المناسبة أعلاه.	ج

Match the number in the blank with the appropriate word.

اقتحمت – وقف – شنّ – نفذت – إضرام – أنزلت – ضحايا – خسائر

1 ....①............ الحرب على العراق بعد رفضه الانسحاب من الكويت

2 ....②............ صواريخ عراقية غارات على إسرائيل

3 تصاعد عدد ....③............ الجنود في الجانب العراقي

4 وخلفت الحرب ....④............ في الأرواح والعتاد

5 ....⑤............ قوات التحالف الحدود الكويتية. وأجبرت القوات العراقية على الخروج.

6 ....⑥............ الهزيمة بالقوات الألمانية خلال الحرب العالمية الثانية

7 ملأ الدخان سماء بغداد بسبب ....⑦............ النار في أحد حقول النفط

8 اتفق الجانبان على ....⑧............ إطلاق النار بعد مناقشات دامت ساعات.

D	أكملوا النص التالي باستخدام كلمات مناسبة من عندكم.	د

Complete the blank with appropriate words of your own.

ومن ناحية أخرى، يقدر الأمريكيون وحلفاؤهم أن الجيش العراقي .... خسائر تراوحت بين 60 ألفا إلى 200 ألف قتيل. وقد .... قتلى العراق في مقابر جماعية في الصحراء. وفي الثاني من شهر مارس آذار .... مجلس الأمن قرارا جديدا حدد شروط .... إطلاق النار، التي تضمنت وقفا لكل العمليات العسكرية وإلغاء العراق لقراره بضم الكويت، وقيام بغداد ب............ الأمم المتحدة بمعلومات كاملة عن الأسلحة الكيماوية والجرثومية التي يمتلكها، و.................... سراح كافة الأسرى، واعترافه بالمسؤولية عن الخسائر والأضرار التي.................... عن احتلاله للكويت. وفي اليوم التالي، 28 مارس، .... القادة العراقيون رسميا شروط وقف إطلاق النار في اجتماع مع القادة العسكريين الأمريكيين .... في خيمة نصبت بالقرب من بلدة صفوان الحدودية.

15.3 Translation — الترجمة 15.3

A	ترجموا النص التالي إلى العربية.	أ

Translate the following into Arabic.

War & Iraq

On the morning of August 2, 1990 the mechanized infantry, armour, and tank units of the Iraqi Republican Guard invaded Kuwait and seized control of that country. The invasion triggered a United States response, Operation DESERT SHIELD, to deter any invasion of Kuwait's oil rich neighbour, Saudi Arabia. On August 7, deployment of U.S. forces began. United Nations Security Council Resolutions 660 and 662 condemned Iraq's invasion and annexation and called for the immediate and unconditional withdrawal of Iraqi forces. On August 20, President Bush signed National Security Directive 45, "U.S. Policy in Response to the Iraqi Invasion of Kuwait," outlining U.S. objectives – which included the "immediate, complete, and unconditional withdrawal of all Iraqi forces from Kuwait," and the "restoration of Kuwait's legitimate government to replace the puppet regime installed by Iraq."

- U.S.-led coalition was authorized to drive them out.

- Early in the morning of January 17, Baghdad time, the U.S.-led coalition launched air attacks against Iraqi targets.

- On February 24, coalition ground forces began their attack.

- On February 27, Kuwait City was declared liberated, and with allied forces having driven well into Iraq, President Bush and his advisers decided to halt the war.

- A cease-fire took effect at 8:00 the following morning.

B	ب ترجموا ما يلي إلى العربية.
Translate the following into Arabic.	

1	Resume fighting	4	Armed attack
2	Target specifically	5	Military intervention
3	Repercussions	6	Nuclear-free zone

UNIT 16	الوحدة 16

1 ماذا تعرفون عن حزب الله؟

2 ما علاقة حزب الله بالحكومة اللبنانية؟

 BBC Online 14/07/06

لبنان مرة أخرى ساحة لحروب الآخرين

تصدرت التطورات الأمنية في لبنان الصفحات الأولى لليوميات البريطانية الصادرة الجمعة، حيث تناولت الموضوع بالخبر والتعليق من زوايا مختلفة، كان القاسم المشترك بينها لربما الربط بين أحداث اليوم والأمس، أي الاجتياح الإسرائيلي للبنان قبل ثلاثة عقود.

"حروب الآخرين"

صحيفة الجارديان قالت إن التطورات الأخيرة على الجبهة اللبنانية جعلت لبنان يصبح مجددا ساحة لحروب الآخرين، على حد قولها. وتقول الصحيفة إن العملية العسكرية في لبنان تذكر بأحداث عام 1968 عندما نزلت قوات خاصة إسرائيلية في مطار بيروت القديم وأضرمت النيران في أسطول كامل من الطائرات التابعة لشركة الخطوط الجوية الوطنية بذريعة أن أحد الضالعين في مقتل مواطن إسرائيلي بمطار أثينا جاء من مخيمات فلسطينية في لبنان.

وتضيف الجارديان أنه الآن " وبين عشية وضحاها عاد لبنان لينغمس في أوحال دور قام به على مدى ربع قرن ونيف، أي أن يكون حلبة يخوض فيها الآخرون حروبهم وبيدقا تحركه مكائد وأطماع اللاعبين الكبار في المنطقة، الذين يفوقونه قوة." وتضيف الصحيفة أن " الذي تغير بين الأمس واليوم هم اللاعبون. فبالأمس كانت حركة المقاومة الفلسطينية هي المعنية أما اليوم فالأمر يتعلق بحزب الله".

وتتابع الصحيفة أن "حزب الله لبناني بكل ما تحمله الكلمة من معاني الانتماء ولديه وزراء في الحكومة اللبنانية ونواب في البرلمان، إلا أن الركوب على هذا التبرير لإلقاء اللوم على الحكومة اللبنانية في احتجاز الجنديين الإسرائيليين عديم الجدوى تماما كما هو الحال عندما يوجه اللوم إلى رئيس السلطة الفلسطينية محمود عباس في احتجاز جندي إسرائيلي آخر في غزة."

وبرأي الجارديان، فإن حزب الله يتحرك بشكل انفرادي تماما كما تفعل حماس في الأراضي الفلسطينية، بل إنه يرقى برأيها إلى مستوى " الدولة التي تعيش داخل دولة أخرى "، بالنظر إلى أن قوته العسكرية تفوق قوة الجيش النظامي اللبناني.

وإذا كان حزب الله يسخر قوته العسكرية لخدمة لبنان بكل تأكيد فهو يحمل أيضا هوية أخرى وأجندة أخرى يحاول باستمرار التوفيق بينها وبين انتمائه للبنان لكن الفشل يطارده في ذلك المسعى برأي الصحيفة التي تشير

بذلك إلى مهمة " الجهاد وما يقتضيه من ولاءات وقيود والتزامات مع أطراف غير لبنانية".

ويقول كاتب المقال ديفيد هورست من لبنان إن "حزب الله الذي لم يستشر الحكومة اللبنانية قبل الإقدام على احتجاز الجنديين الإسرائيليين لم يكن ليتحلى بكل تلك الجرأة في عمليته لو لم يكن قد حصل على تأييد أو تشجيع من جانب الحكومتين السورية والإيرانية". ويضيف أن سورية ببراغماتيتها تسعى لإثبات أهميتها الاستراتيجية في المنطقة كلاعب أساسي لا يمكن لواشنطن أن تتجاوزه وتتجاهله بل بالإمكان الاعتماد عليه في بعض المناطق المضطربة كالعراق.

"إسرائيل تحارب صنيعتها"

وتضيف الجارديان أن كثيرا من العرب خارج لبنان، وخصوصا ذوو الإنتماءات الإسلامية " يصفقون لما يقوم به حزب الله"، وخصوصا فلسطينيو غزة. أما بالنسبة لإسرائيل، فهي تجني ثمار ما زرعته. فقد مكثت الدولة العبرية في المستنقع اللبناني لمدة 18 عاما لتخرج في الأخير تاركة وراءها حزب الله المنتشي بالنصر والذي يمكن القول إن إسرائيل بنفسها - إلى جانب سوريا وإيران- تقف وراء تأسيسه.

وعلى الجبهة الفلسطينية أيضا تعمل إسرائيل على النفخ في صورة حركة حماس وغيرها من الفصائل الإسلامية كأعداء للمستقبل وتقديمها بصورة أكبر من صورتها الحقيقية لتجد نفسها في الأخير تواجه التركة البشعة لعدو قديم.

Glossary — القاموس

Front pages	الصفحات الأولى	**Tricks**	مكائد
Different angles	زوايا مختلفة	**Blame (v)**	إلقاء اللوم
Common feature	القاسم المشترك	**Abduction**	احتجاز
Invasion	الاجتياح	**Unilateral**	انفرادي
Set fire	أضرم النيران	**To utilise (sth for)**	سخّر
Squadron	أسطول	**Reconcile between**	التوفيق بين
Involved	الضالعين	**Loyalties**	ولاءات
Overnight	عشية وضحاها	**Be audacious; courageous**	يتحلى بالجرأة
Ring	حلبة	**Quagmire**	المستنقع
Pawn	بيدق	**Full of victory**	منتشي بالنصر

16.1 Comprehension questions   16.1 أسئلة حول المضمون:

A	أجيبوا بصحيح أو خطأ.	أ

Read the text. Are these statements true (T) or false (F)?

1 ☐ اعتبرت الجارديان لبنان ملعب حروب الآخرين.

2 ☐ تقارن الجارديان بين حروب الأمس واليوم وتستخلص أن التغير الوحيد يكمن في اللاعبين.

3 ☐ يجب أن لا نلوم الحكومة اللبنانية بما فعله حزب الله ، تضيف الجارديان.

4 ☐ حزب الله دولة مصغرة تعيش في لبنان.

5 ☐ يتلقى حزب الله الدعم من سوريا وإيران.

B	اقرأوا النص أعلاه وأجيبوا عن الأسئلة التالية.	ب

Answer the following questions from the above text.

1 ما هو الخبر المشترك الذي تصدّر الصحف البريطانية؟

....

2 بماذا تذكر العملية العسكرية الأخيرة في لبنان حسب الجارديان؟

....

3 لماذا أضرمت قوات إسرائيلية خاصة النيران في مطار بيروت العام 1968؟

....

4 هل تغير دور لبنان حسب الجارديان؟

....

5 كيف تصور الجارديان حزب الله؟

....

6 كيف يفسر ديفيد هورست عدم استشارة حزب الله الحكومة اللبنانية في أسر الجنديين الاسرائليين؟

....

7 يشير ديفيد هورست إلى سوريا، فماذا يقول؟

....

8 من المسؤول عن تأسيس حزب الله في نظر هورست؟

....

C   ج

أعطوا مرادفات للكلمات المسطر عليها.

Provide Arabic synonyms for the underlined words.

1 حظيت الحكومة بتأييد واسع من المواطنين

2 قام الجنود بعمل جريئ خلال المواجهات مع العدو

3 حاول الرئيس صرف أنظار العالم عن خر وقات حقوق الإنسان في بلده

4 اختطف حزب الله جنديين اسرائليين

5 أشعل النزاع على الحدود فتيل الحرب

D   د

استخرجوا من النص العبارات أو الجمل التي تناسب معنى العبارات و الجمل التالية.

Read the above text and identify the Arabic phrases and sentences which correspond in meaning to the following English phrases and sentences.

1 The Israeli invasion of Lebanon.

2 Lebanon again becomes a battlefield for others.

3 Hizbollah took unilateral decisions.

4 Hizbollah's military forces defended Lebanon.

5 Hizbollah would not have kidnapped the two Israeli soldiers without wide support from Syria and Iran.

6 Israel is reaping the fruits of what it sowed.

E   هـ

لائموا بين العبارات في العمود الأول على اليمين وما يناسبها من معان في العمود الثاني على اليسار.

Match the phrases on the right with those on the left.

1	حاول حزب الله إظهار صورته	بالتصعيد واللجوء إلى أسلوب غير متوازن في الرد على اختطاف الجنديين
2	اتهمت الحكومة اللبنانية إسرائيل	على حزب الله في اندلاع الأزمة
3	تلقي الأمم المتحدة باللائمة	كل من إيران وسوريا وبعض الجماهير الإسلامية
4	يعرف حزب الله دعما قويا من	كحزب سياسي لبناني يحظى بالشرعية الانتخابية
5	تحاول الحكومة اللبنانية والمجتمع الدولي كبح	المدنيين العزل وهدم بنية البلد التحتية
6	أدانت منظمات دولية استهداف	جماح قوة حزب الله المنتشرة في جنوب لبنان

16.2 Language in context — 16.2 اللغة في السياق

A — أ أعطوا أضداد الكلمات التالية.

Provide Arabic antonyms for the following words.

1 الحرب
2 المشترك
3 أضرم النار
4 تجني
5 صعوبة
6 انخفاض
7 باستمرار

B — ب أكملوا الفراغات بالمصطلح المناسب. صلوا الرقم في الفراغ بالكلمة المناسبة أعلاه.

Match the number in the blank with the appropriate word.

اختطاف – تخصيب – تطوير – نفسها – المفاوضين

المنسق – اللقاء – بتأييد – بالفشل – مخرج – الجريئة

بأبراج – فشلت – الصدفة

فهذه الحكومة التي حظيت ....①............ المجتمع الدولي في وقت سابق ....②............ برأي الصحيفة في كبح جماح حزب الله الذي واصل ....③............ قدراته العسكرية بتمويل إيراني. كما يعتبر النظام الإيراني، برأيها، مسؤولا عن " تزويد حزب الله ....④............ المراقبة ومحطات الرصد المنتشرة على طول الحدود مع إسرائيل والتي سمحت لحزب الله بالتخطيط للقيام بعمليتها ....⑤............".

وتربط التلجراف بين حادث............⑥............ الجنديين الإسرائيليين واللقاء الذي تم بين كبير ....⑦............ الإيرانيين للشؤون النووية و ....⑧............ الأعلى للشؤون الخارجية في الاتحاد الأوروبي وتقول: " ليس من باب ....⑨............ أن يتم الخطف بعد يوم واحد من ....⑩............ الذي جمع بين لارجاني وسولانا حول البرنامج النووي الإيراني في بروكسل والذي انتهى ....⑪............" وبرأي كاتب المقال فإن القيادة السياسية في طهران وجدت ....⑫............ مضطرة للبحث عن ....⑬............ مما أسمته الصعوبات النووية وإنها " لم تكن لتجد وسيلة أفضل لصرف أنظار العالم عن برنامج ....⑭............ اليورانيوم من إشعال فتيل أزمة جديدة في منطقة الشرق الأوسط بين إسرائيل وجيرانها."

ج	ضعوا ما يلي في جمل مفيدة.
C	Use the following in correct sentences.

1 تصدّر: ....

2 أضرم النيران: ....

3 عشية وضحاها: ....

4 ينغمس في: ....

5 يسخّر قوة: ....

6 الإقدام على: ....

7 يتحلى بـ : ....

8 عديم الجدوى: ....

16.3 Translation — 16.3 الترجمة

أ	ترجموا ما يلي إلى اللغة الإنجليزية.
A	Translate the following into English.

الأزمة النووية

قالت صحيفة الديلي تلجراف إن المواجهة التي بدأت في شكل نزاع حدودي بسيط قد تحولت إلى تهديد يجر المنطقة نحو حرب حقيقية تخرج عن نطاق السيطرة. ومن بين المؤشرات الدالة على صعوبة الموقف، برأي الصحيفة، ارتفاع سعر النفط بين عشية وضحاها وانخاض قيمة الأسهم وبروز خلافات مجددا بين الولايات المتحدة وحلفائها الأوروبيين. وبرأي الصحيفة فإن الردود المتوازنة تعبير غير وارد في قاموس الشرق الأوسط، في إشارة إلى الغزو الإسرائيلي للبنان عام 1982.

وتقول الديلي تلجراف إن من واجب أي رئيس وزراء إسرائيلي أن يحرص على ضمان أمن وسلامة المواطنين الإسرائيليين وإن العملية العسكرية الحالية لا يمكن أن تؤدي إلى نشوب حرب بين الطرفين.

فالحكومة اللبنانية وبعد رحيل القوات السورية باتت غير قادرة على الدفاع عن نفسها في المواجهة العسكرية مع إسرائيل، كما أن سورية، ورغم شرائها لمعدات حربية من روسيا والصين وكوريا الشمالية، تدرك أنه ليس في مصلحتها الدخول في مواجهة مع إسرائيل بعد أن استعرضت الأخيرة عضلاتها بتحليق طائراتها فوق القصر الرئاسي في سورية.

B	ب ترجموا ما يلي إلى اللغة العربية.

Translate the following into Arabic.

The Israeli Prime Minister, Ehud Barak, has told Syria and Lebanon that he'll treat any attack across the country's northern border as an act of war.

In a stark warning following Israel's withdrawal from its security zone in southern Lebanon, Mr Barak said no sovereign government would allow salvos of rockets on to its cities or villages – and Israel was no exception.

With jubilant fighters of the Hezbollah movement advancing right up to the Israeli border, a United Nations Middle East envoy Terje Roed-Larsen has gone to Beirut for urgent talks with the Lebanese government on ways to fill the security vacuum in the area.

The UN Secretary-General, Kofi Annan, said UN troops should move in until the Lebanese government was able to reassert its authority.

16.4 Writing — 16.4 نشاط كتابة:

A	أ تريد/ين أن تعمل/ي في أحد المؤسسات الإعلامية. أكتب/ي طلبا للشغل باللغة العربية.

You are interested in working for a media company. Write a letter in Arabic seeking employment.

UNIT 17 — الوحدة 17

1 لماذا شنت أمريكا حربا على أفغانستان عام 2001؟

2 من كان يحكم أفغانستان خلال حرب 2001؟

3 ما علاقة بن لادن و تنظيم القاعدة بأفغانستان؟

http://www.aljazeera.net/NR/exeres/3B649236-DA63-45C4-B9F9-FFE8245E4654.htm

الحرب على أفغانستان

بعد 27 يوما على هجمات 11 سبتمبر/ أيلول 2001 ضد أهداف في نيويورك وواشنطن أطلقت الولايات المتحدة في أفغانستان مساء الأحد الماضي غاراتها الجوية على أفغانستان لتعلن بدء عملياتها العسكرية ضد ما تصفه بالإرهاب. وأعلن الرئيس الأميركي جورج بوش بدء الضربات العسكرية على أفغانستان بعد رفض حركة طالبان الحاكمة في أفغانستان تسليم أسامة بن لادن المتهم الرئيسي في نظر واشنطن فبالهجمات.

7 أكتوبر/ تشرين الأول

في الساعة 16.30 بتوقيت غرينيتش شنت السفن والطائرات العسكرية الأميركية على طالبان داخل أفغانستان ثلاث موجات من الغارات الجوية حيث قصفت الطائرات الأميركية المطار وساد الظلام المدينة بسبب انقطاع التيار الكهربائي.

وأكدت وزارة الدفاع الأميركية أن نحو 50 صاروخا من طراز توماهوك قد أطلقت من سفن وغواصات أميركية وبريطانية، كما قصفت مدينة قندهار معقل طالبان ومدينة جلال آباد مرتين علي الأقل بموجة من الغارات الجوية والقصف بقذائف كروز الأميركية والبريطانية. فقد سقطت قنابل وصواريخ على أهداف لحركة طالبان في العاصمة كابل وقرب مطارها. وأطلقت قوات الحركة نيران المدفعية المضادة للطائرات. وقطعت سلطات طالبان الكهرباء عن المدينة في إجراء دفاعي وقائي. وعاد التيار بعد نحو 90 دقيقة.

بعد دقائق من الضربات الجوية على كابل، تعرضت مدينة قندهار الجنوبية لضربات جوية.

وتلت ذلك هجمات على مدينة جلال آباد في شرق البلاد، كما تعرضت بلدات أصغر في الشمال فضلا عن مدينة مزار شريف الكبرى للهجوم.
وجاء الهجوم على مدينة جلال آباد بعد 15 دقيقة تقريبا من الهجوم الذي على كابل وقندهار، وقد سمع دوي ثلاثة انفجارات ضخمة في منطقة فارمادا حيث معسكر تدريب لبن لادن على مسافة 20 كيلومترا جنوب المدينة.
واستهدفت موجة ثانية من الغارات على قندهار مقر قيادة زعيم حركة طالبان الملا محمد عمر ومنزله في المدينة. كما استهدفت الغارات أيضا مطار مدينة قندهار لتدمر منشآت الرادار وبرج المراقبة فيه. كما تعرضت مئات من الوحدات السكنية لأعضاء تنظيم القاعدة الذي يتزعمه بن لادن للقصف.

وتحدث شهود عيان عن اغتنام قوات التحالف الشمالي المناوئ لطالبان فرصة الضربات الجوية الأميركية على كابل لتصعد من عملياتها العسكرية وتطلق سيلا من الصواريخ وقذائف المدفعية على قوات طالبان حول مدينة كابل.

وقال الناطق باسم قوات التحالف إن القوات البريطانية والأميركية استهدفت خمسة مواقع خاضعة لسيطرة "طالبان" في أنحاء متفرقة من أفغانستان. وأعلن إصابة مضادات أرضية قرب العاصمة وثلاثة معسكرات تدريب شرق كابل. وأضاف أن قاعدة جوية خاضعة لطالبان في إقليم قندز في الشمال استهدفت.

وبعد ثلاث ساعات من الضربات أوضح وزير الدفاع الأميركي دونالد رمسفيلد في مؤتمر صحفي في البنتاغون أن السيطرة على الأجواء هي الهدف العسكري الأول للضربات الجوية والتي تشارك فيها طائرات وسفن وغواصات.

وأعلن البنتاغون استخدام أسلحة متنوعة في الضربات، حيث شاركت 25 طائرة مقاتلة متمركزة على حاملات طائرات أميركية و15 قاذفة استراتيجية من طراز "ب 1" وطائرات شبح "ب 2" و"ب 52" إضافة إلى غواصات بريطانية أطلقت نحو 50 صاروخا من توما هوك. كما استخدمت صواريخ كروز في القصف.

وقال وزير الدفاع البريطاني جيف هون إن الموجة الأولى من الغارات قد ضربت 31 هدفا بينها قواعد ومطار ومعسكرات تدريب في أنحاء أفغانستان. وأكد الرئيس الأميركي جورج بوش أن القصف شمل ثمانية مواقع للقيادة والسيطرة والاتصالات تابعة لطالبان.

Glossary القاموس

Against targets	ضد أهداف	**Bombs**	قنابل
Launch a raid	طلق غارة	**Anti-aircraft missiles**	مدفعية مضادة للطائرات
Military operation	عملية عسكرية	**Attack**	الهجوم
Hand over	تسليم	**Headquarters**	مقر القيادة
Warships	سفن حربية	**Monitoring tower**	برج المراقبة
Waves of air raids	موجات من الغارات الجوية	**Precautionary defence**	دفاع وقائي
The city plunged into darkness	ساد الظلام المدينة		

17.1 Comprehension questions 17.1 أسئلة حول المضمون

A أ *أجيبوا بصحيح أو خطأ.*

Read the text. Are these statements true (T) or false (F)?

1 ☐ بدأت الغارات صباح يوم الأحد

2 ☐ سبب الهجوم على أفغانستان هو القضاء على بن لادن

3 ☐ تمّ تركيز القصف على قندهار فقط

4 ☐ تمّ قصف معسكر بن لادن

5 ☐ نجا مطار مدينة قندهار من القصف

ب *اقرأوا النص أعلاه وأجيبوا عن الأسئلة التالية.* B

Read the above text and answer the following questions.

1 متى بدأت الولايات المتحدة عملياتها العسكرية في أفغانستان؟

....

2 لماذا دعت الولايات المتحدة تسليم بن لادن؟

....

3 ماذا حدث يوم 7 أكتوبر؟

....

4 ما هي المدن التي تمّ قصفها؟

....

5 لماذا قطعت سلطات طالبان الكهرباء؟

....

6 أذكر أهداف الموجة الثانية من الغارات؟

....

ج *استخرجوا من النص الكلمات التي لها نفس معنى ما يلي.* C

Provide synonyms from the text for the following.

أرسل – صوت – اجتلاء – عمّ

د *رتبوا الكلمات التالية في جمل مفيدة.* D

Put the following words in order to form meaningful sentences.

1 غارات – العاصمة – عنيفة – شهدت – كابول – جوية – الكهرباء – أدت – انقطاع – إلى

2 الأساسية – الجوي – استهدف – أفغانستان – المدن – في – الهجوم – كل

3 بمساعدة – الشمالي – بدأ – قوات – البري – التحالف – الغزو

4 قوات - ك – قندهار – مدن – تراجعت – طالبان – إلى – الجنوب

5 بشرية – الغزو – أدى – خسائر – إلى – مادية – و- حدوث

17.2 Language in context — 17.2 اللغة في السياق

A	أكملوا الفراغات بالمصطلح المناسب. صلوا الرقم في الفراغ بالكلمة المناسبة أعلاه.	أ
	Match the number in the blank with the appropriate word.	

علانيا – خطوة مهمة – أدلة دامغة – يستند – انحسار المقاومة

1 يحتاج المتهم إلى ....①........... من اجل إقناع المحكمة ببراءته.

2 لا ....②........... تقريره على حقائق لذا فاعتبره ضعيفا.

3 لقاء رئيسي باكستان والهند ....③........... نحو سلام دائم.

4 توقع الكل ....④........... بعد موت رئيس المجموعة المسلحة.

5 ألقى الأمين العام للأمم المتحدة خطابا ....⑤........... يتحدث فيه عن الأزمة في دارفور.

B	صلوا كل كلمة في العمود على اليمين بضدها في العمود على اليسار.	ب
	Match each word on the right with its antonym on the left.	

1	اندلعت	النور
2	الظلام	الحليف
3	المناوئ	سراح
4	تصعيد	وضعت الحرب أوزارها
5	الحرب	تخفيف
6	اعتقال	السّلم

C	حدّدوا الخطأ فيما يلي وأعطوا الإجابة الصحيحة.	ج
	Each of the following sentences contains a deliberate error. Find the error and then correct it.	

1 أدلى بوش على خطاب قال عنه أن الولايات المتحدة ستفوز على حربها في الإرهاب

2 أعلن منظمة حقوق الإنسان انتهاكات في اقليم دارفور وطالبت المجتمع الدولي في التدخل عن تحسين الأوضاع

3 التقى أعضاء مجلس الأمن اليوم لمناقشة برنامج كوريا النووي

4 دعا رئيس الوزراء البريطاني بلير المسلمين في بريطانيا على التصدي لكل أشكال الارهاب

17.3 Translation

17.3 ترجمة

A

أ ترجموا ما يلي إلى الإنجليزية.

Translate the following into English.

أدلة دامغة – برهان لا يرقى إليه شك – نهاية المطاف – العقل المدبّر – ترويج فكرة – يناهض الاحتلال – النظام المخلوع – يملك سند شعبي – الثلاثي السني – ماثل للعيان – ينذر بالخطر – مثير للمخاوف – حكومة ديمقراطية – حكومة مستقلة – حكومة الوحدة الوطنية – حكومة انتقالية / مؤقتة

UNIT 18 الوحدة 18

1 ما سبب هجوم إسرائيل على لبنان عام 2006؟

2 هل نجحت إسرائيل في تحقيق أهدافها من وراء الهجوم؟

BBC online 01/08/09

معارك برية شرسة في جنوب لبنان

توغلت القوات البرية الإسرائيلية أكثر في جنوب لبنان بعد أن وافقت الحكومة الإسرائيلية المصغرة بالإجماع على توسيع نطاق العمليات العسكرية البرية ضد حزب الله. وقال وزير بارز في الحكومة الإسرائيلية يوم الثلاثاء إن الجيش بحاجة إلى نحو أسبوعين كي يحقق أهدافه.

وقال بنيامين بن أليعاز وزير البنية التحتية ووزير الدفاع السابق لراديو الجيش الإسرائيلي: "أرى إن الوقت اللازم كي يكمل الجيش مهمته- وأعني بذلك تنظيف المنطقة التي نريد أن تنتشر فيها القوات الدولية من حزب الله- سيستغرق بين عشرة أيام وأسبوعين." أما على الأرض فدارت معارك شرسة بين القوات الإسرائيلية ومقاتلي حزب الله في جنوب لبنان اليوم الثلاثاء.

وقالت القناة الثانية للتلفزيون الإسرائيلي إن الجيش الإسرائيلي طلب من سكان بعض المناطق شمالي نهر الليطاني الجلاء عن منازلهم. وقال حزب الله انه يتصدى لتوغلات قرب بلدتي عيتا الشعب وكفركلا. واكتفى مصدر عسكري إسرائيلي بالقول بأن هناك اشتباكات "متقطعة". وكان الجيش الإسرائيلي قد أعلن أن قواته قتلت 20 من مقاتلي حزب الله خلال التوغلات التي قام بها في جنوب لبنان على مدى الثماني والأربعين ساعة الماضية. ونفى حزب الله تعرضه لأي خسائر كبيرة في الأرواح.

من جهة أخرى قال تلفزيون المنار، التابع لحزب الله، إن ثلاثة جنود إسرائيليين قتلوا في اشتباكات مع حزب الله في جنوب لبنان يوم الثلاثاء. وأضاف أن الجنود قتلوا في منطقة بالقرب من قرية عيتا الشعب.

ولم يؤكد الجيش الإسرائيلي على الفور مقتل الجنود الثلاثة. ووفقا لوكالة رويترز فإن المقاتلات الإسرائيلية قامت بقصف قريتين في جنوب لبنان، رغم تعهد إسرائيل بوقف الغارات الجوية على جنوب لبنان مدة 48 ساعة في أعقاب الغارة على قانا. كما قال مسئولون لبنانيون إن المقاتلات الإسرائيلية أغارت على مناطق في شرق لبنان. وأضاف المسئولون اللبنانيون أن الغارات استهدفت الطريق الذي يربط بين شمال شرق لبنان وسورية.

كما قصفت الطائرات الإسرائيلية طرقا قرب بلدة الهرمل بشمال شرق لبنان ومناطق بشرق لبنان قرب الحدود السورية. وقالت الشرطة اللبنانية إن المقاتلات الإسرائيلية ضربت أكثر من مرة بلدة الهرمل، والتي تبعد 15 كيلومتر من الحدود السورية وتعتبر معقلا من معاقل حزب الله. وقال متحدث باسم الجيش الإسرائيلي إن الغارات على الهرمل تهدف إلى "منع نقل أسلحة" لحزب الله.

أما على الجبهة الأخرى، فقال الجيش الإسرائيلي إن ثلاثة صواريخ لحزب الله أصابت قرية إسرائيلية على الحدود ليل الاثنين. في غضون ذلك أبلغ الرئيس السوري بشار الأسد جنود الجيش السوري برفع حالة التأهب القصوى وذلك من أجل مواجهة أية "تحديات إقليمية".

توسيع العمليات

وكان مجلس الوزراء الإسرائيلي قد وافق على توسيع نطاق الهجمات البرية للجيش الإسرائيلي في لبنان. وقد اتخذ هذا القرار في جلسة مغلقة لمجلس الوزراء الإسرائيلي المصغر وبالإجماع حسبما صرّح مصدر سياسي. وتعتزم الحكومة الإسرائيلية أيضا استدعاء مزيد من قوات الاحتياط حسب ما ذكرت الإذاعة الإسرائيلية. وكان رئيس الوزراء الإسرائيلي إيهود أولمرت قد استبعد أي وقف لإطلاق النار على لبنان قبل أن تبلغ الحرب هدفها، وقال في خطاب ألقاه في تل أبيب: "سيستمر القتال، لا وقف لإطلاق النار، ولن يكون هناك وقف خلال الأيام القادمة."

وأضاف أولمرت مخاطبا الإسرائيليين: "قررنا العودة إلى الحرب وسوف ننهيها، عندما يبتعد الخطر عنكم، وعندما يُفرج عن جنودنا المختطفين، وعندما سيصير بإمكانكم أن تعيشوا بأمان في منازلكم وشوارعكم وقراكم وأماكن عملكم."

وقال أولمرت في إشارة للخسائر التي أصابت الجيش الإسرائيلي على يد مقاتلي حزب الله، إنه توقع من البداية أن يكون ثمن الحرب في لبنان غاليا، ولكنه أضاف إن إسرائيل نجحت في دفع حزب الله بعيدا عن حدودها الشمالية ولن تسمح له بالعودة، مؤكدا أن إسرائيل وجهت ضربات قاصمة للحزب ولن تسمح له بإعادة بناء قواته أو إعادة إمداده بالسلاح.

Glossary — القاموس

Advance	توغل	**Raided**	أغار على
Fierce ground battles	معارك برية شرسة	**High alert**	درجة تأهب قصوى
Anonymous	بإجماع	**Regional challenges**	تحديات إقليمية
Extend; widen the scope	توسيع نطاق	**Extending the operation**	توسيع العمليات
Achieve aims	حقق أهداف	**Reserves**	الاحتياط
Infrastructure	البنية التحتية	**Work place**	أماكن عمل
Abandon; flee	الجلاء عن	**Disarm**	تجريد من السلاح
Fight (v)	يتصدى لـ	**On the eve of the operation**	عشية العملية
Human casualties	خسائر في الأرواح	**Employ international forces**	نشر قوات دولية
Clashes	اشتباكات		

18.1 Comprehension questions — 18.1 أسئلة حول المضمون

A — أ اجيبوا بصحيح أو خطأ على ما يلي.

Read the text. Are these statements true (T) or false (F)?

1 ☐ توغلت القوات الاسرائلية في لبنان للقضاء على حزب الله
2 ☐ لن يخرج الجيش الاسرائيلي من لبنان حتى يحقق أهدافه العسكرية
3 ☐ أصيبت القوات الاسرائلية بخسائر في الأرواح
4 ☐ بث تلفزيون المنار قتل جنود اسرائليين
5 ☐ أكد أولمرت في خطابه في تل أبيب على ضرورة جلب السلم والآمان للاسرائليين
6 ☐ سينسحب الجيش الاسرائيلي من جنوب لبنان بعد نشر قوات دولية
7 ☐ تم قصف قرية الهرمل لأنها تحوي عناصر من القاعدة

B — ب اقرأوا النص أعلاه وأجيبوا عن الأسئلة التالية.

Answer the following questions based on the text.

1 متى توغلت القوات البرية الاسرائيلية في لبنان؟

....

2 كم سيحتاج الجيش الإسرائيلي لتحقيق أهدافه؟

....

3 كيف يعرف بنيامين بن اليعازر إكمال المهمة؟

....

4 ماهو الخبر الذي أدلى به تلفزيون المنار؟ وما موقف إسرائيل من ذلك؟

....

5 بماذا برّر المتحدث باسم الجيش الاسرائيلي قصف بلدة الهرمل؟

....

6 ما فحوى خطاب ايهود أولمرت في تل أبيب؟

....

18.2 Language in context — 18.2 اللغة في السياق

أ ضعوا الأفعال والعبارات التالية في جمل مفيدة.

A Use the following verbs and phrases in sentences.

توغّل في ....

دارت معارك ....

أفرج عن ....

وجّه ضربة قاسمة ....

في غضون ذلك ....

استدعى الاحتياط ....

الوصول إلى السلطة ....

البقاء في السلطة ....

التخلي عن السلطة ....

ب أعطوا أضداد ما يلي.

B Give antonyms to the following.

1 توغل # ....

2 وافق # ....

3 اجتماع مصغر # ....

4 معارك شرسة # ....

5 الجلاء # ....

6 متقطعة # ....

7 توسيع # ....

ج أكملوا الفراغات باستخدام الكلمات المناسبة.

C Choose the correct word to complete each sentence.

1 فتحت الأمم المتحدة تحقيقا في أسباب (عدول – وقوع – إنهاء) مجزرة قانا

2 دعا مجلس الأمن الطرفين المتنازعين إلى (إيصال – إيقاف – استمرار) الحرب والرجوع إلى المفاوضات

3 أعلن حزب الله إلحاق خسائر (باردة – فادحة – ناعمة) بالقوات الاسرائلية

4 وضعت الحرب (أغراضها – أوزارها – أنظارها) بعد مفاوضات طويلة

D	د امﻠﺌﻮا اﻟﻔﺮاﻏﺎت ﺑﺎﻟﺤﺮوف اﻟﻤﻨﺎﺳﺒﺔ.
Fill in the blanks with the appropriate prepositions.	

عن – لـ – وراء – لـ – بـ – لـ – على

وأعرب أولمرت، .... أسفه "للألم الذي أصاب المدنيين اللبنانيين"، لكنه رفض الاعتذار قائلا إن إسرائيل لن تعتذر ....من يهددون وجودها. كما قال إن المجموعة الدولية، وبينها دول عربية وإسلامية، وقفت .... الدولة العبرية ....تجريد حزب الله من سلاحه، مشيرا إلى بيان مجموعة الثمانية، ووصف ذلك ....الفرصة التي لا تتكرر لتغيير الواقع الذي كان قائما عشية العملية الإسرائيلية.

وذكر مكتب رئيس الوزراء الإسرائيلي أنه أكد ....نظيره البريطاني توني بلير، أن وقف إطلاق النار ممكن لكن بعد نشر قوات دولية، .... الحدود الإسرائيلية اللبنانية.

18.3 Translation — ١٨.٣ ترجمة

A	أ ترجموا ما يلي إلى اللغة الإنجليزية.
Translate the following into English.	

جهود دبلوماسية

على الصعيد الدبلوماسي، أرجأت الأمم المتحدة مناقشة تشكيل قوة دولية جديدة لحفظ السلام في لبنان إلى يوم الخميس على أقرب تقدير إلى أن يظهر مزيد من التقدم نحو حل سياسي.

وقال رئيس الوزراء الفرنسي دومينيك دوفيلبان انه لن يمكن نشر قوة دولية قبل الاتفاق على وقف إطلاق النار. وطالبت روسيا أيضا بوقف فوري لإطلاق النار. إلا أن الولايات ترفض الدعوة لوقف فوري لإطلاق النار في الصراع الذي تلقي فيه باللوم على حزب الله.

على صعيد آخر قالت صحيفة هاآرتس الإسرائيلية يوم الثلاثاء إن إسرائيل مستعدة لمبادلة أسيرين لبنانيين بالجنديين الإسرائيليين الأسيرين لدى حزب الله في إطار اتفاق لوقف إطلاق النار. وكانت إسرائيل قالت إنها لن تتفاوض على مبادلة للأسرى وطالبت بإطلاق سراح الجنديين.

18.4 Writing

18.4 نشاط كتابة

A	*كوّنوا من الجمل التالية نصنا متماسكا باستخدامكم الروابط الضروريّة.*	***I***

Form from the following sentences a meaningful cohesive text using your own connectives.

استدعاء الاحتياط

1 من جهة أخرى قال وزير في الحكومة الإسرائيلية إن الجيش الإسرائيلي غير قادر على تدمير كل القدرة الصاروخية لحزب الله.

2 إن الجيش سيستدعي ثلاث فرق إضافية من قوات الاحتياط وهو ما يعني استدعاء ما لا يقل عن 15 ألف جندي آخرين.

3 وكان مسئول إسرائيلي قد قال يوم الاثنين إن الجيش الإسرائيلي استطاع خلال الأسابيع الثلاثة الماضية أن يدمر ثلثي بطاريات صواريخ (زلزال 2) طويلة المدى

4 وتقول مراسلة البي بي سي في القدس كاتيا أدلر إن توسيع الهجوم البري الإسرائيلي قد يأخذ الجنود إلى مواقع أعمق في الجنوب اللبناني.

5 وتحاول إسرائيل أن تنشأ ما تطلق عليه "بالحزام الأمني" داخل الشريط الحدودي مع لبنان وذلك من أجل دفع مقاتلي حزب الله إلى ما وراء نهر الليطاني على بعد حوالي 30 كيلومترا إلى الشمال من الدولة العبرية.

6 وقال مئير شتريت، وزير الإسكان، لراديو إسرائيل: "لا يمكن تدمير صواريخ حزب الله حتى آخرها. لا يوجد مثل هذا الخيار.. ليس بالقوات البرية ولا من الجو."

7 التي تشكل تهديدا استراتيجيا للدولة العبرية.

Economy الفصل الخامس: الإقتصاد

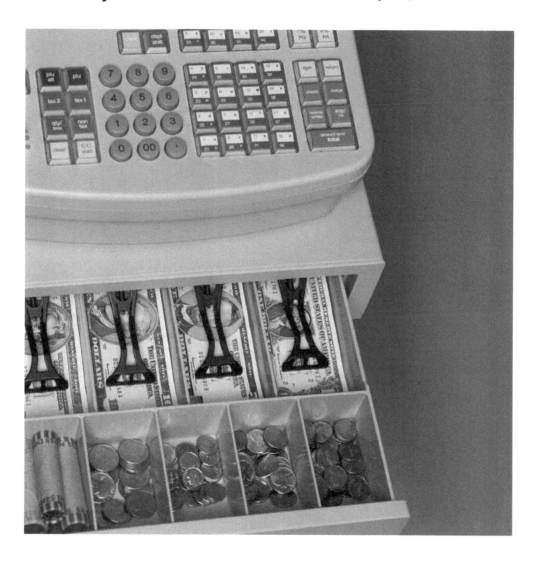

UNIT 19 الوحدة 19

1 ماذا تعرف عن برنامج النفط مقابل الغذاء العراقي؟

2 هل في نظرك نجحت الأمم المتحدة في تطبيق هذا البرنامج؟

عنان ينتقد واشنطن ولندن بشأن برنامج النفط العراقي

حمّل الأمين العام للأمم المتحدة كوفي عنان الولايات المتحدة وبريطانيا جانبا مما أسماه الفوضى التي أحاطت ببرنامج النفط مقابل الغذاء العراقي، لأنهما سمحتا بصادرات نفط غير مراقبة استغلها الرئيس العراقي المخلوع صدام حسين، على حد تأكيده.

وقال عنان في ندوة عن الأمم المتحدة ووسائل الإعلام إن الجانب الأكبر من الأموال التي جمعها صدام جاءت من مبيعات نفط إلى الأردن وتركيا خارج برنامج الأمم المتحدة الذي تقدر قيمته بحوالي 67 مليار دولار.

وأضاف عنان "كان هذا يحدث تحت سمع وبصر الأميركيين والبريطانيين، لكن واشنطن ولندن غضتا الطرف عن تركيا والأردن لأنهما حليفان لهما"، منوّها إلى أن الولايات المتحدة وبريطانيا وحدهما اللتان كانت لديهما المقدرة على اعتراض هذه التجاوزات.

لكن عنان برّر التغاضي الأميركي البريطاني بسبب عدم وجود جهة قادرة ماليا على تعويض جيران العراق عن خسائرهم التي لحقت بهم جراء العقوبات التي فرضتها الأمم المتحدة على بغداد في منتصف التسعينيات، بعد غزو الكويت عام 1990.

وانتقد الأمين العام للأمم المتحدة تركيز بعض وسائل الإعلام الأميركية على الأخطاء التي ارتكبتها الأمم المتحدة في ما يتعلق بتطبيق برنامج النفط مقابل الغذاء، وتجاهلها لأخطاء مجلس الأمن الذي كان يشرف مباشرة على تطبيق البرنامج.

وكان مكتب مدعي مانهاتن العام في نيويورك قد وجه التهمة رسميا إلى ثلاثة أشخاص، في قضية التحقيق بشأن فضيحة برنامج النفط مقابل الغذاء الذي كانت الأمم المتحدة تديره في العراق.

وأوضح بيان للمكتب أن المتهمين الثلاثة هم رجل أعمال أميركي ومواطن بريطاني وآخر بلغاري اتهموا رسميا بالتآمر لدفع رشى بملايين الدولارات إلى حكومة الرئيس العراقي المخلوع من أجل المشاركة ببيع النفط العراقي في إطار برنامج النفط مقابل الغذاء.

كما وجهت التهمة رسميا إلى مواطن من كوريا الجنوبية، بالتآمر للقيام بدور وكيل للحكومة العراقية بالولايات المتحدة في إطار هذا البرنامج

وكان تقرير خاص بنتائج التحقيق قد برأ نهاية الشهر الماضي أنان من مزاعم بالفساد في البرنامج الأممي، غير أنها اعتبرته مخطئا فيما يخص إجراء تحقيق في تعيين ابنه موظفا بشركة كوتنكا التي تعاقدت معها المنظمة الدولية للتحقق من السلع الواردة للعراق.

يذكر أنه وفي إطار برنامج النفط مقابل الغذاء الذي بدأ العمل به في ديسمبر/ كانون الأول 1996 وانتهى عام 2003، كان يسمح لصدام ببيع كميات من النفط لشراء بضائع مدنية لتخفيف وطأة العقوبات على الشعب العراقي.

وقد وجد مفتش الأسلحة التابعة للمخابرات المركزية الأميركية تشارلز دولفر أن حجم الفساد داخل البرنامج مثل المبالغة في أسعار البضائع المصدرة إلى العراق يصل إلى 1.7 مليار دولار، لكنه قال إن العراق جمع أغلب أمواله وهي ثمانية مليارات دولار أخرى من خلال عمولات على صادرات النفط خارج البرنامج.

Glossary القاموس

Hold responsible	حمّل السؤوليّة	**Implementation**	تطبيق
Chaos	الفوضى	**Scandal**	فضيحة
Oil-for-food programme	برنامج النفط مقابل الغذاء	**Manage**	أدار
		Bribe	دفع رشى
Exports	صادرات	**Vindicate; acquit**	برّأ
Ousted president	الرئيس المخلوع	**Entangle with**	تعاقد مع
Seminar; forum	ندوة	**Imported goods**	السلع الواردة
Under the auspices of	تحت سمع وبصر	**Ease the severity of the sanction**	خفف وطأة العقاب
Turn a blind eye to	غض الطرف		
Violations; breaches	التجاوزات	**Weapons inspectors**	مفتشو الأسلحة
Justify	برّر	**Secretary General**	الأمين العام
Inflicted upon	لحق بـ	**Attorney General**	مدعي عام

19.1 Comprehension questions 19.1 أسئلة حول الفهم

A أ

أجيبوا بصحيح أو خطأ.

Are these statements true (T) or false (F)?

1 ☐ لم تعلم الولايات المتحدة وبريطانيا بالخروقات المتعلقة ببرنامج النفط مقابل الغذاء

2 ☐ سمحت بريطانيا وأمريكا بمبيعات النفط لتركيا والأردن

3 ☐ الولايات المتحدة وبريطانيا لهما القدرة على إيقاف كل التجاوزات المتعلقة ببرنامج النفط مقابل الغذاء

4 ☐ انتقد عنان وسائل الإعلام على استهدافها الأمم المتحدة فقط.

5 ☐ أخطأ عنان في تعيين ابنه موظفا بشركة كوتنكا

B ب

اقرأوا النص أعلاه وأجيبوا عن الأسئلة التالية.

Answer the following questions from the above text.

1 من حمّل عنان مسؤولية الفوضى المحيطة ببرنامج النفط مقابل الغذاء؟ ولماذا؟

....

2 كيف استطاع صدام جمع أمواله ، حسب عنان؟

....

3 لماذا غضت واشنطن ولندن الطرف عن مبيعات صدام لتركيا والأردن؟

....

4 لماذا انتقد عنان وسائل الاعلام؟

....

 ## 19.2 Language in context | 19.2 اللغة في السياق

| A | لائموا بين الكلمات المسطر عليها في العمود الأول على اليمين وما يناسبها من معان في العمود الثاني على اليسار. |

Match the underlined verbs/words on the right with those on the left.

أصاب	1 حمّله جانبا <u>مما سمّاه</u> الفوضى
يسهر	2 <u>نوّه</u> التقرير بمفتشي الأسلحة
اعتبر	3 اعترضت الأمم المتحدة على <u>تجاوزات</u> حقوق الإنسان
خروقات	4 <u>لحقت</u> خسائر فادحة بالجيش
أشاد	5 <u>يشرف</u> مجلس الأمن على السلم والسلام في العالم

 | B | لائموا بين الكلمات في العمود الأول على اليمين وما يناسبها من معان في العمود الثاني على اليسار. |

Match the verbs/phrases on the right with those on the left.

يعبر فيها عن قلقه لما يجري في لبنان	1 انتقدت الأمم المتحدة أعمال العنف والشغب
الذي ينص على استخدام القوة حيال العراق	2 أعربت اليابان عن رفضها القاطع
بتشطيب ديون الدول الفقيرة	3 حمل الوزير رسالة من رئيسه إلى الرئيس الأمريكي
التي تعمّ أحياء بغداد يوميا	4 وافقت الولايات المتحدة على الدخول في
لامتلاك كوريا الشمالية أسلحة الدمار الشامل	5 اعترضت فرنسا على القانون الدولي
المفاوضات مع إيران حول نيتها امتلاك أسلحة نووية	6 طالبت منظمات حقوق الإنسان الدول المتقدمة

C	✓ ج استخرجوا من النص العبارات التي تناسب ما يلي.

Find the equivalent of the following from the text.

1   They allowed unmonitored exports to be exploited by Saddam.

2   None of the parties were able to compensate the neighbours of Iraq for the losses inflicted upon them as a result of the sanction.

3   The media have been criticised for focusing on the UN's mistakes, and ignoring the mistakes committed by the Security Council who preside over the implementation of the oil-for-food programme.

4   The report has acquitted Annan of any involvement but found him at fault for appointing his son in Kuntica company.

D	✓ د أكملوا الفراغات باستخدام الكلمات المناسبة.

Complete the blanks with the appropriate word.

1   طالبت الأمم المتحدة الطرفين المتنازعين بـ (الإبعاد – الاستبعاد – الابتعاد) عن استخدام القوة

2   انتقل نجيب محفوظ إلى جوار ربه بعد (تطوير – إنجاز – اقتباس) عظيم في مجال الأدب العربي

3   عبّر بلير عن أمله في (إيجاد – وجود – إيصال) حل سلمي لايرلندا الشمالية

4   طالب وزير الداخلية البريطاني الجالية المسلمة في بريطانيا بـ (الاندماج – الانخراط – الامتزاج) في الحياة السياسية

5   هدّدت الجماعات المسلحة بقتل الرهائن في حالة عدم (الإجابة – الاستجابة – الإنجاب) لمطالبهم

E	هـ أعيدوا صياغة ما يلي بأسلوبكم الخاص.

Paraphrase the following.

حمّل الأمين العام للأمم المتحدة كوفي أنان الولايات المتحدة وبريطانيا جانبا مما أسماه الفوضى التي أحاطت ببرنامج النفط مقابل الغذاء العراقي، لأنهما سمحتا بصادرات نفط غير مراقبة استغلها الرئيس العراقي المخلوع صدام حسين، على حد تأكيده.

وقال أنان في ندوة عن الأمم المتحدة ووسائل الإعلام إن الجانب الأكبر من الأموال التي جمعها صدام جاءت من مبيعات نفط إلى الأردن وتركيا خارج برنامج الأمم المتحدة الذي تقدر قيمته بحوالي 67 مليار دولار.

F	و كوّنوا من الجمل التالية فقرة مفيدة.
Form a cohesive paragraph from the following sentences.	

1 وخلصوا إلى القول أنه ما لم يتم تحسين الوضع الأمني فإن تطور الاقتصاد العراقي سيبقى عقيما

2 كما حذروا أن الوضع في العراق سيكون له انعكاسات خطيرة على أسعار البترول في دول أخرى

3 وقلة فرص الشغل

4 وانتشار العنف الطائفي سيؤثر على البنية الاقتصادية في العراق

5 حذر خبراء اقتصاديون من أن تفاقم الوضع الأمني في العراق

6 مما قد يتسبب في تفاقم البطالة

G	ز تعلموا العبارات التالية في سياقها في النص ثم استعملوها في جمل مفيدة.
Study how the following are used in the text. Then try using them in sentences of your own.	

1 حمّل مسؤولية ....

2 تحت سمع وبصر ....

3 ألحق خسائر بـ ....

4 غض الطرف عن ....

5 اعتراض التجاوزات ....

6 تعويض الخسائر ....

7 يشرف على تطبيق القرار ....

8 أجرى تحقيقا في ....

19.3 Translation — 19.3 ترجمة

A	أ ترجموا ما يلي إلى اللغة الإنجليزية.
Translate the following into English.	

بعد ستة أشهر من أداء الحكومة المصرية الجديدة اليمين الدستورية كسبت إلى صفها قطاع الأعمال بسلسلة من الإصلاحات الاقتصادية. (...) ومنذ منتصف يوليو تموز خفض مجلس الوزراء الرسوم الجمركية وأعلن عن خطط لخفض ضرائب الدخل والشركات بنحو 50 في المئة وأحيا برنامج الخصخصة المتوقف.

وكانت أحدث خطوة هي سوق الصرف الاجنبى بين البنوك التي كانت عاملا في رفع قيمة الجنيه مقابل الدولار للمرة الأولى منذ محاولة فاشلة لتعويم العملة عام 2003 في ظل الحكومة السابقة. ويقول الاقتصاديون إن وراء الإصلاحات حاجة ملحة لتشجيع القطاع الخاص وخفض البطالة التي تبلغ رسميا تسعة في المئة وان كان الاقتصاديون يقدرون أنها أسوأ من ذلك.

وقال جيمس ماكورميك من وكالة فيتش للتصنيفات إن الحكومة المصرية "تدرك ما هي المشاكل وتبذل ما هو أكثر من مجرد الحديث عنها. وقد شهدنا بالفعل بعض الإجراءات." لكن الإصلاحات لم تتناول حتى الآن مشكلة تتمثل في العجز الضخم في الميزانية الذي يقول الاقتصاديون انه سيتزايد في الأجل القصير بسبب خفض الضرائب والرسوم الجمركية.

B	ب ترجموا ما يلي إلى العربية.

Translate the following into Arabic.

1 The Gulf ministers warned about the surge in employment of foreign manpower in the Gulf states.

2 After a long negotiation, the two ministers have agreed to establish a system for creating new job opportunities to bring the surging level of unemployment to an end.

3 The American dollar fell to its lowest level against the British Pound. Most European stock markets fell at the start of trading yesterday under the effect of Wall Street.

4 The Saudi success has given great hope to the small companies operating in the Middle East which are looking for a similar success to overcome their financial deficits.

5 The next step the ministers take is to discuss the ramifications of the security situation in Iraq on the Iraqi economy and international oil prices.

6 The diplomatic wrangling about the sanctions on Iran came to an end yesterday after an anonymous vote banning imports from Iran.

7 Saudi Arabia has promised to increase its oil production for the next two months. The Saudi move came amid speculation that Saudi Arabia has reduced its production as a protest against the increasing American support for Israel.

8 The newly elected Hamas government promised a boost in the economy and in employment but, two years later, wages have not been paid, and economic growth has came to a halt as a result of Israeli sanctions, and the halting of aid from the international community. Numerous international bodies have warned that Palestinian society is on the brink of collapse.

UNIT 20 الوحدة 20

1 بماذا تميّز الإقتصاد الأمريكي في عهد بوش الإبن؟

2 كيف أصبحت قيمة الدولار الأمريكي بعد احداث الحادي عشر من سبتمبر؟

بوش يؤكد التزامه خفض الإنفاق والعجز ... والأسواق لا ترى جديداً

اتّسم رد فعل الأسواق على خطاب "حالة الاتحاد" للرئيس الاميركي جورج بوش، وقرار الاحتياط الفيديرالي (المصرف المركزي) الاميركي رفع سعر الفائدة، بالفتور واللامبالاة. ومع تعهد بوش بالتزام إدارته خفض العجز المالي في الموازنة الاميركية، إلا أن الأسواق تتحسب لاستمرار سياسة إدارته التي قد تجعل ذلك صعباً.

وتنتظر الأسواق نتائج اجتماع مجموعة الدول الصناعية السبع الكبرى في لندن، وما قد يسفر عنه من مؤشرات على آفاق النمو الاقتصادي وضبط أسواق صرف العملات.

مع ترقب أسواق الصرف العالمية إشارة واضحة من الرئيس جورج بوش تؤكد التزامه خفض عجز الموازنة، وربما تعزيز وضع الدولار الضعيف، ومع حبس أسواق المال أنفاسها قبل صدور قرار في شأن سعر الفائدة الأميركية لم يكن أول من أمس الأربعاء الذي جمع بين إلقاء خطاب "حالة الاتحاد" واختتام الاجتماع الأول في السنة الجديدة للجنة السوق المفتوح، التابعة لمجلس الاحتياط الفيديرالي (المصرف المركزي) الاميركي، يوماً عادياً.

وسبق خطاب حالة الاتحاد، المناسبة السنوية المهمة التي يستخدمها الرئيس الأميركي في طرح جدول أعماله للسنة، سيل من التصريحات و"التسريبات"، تعلن أن البيت الأبيض يدرك مخاطر عجز الموازنة المالية وأثرها في ثقة الاستثمار الدولي بأميركا والدولار، وهو ما ثبت عملياً عندما أكد بوش إصرار إدارته على خفض الإنفاق الحكومي وانتهاج سياسات مالية تقود، بحلول سنة 2009، إلى تقليص عجز الموازنة المالية إلى نصف ما كان عليه سنة 2004 (413 بليون دولار).

وقال بوش في الخطاب الذي ألقاه أمام جلسة مشتركة للكونغرس إن "الحفاظ على رخاء أميركا يتطلب الحد من شهية الحكومة الفيديرالية للإنفاق"، مشدداً على أن موازنته للسنة المالية 2006، التي تبدأ في تشرين الأول (أكتوبر) المقبل والتي ستُعلن في وقت لاحق من الشهر الجاري ستكون متوائمة مع التزامه خفض العجز المالي، المُتوقع أن يصل إلى 427 بليون دولار في موازنة السنة المالية الجارية.

الحياة 04/02/05

Glossary — القاموس

Financial deficit	العجز المالي	**Losses**	خسائر
Developed countries	الدول الصناعية	**Economic growth**	نمو اقتصادي
Resulted in	يسفر عن	**Annual growth rate**	معدل النمو السنوي
Changing currencies	صرف العملات	**Goods**	بضائع
Strengthening	تعزيز	**Profits**	أرباح
Weak dollar	الدولار الضعيف	**Inflation**	تضخم
Holding of breaths	حبس الأنفاس	**Reconstruction**	إعادة بناء
Issuing of a resolution	صدور قرار	**Interest rate**	سعر الفائدة
International investments	الاستثمار الدولي	**Partnership**	شراكة
Reducing spending; expenditure	خفض الإنفاق	**Loan (n)**	اقتراض
Financial position	الوضع المالي	**The European Central Bank**	البنك المركزي الأوروبي
Tax cut	التخفيضات الضريبية	**IMF (International Monetary Fund)**	صندوق النقد الدولي
Change	الصرف	**Federal reserve**	الاحتياط الفيدرالي
External debt	الديون الخارجية		
Earnings	مكاسب		

20.1 Comprehension questions — 20.1 أسئلة حول الفهم

A — *أ أجيبوا بصحيح أو خطأ.*

Read the text. Are these statements true (T) or false (F)?

1 ☐ الأسواق الأمريكية قلقة من سياسة بوش

2 ☐ تنتظر الأسواق العالمية من بوش خفض عجز الموازنة وتقوية وضع الدولار

3 ☐ اتسم يوم خطاب الاتحاد بالغرابة

4 ☐ أكد بوش على العمل لتخفيض عجز الموازنة

B	ب صلوا بين السؤال وجوابه.
Match the question with its answer.	

1 كيف كان رد فعل الأسواق على خطاب بوش؟ — خفض العجز المالي

2 كيف يصف الكاتب يوم الأربعاء؟ — الحد من الإنفاق

3 ماذا سيطرح بوش في خطاب حالة الاتحاد؟ — غريبا

4 ما هو الالتزام الذي قدمه بوش في خطابه؟ — فاترا

20.2 Language in context — 20.2 اللغة في السياق

A	أ صلوا بين الكلمة ومعناها.
Match each word in the right column with its synonym in the left.	

1 اتسم — إتباع

2 يسفر — أمواج/موج

3 في شأن — يعلم

4 سيل — ينتج عنه

5 يدرك — فيما يخص

6 انتهاج — تميز

B	ب لائموا بين الكلمات في العمود الأول على اليمين وما يناسبها من معان في العمود الثاني على اليسار.
Match the verbs/phrases on the right with those on the left.	

1 يتوقع — سعر البرميل الواحد بعدما وضعت الحرب أوزارها

2 ستزيد — الرئيس انخفاض عجز الموازنة بعد خفض الإنفاق الحكومي

3 انخفض — الدول المتقدمة دول العالم الثالث من ديونها

4 أعفت — الدول الفقيرة أغلب ديونها إلى الدول المتقدمة

5 سدّدت — أوبك من حجم إنتاجها السنوي تلبية للطلب العالمي

ج	أكملوا الفراغات بالمصطلح المناسب. صلوا الرقم في الفراغ بالكلمة المناسبة أعلاه.	C
	Match the number in the blank with the appropriate word.	

الإنفاق – التجاري – تجري – الضريبية – محاولة

مبالغة – الضرائب – الإيرادات – الديزل – تعويض

ومع اقتراب الانتخابات البرلمانية التي ....①........... هذا العام لا يتوقع كثيرون أي ....②........... جادة من جانب الحكومة لتنفيذ تخفيضات كبيرة في ....③........... تتجاوز الخفض المتواضع الذي أعلن موءخرا في دعم وقود ....④...........

وقالت الحكومة الجديدة إنها تتوقع.........⑤.......... التراجع الذي ستشهده.........⑥.......... نتيجة للتخفيضات ....⑦........... والجمركية سريعا من خلال رواج حركة الأعمال والنشاط ....⑧........... وتحسن تحصيل...........⑨........... ويقول اقتصاديون إن التوقعات الحكومية ربما تكون ....⑩........... قليلا في التفاوءل.

د	أعطوا أسئلة للإجابات المسطر عليها.	D
	Provide questions for the underlined answers.	

1 أكد وزير الاقتصاد انه سيرفع المرتبات والمعاشات للعاملين بالقطاع العام

2 على إيران أن تعيد علاقاتها الدبلوماسية مع الدول الغربية إذا أرادت أن تزيد الإنتاج وتكسب الأسواق

3 وفيما يتعلق بمستوى البطالة أشار الرئيس إلى محاولة تشجيع الاستثمار في البلد وخلق فرص شغل للعاطلين

4 واعد الملك شعبه بتخفيض سعر الفائدة

هـ	ضعوا ما يلي في جمل مفيدة.	E
	Use the following in correct sentences.	

1 هبط...

2 خفض الضرائب ....

3 سدّد ....

4 استثمر ....

5 انتعش ....

✓

F	رتّبوا الكلمات التالية وكوّنوا جملاً مفيدة.	و
	Put the following words in order to form meaningful sentences.	

1 الفرنسي – النفط – ايرادات – بالثلث – ترتفع

2 هبط – الأخيرة – النفط – سعر – الآونة – في

3 استرليني – تسونامي – المساعدات – من – بلغ – الشعب – ضحايا – البريطاني – حجم – المقدمة – إلى – 150 مليون – حوالي – جنيه

4 أسعار – القادمة – يتوقع – الشهور – خلال – ارتفاع – الفائدة

5 في – محاربة – والتنمية – الاقتصادي – التعاون – منظمة – بـ – أفريقيا – تعهدت- الفقر

6 النامية – شجعت – المتحدة – الاستثمارات – الأمم – الدول – في

7 في – أرباحا – الأمريكية – طائلة – الشركات – العراق – حققت

✓

G	أكملوا الفراغات بالمصطلح المناسب. صلوا الرقم في الفراغ بالكلمة المناسبة أعلاه.	ز
	Match the number in the blank with the appropriate word.	

الإنفاق – أسعار – افتتح – موازنة – أدى – يحث – البطالة – الشغل

1 ....①............ المؤتمر الاقتصادي العالمي في دبي اليوم

2 ....②............ حفظ الضرائب والزيادة في الإنفاق إلى عجز في الميزانية

2 ....③............ صندوق النقد الدولي الحكومة على ....④............ الميزانية

4 شجعت الحكومة مجال الاستثمار لتخفيض ....⑤............ وإتاحة فرص ....⑥............

5 انتقد حزب العمال سياسة المحافظين القاضية بتخفيض ....⑦........... وزيادة ....⑧...........

20.3 Translation — 20.3 ترجمة

A	ترجموا إلى العربية ما يلي.	أ
	Translate the following into Arabic.	

1 The dollar rose against the euro yesterday, while the pound remained unaffected.

2 The chancellor of the Exchequer has forecast economic growth in the coming two years.

3 During his election campaign, the Conservative leader promised to increase military expenditure and to balance the budget. He ruled out any tax cut during his first term in office.

4   Oil prices have rocketed recently. Economists attributed the all time high prices to the lack of security in Iraq.

5   OPEC has called on its permanent members to increase their production to meet the world demand for oil.

6   The African Solidarity group has called upon the developed nations to write off the Third World's debts.

20.4 Writing 20.4 نشاط كتابة

أكتبوا موضوعا عن الفقر والطبقات الاجتماعية في العالم الثالث وكيفية تجاوز هذه الظاهرة المتفاقمة في هذه البلدان

UNIT 21 — الوحدة 21

عرفت بعض دول الخليج مناقشات حول مصير الإقتصاد الخليجي المبني بالأساس على مداخيل النفط. وقد دعت دول خليجية إلى ضرورة تنويع مصادر الدخل وعدم الإعتماد على مداخل النفط فقط:

في نظرك هل ستبقى أسعار النفط في ارتفاع في المستقبل البعيد؟

الحفلة الأخيرة

وصلت أسعار النفط إلى مراحل غير مسبوقة وكسرت حاجز الاربعين دولارا للمرة الأولى منذ فترة طويلة، حتى تخطت الثلاثة والأربعين دولارا للمرة الأولى في التاريخ. كل ذلك وسط تنبؤات وتوقعات وتحليلات تؤكد أن استمرار ارتفاع الأسعار وارد ومحتمل وان مؤشرات بقاء الحال كما هو عليه مرجح لظروف اقتصادية وسياسية مختلفة. لكن كل ذلك سيكون على المدى القصير والقصير جدا.

ففي مدينة ديترويت معقل صناعة السيارات الامريكية، مقر أكبر شركات السيارات العالمية جنرال موتور تم الإعلان عن تصنيع سيارة تسير 500 ميل على جالون البنزين الواحد، نعم خمسمائة ميل، إضافة إلى أن قوانين قيادة السيارات والبيئة في مختلف الولايات المتحدة يميل بقوة نحو تحديد أن كافة السيارات التي يسمح أن تسير على الطرقات يجب أن تكون ذات محرك ثنائي (كهربائي وبالبنزين) وذلك توفيرا لاستهلاك النفط. وها هي شركة بوينغ تطلق موديلها الجديد E77 الذي سيكون ذا استهلاك أقل للنفط

وغير خافية القوة الهائلة الموجهة علميا وسياسيا نحو الاستفادة من الطاقات البديلة كالهوائية والمائية والذرية والشمسية. كل ذلك يعنى أن فورة الأسعار التي تشهدها الأسواق اليوم وتتمتع بها الدول المنتجة للنفط قد تكون الأخيرة. وان تنويع مصادر الدخل بالنسبة للسعودية وهي أهم الدول المنتجة للنفط لم يعد خيارا ترفيهيا أو ترفا يردّد بل ضرورة حتمية تقتضيها الظروف المتغيرة القادمة في الآفاق.

تنويع الدخل يعتمد على مبدأ إتاحة الفرصة بسوية وعدالة ولكافة المجالات ولتحويل فكر السوق الحر الى فكر سوق حر ومنفتح على العالم بقوة وثقة وإرادة. إرادة وعلامات التغيير موجودة وتبقى المسؤولية بقراءتها والاستعداد الجدي لمواجهتها

ستكون الدول المنتجة للنفط عرضة لنفس مصير الدول التي كانت تنتج الفحم أو القطن في سنوات مضت، تلك السلعتان هما نفط زمانهما ولكن لأن تلك الدول لم تتمكن من تنويع اقتصادياتها وفتح أسواقها لتحسين دخلها اندثرت من على خارطة العالم الاقتصادي وباتت لاعبا ثانويا. الاستفادة مطلوبة من فورة النفط التي نعيشها والاستفادة القصوى من عوائدها ضرورية. ولكن التحدي الأهم والأخطر هو الاستعداد للمرحلة القادمة، مرحلة سوف يكون فيها النفط سلعة ثانوية، لا تعد له نفس درجة الأهمية وهذه المرحلة ليست ببعيدة. كل المطلوب هو القرار الجريء والاستعداد القوي لها.

الشرق الأوسط: الاربعاء 18 جمادى الثانى 1425 هـ 4 اغسطس 2004 العدد 9381

Glossary

القاموس

Unprecedented	غير مسبوق	Diversification of sources	
Exceeded	تخطت	of income	تنويع مصادر الدخل
Anticipations	تنبؤات	Pressing necessity	ضرورة حتمية
Probable and likely	وارد ومحتمل	Horizons	الآفاق
Indications; signs	مؤشرات	Free market	السوق الحر
Short term	المدى القصير	Coal	الفحم
Consumption	الاستهلاك	Cotton	القطن
Surging of prices;		Vanish	اندثر
soaring of prices	فورة الأسعار	Good; product	سلعة
Alternative sources		Challenge (n)	تحدّي
of energy	طاقات بديلة	Bold	جريئ

21.1 Comprehension questions
21.1 أسئلة حول المضمون

A	أ أجيبوا بصحيح أو خطأ.
Are these statements true (T) or false (F)?	

1 ارتفاع أسعار النفط يرجع إلى أسباب محلية ☐

2 ارتفاع سعر النفط سيظل على المدى البعيد ☐

3 استعمال الطاقات الهوائية ، المائية والشمسية سيزيد من سعر البترول ☐

4 يوصي الكاتب الدول المنتجة للنفط بالتفكير في مصادر دخل أخرى ☐

5 سيصبح النفط سلعة ثانوية في نظر الكاتب؟ ☐

B	ب أعطوا أسئلة للإجابات المسطر عليها.
Provide questions for the underlined answers.	

1 ....على المدى البعيد؟ لا، ستعرف أسعار النفط انخفاضا

2 ....للنفط؟ الطاقات البديلة للنفط هي الطاقة المائية والهوائية والذرية والشمسية.

3 ....السعودية اليوم ؟ يعتمد دخل السعودية على النفط

4 ....؟. يخاف الكاتب من اندثار الاقتصاد السعودي

C	ج شطبوا على العبارات الزائدة والغير موجودة في النص الأصلي فيما يلي.

Cross out the additional phrases and sentences, which are not in the original text, in the following précis.

يتحدث الكاتب في هذا النص عن ارتفاع أسعار البترول وفورتها في العالم. وهذا يرجع إلى غياب طاقات بديلة للنفط وكثرت استهلاك فرنسا وبريطانيا للنفط. فارتفاع أسعار البترول مؤخرا جعل بعض الدول المتقدمة تعمل جادة من أجل الاستفادة من طاقات بديلة للنفط كالطاقة الهوائية والمائية. وأدى هذا حسب قول الكاتب إلى انخفاض أسعار البترول. والكاتب هنا يدرك مدى خطورة هذا التنوع في مصادر الطاقة على اقتصاديات الدول النفطية وخاصة منها السعودية والتي تعتمد بالأساس على مدا خيل النفط. وفي هذا المقال يحذر الكاتب السعودية بأن اعتمادها على مداخيل النفط فقط ليس كافيا. ويحثها على تنويع مصادر دخلها إن هي أرادت أن تبقى على خارطة الاقتصاد العالمي. فيطرح آفاق الاعتماد على الفلاحة والسياحة كمصادر دخل في السعودية. ويعطي الكاتب مثالا عن بعض الدول مثل الدول الأفريقية التي اعتمدت في اقتصادها على مصادر دخل وحيدة كالقطن والفحم، وهما مصدران تميّزا بنفس الأهمية التي يعرفها النفط اليوم. لكن لسوء الحظ هاتان السلعتان قد اختفتا من السوق. فماذا كان مصير الدول المنتجة لهاتين السلعتين؟ لقد اندثرت من على خارطة الدول الاقتصادية.

21.2 Language in context — ٢١.٢ اللغة في السياق

A	أ صلوا الكلمات المسطر عليها في اليمين بمعانيها في اليسار.

Match the underlined word in the right column with its synonym in the left.

1	تخطت أسعار البترول الأثمنة المعتادة	المستقبل
2	استمرار ارتفاع الأسعار	اختفت
3	سوق منفتح على العالم قوة وثقة وإرادة	تجاوزت
4	اندثرت من على خارطة العالم الاقتصادي	عزيمة
5	المطلوب هو القرار الجريء	فورة
6	الظروف المتغيرة القادمة في الآفاق	الشجاع

B	ب أكملوا الفراغات التالية بالحروف المناسبة.

Fill in the blanks with the appropriate prepositions.

د	–	في	–	إلى	–	في	–	من	–	في	–	من	–	من

وأكد أن معظم الإمدادات المتوقعة لتلبية الطلب العالمي............ النفط سيأتي............. منطقة الخليج والشرق الأوسط. وتوقع ان يرتفع انتاج «أوبك»........... النفط، بما......... ذلك سوائل الغاز الطبيعي،......... 33 مليون برميل يومياً......... عام 2005، الى 47 مليون برميل يومياً، لافتاً إلى أن حصة «أوبك» من السوق العالمية سترتفع من 41 في المئة حالياً........... أكثر من 45......... المئة عام 2020.

ج *أكملوا الفراغات بالمصطلح المناسب. صلوا الرقم في الفراغ بالكلمة المناسبة أعلاه.* C

Match the number in the blank with the appropriate word.

الطلب	–	*مهندسي*	–	*طاقة*	–	*ارتفاع*	–	*توقع*
القريب	–	*احتياجات*	–	*النمو*	–	*المتزايد*	–	*النفط*

أكد وزير النفط الإماراتي محمد الهاملي « إن دول أوبك تمتلك ....①.......... إنتاجية إضافية لمواجهة أي..........②.......... مفاجئ في الطلب العالمي على النفط، خلال العام الجاري، وفي المستقبل ....③.......... ».

و..........④.......... الهاملي، الذي كان يتحدث في لقاء في أبو ظبي مع جمعية ....⑤.......... البترول في الإمارات، إن يرتفع ....⑥.......... على نفط أوبك من 28.5 مليون برميل يومياً في عام 2004، إلى 29.2 مليون برميل يومياً في العام الجاري.

وأشار إلى أن ....⑦.......... العالم من منتجات الطاقة ستستمر في الارتفاع بسبب ....⑧.......... الاقتصادي والسكاني العالمي ....⑨.......... ، وارتفاع معدلات المعيشة في الدول النامية، متوقعاً ارتفاع الطلب العالمي على ....⑩.......... من 84 مليون برميل يومياً هذا العام، إلى نحو 90 مليون برميل يومياً عام 2010، و105 ملايين برميل يومياً عام 2020، وذلك بنسبة 25 في المئة بين عامي 2005 و2020.

د *استخرجوا معنى ما يلي من النص.* D

Find the equivalent of the following from the text.

1 Power, confidence and determination
2 Vanished from the economic map
3 Hybrid engine
4 Saving the consumption of oil

E | أدرسوا استخدام الأفعال والعبارات التالية في النص و ضعوها في جمل مفيدة. | هـ

Study how the following words are used in the text. Then try using them in sentences of your own.

1 مراحل غير مسبوقة ....

2 كسّر حاجز ....

3 غير خاف على ....

4 يقتضي ....

5 عرضة لـ ....

21.3 Translation — 21.3 ترجمة

A | ترجموا ما يلي إلى اللغة العربية. | أ

Translate the following into Arabic.

The Bank of England has raised interest rates by a quarter of a percentage point to 4.75%. It's just the latest in a series of worldwide rate rises, but why are central banks hiking them now?

Who else is raising interest rates?

It's not just the Bank of England that is raising interest rates. The European Central Bank also raised rates on Thursday to 3%, and earlier in the week Australia raised its rates to 6%.

In the United States, the Federal Reserve has raised rates on 17 consecutive occasions to 5.25%, and it may do so again next week. And even Japan, which has had near-zero interest rates, saw its central bank make its first increase in rates in six years last month.

Monetary policy makers are worried that renewed economic growth, combined with high oil prices, could bring back inflation.

What is worrying central banks?

A common factor is the effect of high energy prices, which is feeding through the economy to affect everything from transport costs to the price of utility bills.

With trouble in the Middle East pushing oil to over $70 per barrel, expectations that the oil price rise would only be temporary are now being revised.

BBC online 27/09/06

B	ب ترجموا ما يلي إلى الإنجليزية.

Translate the following into English.

نوّه رئيس الحكومة اللبنانية فؤاد السنيورة بالجهود الحثيثة التي تبذلها جامعة الدول العربية لدعم لبنان في مواجهة كل التحديات السياسية والدبلوماسية، وقال إن لبنان يعول على مشاركة العرب الفاعلة في المؤتمر العربي والدولي لدعم لبنان الذي سيعقد في باريس في النصف الثاني من يناير (كانون الثاني) المقبل.

جاءت كلمة السنيورة في افتتاح الدورة الاستثنائية للمجلس الاقتصادي الاجتماعي العربي في بيروت أمس، التي عقدت في مقر رئاسة الحكومة في حضور الأمين العام لجامعة الدول العربية عمرو موسى.

افتتح الاجتماع رئيس الدورة وزير مالية البحرين بكلمة ترحيبية مقتضبة، تلاه الأمين العام للجامعة الذي قال: «نجتمع اليوم لنؤكد للبنان وللجميع إن الأخوة ليست كلاماً ولا شعاراً ولا هتافاً، وان العروبة ليست نشيداً ولا اهازيج، وإنما هي مصلحة مشتركة، وهي التكافل. هي التعاضد. وهي الجدية في العمل، أو هكذا يجب أن تكون. إننا نعمل والأمل يحدونا أن ينطلق لبنان ليضيء كما أضاء دائما، وهاجا مفعما بالحياة والحركة نحو مستقبل آمن في رخاء وعلى أرضية واثقة وضرورية من الوحدة الوطنية».

الشرق الأوسط 06/10/18

🎧 21.4 نشاط استماع   **21.4 Listening**

1   كيف يمكن أن تصفوا العلاقة الإقتصادية الصينية/المصرية؟

2   أذكروا بعض قطاعات التعاون والشراكة بين الصين ومصر؟

A — أ استمعوا إلى الشريط مرة أخرى وأجيبوا بصحيح أو خطأ.

Listen to the recording. Are these statements true (T) or false (F)?

1 ☐ تهدف زيارة وزير التجارة والصناعة المصري إلى تعزيز الأعمال والتجارة بين الصين ومصر.

2 ☐ زار رئيس الوزراء الصيني القاهرة في شهر آذار

3 ☐ وصل مجموع الاتفاقيات الموقعة خلال زيارة رئيس الوزراء إلى 11.

4 ☐ يتصدر مجال الاستثمار وتجارة البضائع قائمة أولويات مصر

5 ☐ عرف التبادل التجاري المصري والصيني نموا متباطئا

6 ☐ سيتم مناقشة فرصة الإعفاءات من الرسوم الجمركية على البضائع.

B — ب استمعوا إلى النص وأجيبوا عن الأسئلة التالية.

Listen and answer the following questions.

1 لماذا زار وزير التجارة والصناعة المصري بكين؟

....

2 ماهي الضمانات التي حصلت عليها مصر من بكين؟

....

3 ما مفاد الاتفاقية التي وقعتها شركة "سيتيك غروب" الصينية مع مصر؟

....

4 إلى ماذا يهدف إنشاء منطقة صناعية صينية في مصر؟

....

5 ما هو حجم صادرات بكين إلى مصر عام 2005؟

....

6 هل سيتزايد حجم الصادرات الصينية إلى مصر بعد 2005؟

....

✓

ج استمعوا إلى الشريط من جديد وصلوا العبارات والجمل على اليمين بما يناسبها على اليسار. C

Listen and match the phrases and sentences on the right with those on the left.

1	أحدث الأمثلة على مبادرات الأعمال التي وقعت 2006	إلى ما يصل 17 بليون دولار وخمسة بلايين دولار
2	تم التخطيط لإنشاء منطقة صناعية صينية في مصر	إعلان شركة تشيري الصينية إنشاء مصنع للتجميل
3	وصل حجم التجارة المصرية مع الاتحاد الأوروبي والولايات المتحدة عام 2005	بخمسة بلايين دولار خلال العقد المقبل
4	تحاول وزارة التجارة زيادة حجم التجارة والصناعة المصرية	للاستثمار المشترك في مجالات الصيدلية والأحذية والنسيج

د *استمعوا مرة أخرى وشطبوا على الكلمات الإضافية/الزائدة في هذا النص.* D

Listen and cross out the additional words and phrases in the following passage.

يشكل التنوع في مجال الأعمال والتجارة في أسواق ومحلات الصادرات المصرية أولوية بالنسبة إلى الحكومة المصرية هذه السنة. ويظهر ذلك بوضوح وجلاء في جهودها الحثيثة الهادفة كليا إلى تعزيز العلاقات الوطيدة مع بكين بحسب قول «اكسفورد بزنس غروب». وفي ظل النمو السريع والكبير في الاقتصاد الصيني وتطلع مصر العربية إلى تعزيز وتقوية الاستفادة من المناخ المشجع للاستثمار السائد فيها، زار وزير التجارة والصناعة المصري رشيد محمد رشيد الشهر الماضي الصين ستة أيام. وهدفت زيارته إلى تعزيز الأعمال والتجارة بين البلدين. وشهدت توقيع اتفاقات عديدة في شأن سلسلة من المشاريع المشتركة المرتبطة في مصر يصل تقدير حجمها إلى 2.7 بليون دولار. كما حصلت كذلك مصر على ضمانات من الصين بأنها ستخفض كل الرسوم الجمركية على البضائع المصرية المستوردة.

لكن الزيارة التاريخية سبقتها مبادرة رئيس الوزراء الصيني وين جياباو خلال زيارته القاهرة في حزيران (يونيو). إذ تم توقيع 11 اتفاق تعاون وتكامل في حقلي التجارة والأعمال بين البلدين الشقيقين، موزعة على تصنيع تجهيزات للاتصالات والتعاون في قطاعي النفط والغاز.

✓

E	هـ استمعوا إلى الشريط واكملوا الفراغات التالية.

Fill in the blanks, then listen a final time to check your answers.

وتتوقع الحكومة المصرية أيضاً أن............... بكين .... على البضائع المصرية التي تدخل الصين في .... هذه الأخيرة على بحث .... التخفيضات خلال زيارة رشيد. وقد يجرى التوصل إلى صفقة تتعلق .... الجمركية التفضيلية و.................. من الرسوم الجمركية على البضائع في تشرين الثاني (نوفمبر) الحالي، بحسب ما أفاد الوزير المصري. واقترحت وزارة التجارة والصناعة .... الحصول التفضيلي على .... والأرز المصريين اللذين يدخلان السوق الصينية في مقابل .... على أسعار أكثر .... في السوق المصرية.

ولا بد للتعامل مع بكين من أن يأتي .... على القاهرة، على حد تعبير نشرة «أكسفورد بزنس غروب»، بعد فشل .... اتفاق التجارة الحرة بين مصر والولايات المتحدة لأسباب سياسية. فأي اتفاق للتجارة مع الولايات المتحدة .... بوضوح بسرعة تحقيق الإصلاح .... في البلد المعني. وهذا المفهوم غريب بالنسبة إلى .... الذين تمكنوا من تحقيق تزاوج بين ما يبدو .... من الشيوعية واقتصاد السوق. وعلق رشيد بأن بكين وضعت الفرصة الاقتصادية في الدرجة الأولى، ما سهل إقامة .... مع الصين. وبصرف النظر عن الاعتبارات السياسية فإن إقامة علاقات تجارية قوية مع دولة .... وقوية كالصين، تعِد بفرص اقتصادية عدة مع تقليل اعتماد مصر على الولايات المتحدة وأوروبا كشريكين في التجارة والأعمال.

Full transcript at page 277.

MODULE 6

Law and Order

الفصل السادس: القانون

Unit 22	غالاوي وقضية التشهير
Unit 23	محامون يدعون إلى "محاكمة عادلة" لمحتجزي جوانتانمو
Unit 24	محاكمة صدام حسين

UNIT 22 الوحدة 22

غالوي نائب برلماني بريطاني. عرف بمواقفه المضادة لسياسة الحكومة البريطانية في الشرق الأوسط. تم طرده من حزب العمال. ما اسم الحزب الذي أسسه بعد طرده؟

غالاوي وقضية التشهير

كسب عضو البرلمان البريطاني جورج غالاوي أمس قضية التشهير التي وجهتها ضده صحيفة بريطانية بدعوى أنه تلقى أموالا من الرئيس العراقي السابق صدام حسين.

وأكد قاضي المحكمة العليا ديفد إيدي أن المزاعم التي نشرتها صحيفة الديلي تلغراف بحق غالاوي "تسيء إلى سمعته". وقررت المحكمة تعويضه بمبلغ 291 ألف دولار وعلى تحمل الصحيفة النفقات القانونية للقضية التي بلغت 1.2 مليون جنيه استرليني.

وفي تعليقه على الحكم الصادر لصالحه وصف غالاوي الصحيفة بأنها تلقت "ضربة قضائية"

وتساءل وسط حشد من مؤيديه "أدينت صحيفة ديلي تلغراف ويالها من إدانة لكن متى يدان توني بلير".

وبالمقابل علق متحدث باسم الصحيفة بأن الحكم كان "ضربة قاسية لمبدأ حرية التعبير في هذه الدولة".

يذكر أن القضية تركزت على عدة مقالات نشرت في صدر الصحيفة في شهر أبريل/ نيسان عام 2003 اعتمدت على مستندات قالت إن مراسلها في العراق ديفد بلير اكتشفها في العراق وتفيد أن غالاوي تقاضى نحو 375 ألف جنية إسترليني سنويا من خلال برنامج النفط مقابل الغذاء.

ويذكر أيضا أن هذه هي المرة الثانية التي يكسب فيه غالاوي تعويضات بشأن مزاعم ضده تتعلق بالعراق حيث وافق في شهر مارس/ آذار على قبول التعويض بمبلغ -لم يفصح عنه- من صحيفة كريستيان ساينس مونيتور الأميركية والتي زعمت أنه تلقى عشرة ملايين دولار مقابل تأييد صدام.

Glossary القاموس

High court	المحكمة العليا	**Libel**	تشهير
Judge	قاض	**General public**	الرأي العام
The public prosecutor	المدعي العام	**Ousted**	مخلوع
Criminal	مجرم	**Oil-for-food programme**	برنامج النفط مقابل الغذاء
The powers of the court	اختصاصات المحكمة	**With the pretext**	بدعوى أن
Mediation; reconciliation and arbitration	الوساطة والتوفيق والتحكيم	**Abide by the law**	التزم بالقانون
Jurisdiction	القضاء	**Accessory to a crime**	شريك في الجريمة
Issue a verdict	أصدر حكما	**Adjournment**	رفع الجلسة
The Board of the court	هيئة المحكمة	**Court hearing**	جلسة المحكمة
Adjudicates over disputes	يفصل في المنازعات	**Homicide**	جريمة القتل
Resort to court	اللجوء إلى المحكمة	**Sentenced to death**	حكم عليه بالاعدام
Lodging a case against	إقامة دعوى	**Sentence to life**	السجن: السجن المؤبد مدى الحياة
Privileges and remuneration	امتيازات ومكافات	**Aggrieved**	مظلوم
The verdict of the court	حكم المحكمة	**False allegation**	ادعاء باطل
Appeal against the verdict	استئناف الحكم	**Arbitrate; adjudicate**	التحكيم ; فصل في النزاع
Contest the verdict	الطعن/ النقد في الحكم	**Civil action**	دعوى مدنية
The international tribunal court	محكمة العدل الدولية	**Civil law**	القانون المدني
Compensations	تعويضات	**Civil liberties**	الحريات المدنية
Freedom of expression	حرية التعبير	**Civil rights**	الحقوق المدنية
Cost of the case	نفقات القضية	**Civil servant**	موظف حكومي

22.1 Comprehension questions 22.1 أسئلة حول المضمون

A / *اقرأوا النص وأجيبوا عن الأسئلة التالية.*

Read the text and answer the following questions.

1 من رفع دعوة ضد غالاوي؟

....

2 لماذا عوّضت المحكمة غالاوي 291 ألف دولار؟

....

3 ما مفاد تصريح غالاوي؟

....

4 على ماذا اعتمدت صحيفة ديلي تلغراف في نشر خبرها؟

....

5 كم مرّة كسب غالاوي تعويضات؟

....

☑ | B | صلوا بين الفعل في العمود على اليسار وما يقابله في العمود على اليمين.

Match the verb in the column on the left with its appropriate phrase in the right.

دعوى ضد زوجته	تنازل	1
المعتقل حقوقه القانونية	تبنى	2
عن القضية بعد اتفاق بينه وبين المتهم	أقام	3
القاضي اجتماعا قبل إصدار الحكم	عقد	4
القاضي الجلسة المغلقة هذا الصباح	نفذ	5
البلد قرار الأمم المتحدة	مارس	6
القاضي خطأ فادحا في وجه المتهم	أجرى	7
المجرم جريمة في حق الأبرياء	افتتح	8
بلير محادثات مع بوش	ارتكب	9

🔎 22.2 Language in context | 22.2 اللغة في السياق

| A | للأفعال التالية معان مختلفة حسب سياق الجملة. تعلموا الأمثلة المعطاة عن كل فعل وأتمموا الباقي. | أ

The following verbs have different meanings in different contexts. Study the examples given for each verb and complete the translation for the remainder of the combinations.

■ (**تنازل عن**: حقه ، حقوقه، العرش ، المنصب)

Resign from office   تنازل الرئيس عن منصبه

Abandon his right   تنازل عن حقه

■ (**تبنى** : ابنا ، قرارا ، حكما ، اقتراحا ، مشروعا)

Adopt	تبنت العائلة ولدا
Endorse a resolution	تبنى مجلس الأمن قرارا

■ (أقام: شكوى ، دعوى ، مأدبة عشاء ، حفل)

Lodge a complaint against	أقام الموظف شكوى ضد مديره
Host a dinner	أقام الرئيس مأدبة عشاء شرفا للزائر

■ (عقد: اجتماعا ، مؤتمرا ، اتفاقا ، جلسة)

Hold a meeting	عقد الرئيس اجتماعا
Hold an agreement	عقد اتفاقا

■ (نفذ: حكما ، قانونا ، مشروعا ، جريمة ، وصية)

Commit a crime	نفذ المجرم جريمة
Pass a sentence	أصدر القاضي حكما في حق المعتدي

■ (مارس: حقوقا ، رياضة ، كتابة ، عبادة)

Exercise his rights	يمارس المواطن حقوقه بحرية
Practise sports	يمارس اللاعب رياضة كل يوم

■ (أجرى: مشاورات ، مكالمات ، مباحثات)

Hold talks	أجرى الرئيس مباحثات مع نظيره
Consult	أجرى الملك مشاورات مع مستشاريه

■ (افتتح: المؤتمر ، المعرض ، المحادثات ، المباحثات)

■ (ارتكب : خطأ ، ذنبا ، جريمة)

B	ب أدرسوا الأفعال التالية وحدّدوا اختلاف معانيها ثم ضعوها في جمل مفيدة.
	Can you guess the difference in meaning between these verbs? Then, try using them in sentences.

1 حاور: ....

2 سأل: ....

3 استقصى: ....

4 استنطق: ....

5 استجوب: ....

6 حقق: ....

C	أكملوا الفراغات بالمصطلح المناسب. صلوا الرقم في الفراغ بالكلمة المناسبة أعلاه.	ج
	Match the number in the blank with the appropriate word.	

شرعية	مدى	الاستماع	تأجيل	عقب	أرجأت
أمامها	معاونيه	فرصة	تهديدات	انطلاق	الحاصل

...........①........... المحكمة العراقية الخاصة محاكمة الرئيس العراقي المخلوع صدام حسين وسبعة من ....②........... إلى الخامس من ديسمبر/ كانون الأول المقبل وذلك لتمكين فريق الدفاع من تدارك النقص...........③........... في صفوفه.

فقد قرّر رئيس المحكمة رزكار محمد أمين بعد ثلاث ساعات من...........④........... الجلسة أمس، ....⑤........... المحاكمة أسبوعا لإعطاء المتهم طه ياسين رمضان ....⑥........... الحصول على تمثيل قانوني, بعد مقتل اثنين من أعضاء فريق الدفاع وفرار ثالث من العراق بعد تلقيه...........⑦........... بالقتل...........⑧........... جلسة المحاكمة الأولى في أكتوبر/ تشرين الأول الماضي.

شرعية المحكمة

وقد شكك النعيمي في...........⑨........... المحكمة التي يمثل...........⑩........... الرئيس العراقي. وقال إن فريق الدفاع يفضل عدم...........⑪........... للشهود إلى حين البت في...........⑫........... شرعية المحكمة.

D	يتضمن النص التالي أخطاء. حدّدوها ثم أعطوا الإجابة الصّحيحة.	د
	The following text contains deliberate errors. Find the errors and then correct them.	

وفي جانبه اعترض صدام مع الطريقة التي أحضر بها إلى المحكمة وقال إنه اضطر بسبب توقف المصعد في صعود السلم مقيد اليدين. وحافظ القاضي في نفس النبرة الهادئة التي اتسم بها خلال مشادات سابقة إلى صدام في أول جلسات المحاكمة وأبلغه أنه سيطلب من رجال الأمن الأميركيين مراعاة ذلك مع المرة القادمة.

22.3 Translation — 22.3 نشاط ترجمة

A	ترجموا إلى الإنجليزية النص التالي.	أ
	Translate the following into English.	

محكمة أمريكية تبرئ النجم مايكل جاكسون من كل التهم

سانتا ماريا (الولايات المتحدة): برأت هيئة المحلفين في محاكمة النجم الاميركي الشهير مايكل جاكسون من التهم العشر الموجهة إليه بما في ذلك خطف طفل وتهمة التآمر والتحرش الجنسي بطفل.

وكان المحلفون قد توصلوا أمس إلى قرار بشأن قضية مايكل جاكسون. وكانت الهيئة، التي تضم أربعة رجال وثماني نساء، بدأت منذ الثالث من يونيو (حزيران) المداولات لاتخاذ قرار حول ما إذا كان جاكسون مذنبا أو بريئا.

ومثل نجم موسيقى البوب أمام المحكمة بتهم ارتكاب تجاوزات جنسية مع قاصر وتقديم الخمر له ومحاولة احتجازه وأفراد عائلته؛ وحصلت هذه الوقائع بحسب قرار الاتهام بين فبراير (شباط) ومارس (آذار) 2003 في مزرعته «نيفرلاند». وحوكم جاكسون بعشر تهم بينها التحرش الجنسي وتقديم مشروب كحولي للصبي لاغوائه والتآمر لاختطاف طفل واحتجازه بدون سند قانوني والابتزاز. وكان جاكسون سيواجه في حالة إدانته، عقوبة السجن لمدة تصل الى 20 عاما.

http://www.aawsat.com/details.asp?

UNIT 23 الوحدة 23

1 متى تمّ فتح سجن جوانتانمو؟

2 ما هي التهم الموجهة للمحتجزين في هذا السجن؟

3 هل اعتبرت الولايات المتحدة الأمريكية المحتجزين أسرى حرب؟ ولماذا؟

http://news.bbc.co.uk/hi/arabic/news/newsid_3172000/3172023.stm

محامون يدعون إلى "محاكمة عادلة" لمحتجزي جوانتانمو

واشنطن تريد محاكمة المعتقلين أمام محاكم عسكرية

حث رؤوساء عشر مؤسسات قانونية كبرى من جميع أنحاء العالم الولايات المتحدة على محاكمة المشتبه بهم المحتجزين في جوانتانمو باي محاكمة عادلة.

ويواجه المحتجزون الذين يشتبه في انتمائهم لحركة طالبان وشبكة القاعدة والذين يصل عددهم إلى أكثر من 600 شخص احتمال محاكمتهم أمام محاكم عسكرية أمريكية.

لكن رؤوساء المؤسسات القانونية التي تمثل محامين من عشر دول من بينها المملكة المتحدة وفرنسا وكندا، دعوا لمحاكمة المحتجزين أمام محاكم مدنية، وذلك في خطاب بعثوه إلى صحيفة الجارديان البريطانية.

وتصف الولايات المتحدة المحتجزين بأنهم "مقاتلون أعداء"، لا تشملهم أية اتفاقية قانونية متعارف عليها. وتقول أمريكا إنها لا تستطيع أن تتعامل معهم باعتبارهم مجرمين عاديين لدورهم المزعوم في هجمات 11 سبتمبر/ أيلول.

كما تقول إنها لا تستطيع أن تعاملهم كأسرى حرب، لأن في هذه الحالة يجب الإفراج عنهم بانتهاء القتال، في حين تقول الولايات المتحدة إن الحرب التي تشنها على الإرهاب حرب مفتوحة.
تهديد بالانتقام

وقال المحامون الذين وقعوا على الخطاب الذي نشر اليوم الخميس إن محتجزي جوانتانمو يجب أن يمثلوا أمام محكمة مدنية أمريكية أو إعادتهم إلى دولهم الأصلية لمحاكمتهم هناك.

وعلى الرغم من أنه من غير المحتمل أن توافق إدارة بوش على هذه الدعوة، فإن مصير المعتقلين مسألة قد تجلب الخطر على واشنطن. وتوعد بيان يعتقد أنه من أيمن الظواهري، أحد كبار قادة القاعدة بالانتقام لأي أحكام بالإعدام تصدر ضد أي من المحتجزين في القاعدة الأمريكية في كوبا.
وقال توم ريدج وزير الأمن الداخلي الأمريكي إنه يأخذ هذا التهديد على مأخذ الجد، وإنه يعمل يوميا على أساس احتمال وقوع هجوم إرهابي جديد.

03/08/21 BBC online:

23.1 Comprehension questions

23.1 أسئلة حول المضمون

A | **أ**

أجيبوا بصحيح أو خطأ.

Read the text. Are these statements true (T) or false (F)?

1 ☐ ستحاكم الولايات المتحدة المحتجزين في محاكم مدنية

2 ☐ تعتبر الولايات المتحدة المحتجزين أسرى حرب

3 ☐ دعا رؤساء المؤسسات القانونية إلى إطلاق سراح كل المحتجزين بدون محاكمة

4 ☐ تصف الولايات المتحدة المحتجزين بأنهم مقاتلون أعداء

5 ☐ حذرت المؤسسات القانونية من عواقب إعدام المحتجزين

B | **ب**

إقرأوا النص وأجيبوا عن الأسئلة التالية.

Read the text again and answer the following questions.

1 إلى ماذا دعا رؤساء المؤسسات القانونية الكبرى؟

....

2 ماذا تعتبر الولايات المتحدة المحتجزين؟

....

3 لماذا لا تتعامل أمريكا مع المحتجزين كمجرمين عاديين؟

....

4 من توعد بالانتقام للمحتجزين في حالة إعدامهم؟

....

5 ما هوتصريح توم ريرج

....

6 من دعا إلى محا كمة محتجزي جوانتا نمو في محكمة مدنية؟

....

23.2 Language in context — 23.2 اللغة في السياق

A	صلوا بين الفعل وما يقابله في العمود على اليسار.	أ
	Match the verb with the appropriate statement.	

1 أقام — المتهم على تمثيل قانوني خارج بلده

2 التزم — وزير الداخلية قانونا صارما يحدّ من الفساد السياسي

3 مثل — المهاجر بقانون البلد

4 قدّم — المتهم أمام المحكمة

5 أصدر — المدافع عن المتهم أدلة أمام المحكمة

6 حصل — دعوى ضد مجلته

B	ضعوا أسئلة للأجوبة المسطر عليها فيما يلي.	ب
	Provide questions for the underlined answers.	

1 ....؟ حكم على المتهم بخمس سنوات سجنا وغرامة مالية

2 ....؟ كان سبب الضجة رفض السادات أن يفض اعتصامه

3 ....؟ أجلت الجلسة لأن المدافع عن المتهم مريض

4 ....؟ أعلنت المحكمة براءة جاكسون من التهم الموجهة إليه

5 ....؟ رفض الرئيس محاكمة جنوده في محكمة دولية

C	رتّبوا الكلمات التالية لتكوّنوا جملا مفيدة.	ج
	Put the following words in order to form meaningful sentences.	

1 إنها – الإنسان – منظمة – انتقدت – المحكمة – وقالت – الوقائع – أخفقت – إثبات – حقوق – في.

2 الدينية – دعا – الرئيس – إلى – العراقية – مع – الالتحام – بعضها – أشكال – التفرقة – العراقي – ونبذ – الطوائف.

3 تنفيذه – منظمة – عن – أسفها – حكم – الإعدام – صدام – لصدور – ودعت – على – العفو - عدم – أعربت – على -الدولية

4 الناطق – البيت – صدام – باسم – أشاد – بإعدام – الرسمي – الأبيض.

23.3 Translation

23.3 نشاط ترجمة

A	أ ترجموا ما يلي إلى اللغة الإنجليزية.

Translate the following into English.

أشاد الناطق باسم البيت الابيض توني سنو بصدور الحكم على صدام حسين، وقال للصحافيين «لديكم الآن الدليل المطلق على وجود نظام قضائي مستقل في العراق»، ورأت وزيرة الخارجية كوندوليزا رايس في بيان أن الحكم يشكل «تذكيرا ايجابيا لجميع العراقيين بان سلطة القانون يمكن ان تسود على (سلطة) الخوف، وبأن السعي السلمي الى العدالة افضل من السعي الى الثأر». واعتبر السفير الاميركي في العراق زلماي خليل زاد الحكم «خطوة تاريخية مهمة تظهر التزام الشعب العراقي بمحاسبة الديكتاتور السابق ومعاونيه».

وأعربت وزيرة الخارجية البريطانية مارغريت بيكيت عن ترحيبها «بتطبيق العدالة على صدام حسين وغيره من المتهمين، ومحاسبتهم على جرائمهم». اما وزير الخارجية الفرنسي فيليب دوست بلازي فقال في بيان إن «فرنسا أخذت علما بحكم القضاء العراقي، لكننا نأمل في جو العنف السائد في العراق بأن لا يؤدي هذا القرار الى توترات جديدة». وفضلت الصين عدم التعليق وقال وزير خارجيتها لي تشاوتشينغ «إنه شأن العراقيين».

لكن في موسكو، حذر رئيس لجنة الشؤون الخارجية في البرلمان الروسي قسطنطين كوساتشيف من أن تنفيذ حكم الإعدام بحق صدام «ستترتب عليه عواقب كارثية على العراق الذي هو أصلا على وشك الانفجار». وأضاف «من المؤكد أن حكم الإعدام هذا سيضاعف انقسام المجتمع العراقي، إذ أن السنة لن يعترفوا بهذه العقوبة».

من جهتها، دعت الرئاسة الفنلندية للاتحاد الأوروبي في بيان العراق إلى عدم تنفيذ حكم الإعدام، وذكرت بموقف الاتحاد الأوروبي المعارض لهذه العقوبة، لكنها أشارت إلى إدانة الاتحاد بشكل منهجي الانتهاكات الخطيرة لحقوق الإنسان التي ارتكبها نظام صدام حسين.

23.4 Writing

23.4 نشاط كتابة

A	أ لخصوا النص "محامون يدعون إلى "محاكمة عادلة" لمحتجزي جوانتانمو" فيما لايقل عن 150 كلمة.

Write a précis of the text at page 146 in no less than 150 words.

UNIT 24 الوحدة 24

1 من هو صدام حسين؟

2 لماذا تمّت محاكمته؟

3 ما رأيك في حكم الإعدام الذي صدر في حقه؟

http://news.bbc.co.uk/hi/arabic/middle_east_news/newsid_6117000/6117896.stm

محاكمة صدام حسين

قررت السلطات العراقية تمديد حظر التجول الذي فرضته يوم أمس الأحد قبل صدور قرار الحكم بحق الرئيس السابق صدام حسين حتى اشعار آخر. وكانت السلطات قد فرضت نظام حظر التجول في بغداد وثلاث محافظات أخرى تحسبا لاندلاع احتجاجات على قرار المحكمة.

وكان شخصان قد قتلا واصيب 6 بجراح عندما فتحت قوات الشرطة والجيش النار على متظاهرين مؤيدين لصدام في مدينة بعقوبة بمحافظة ديالى يوم الأحد. من جانبه، أشاد الرئيس الامريكي جورج بوش بالحكم. وقال بوش في تعليقه على الحكم إنه يمثل علامة بارزة في الطريق الذي يخطوه العراق "من حكم الطاغية إلى دولة سيادة القانون". وأضاف بوش إن ضحايا الزعيم المخلوع قد حصلوا الآن على العدالة التي حرمهم منها في السابق.

وأقر بوش بأن الطريق لا يزال طويلا أمام العراق، لكن التاريخ "سوف يسجل هذا اليوم باعتباره خطوة هامة نحو مجتمع تسوده الحرية والعدل".

وجاءت ردود فعل العراقيين على حكم الإعدام متباينة بين الاحتفال والاحتجاج. وصرح رئيس الوزراء العراقي نوري المالكي بأن صدام كان مجرما استحق العقوبة التي صدرت بحقه. وفي إيران قال المتحدث باسم وزارة الخارجية محمد علي حسيني إن حكم الإعدام بحق صدام حسين هو أقل ما يستحقه. لكن المتحدث قال إن حكم الاعدام لا يعفي الدول الغربية من مسؤولية تأييدها للزعيم العراقي المخلوع خلال الحرب العراقية الايرانية التي أسفرت عن قتل أو إلحاق الاعاقة بحوالي مليون إيراني.

أما مفوضية الأمم المتحدة لحقوق الإنسان لويز أربور فقد حثت السلطات العراقية على التراجع عن إعدام صدام حسين حتى في حالة التصديق على الحكم بعد نظر استئناف الحكم. وفي بريطانيا رحبت وزيرة الخارجية مرجريت بيكيت بصدور الحكم على صدام حسين قائلة "إنه يواجه العدالة أخيرا ويدفع ثمن جرائمه". وقال وزير الداخلية البريطاني جون ريد إن الحكم على صدام "إنجاز للشعب العراقي" وأضاف أنه يعكس "تعبيرا كاملا عن سيادته".

وفي مدريد قال رئيس الوزراء الاسباني لويس رودريغيز ثاباتيرو إن من الصحيح أن ينال صدام حسين جزاءه إلا أنه أضاف أن بلدان الاتحاد الأوروبي ضد عقوبة الإعدام. وأصدرت فنلندا التي تترأس الاتحاد الاوروبي حاليا بيانا طالبت فيه الحكومة العراقية بعدم تنفيذ عقوبة الاعدام بحق صدام حسين. وكانت المحكمة الخاصة

المكلفة النظر في قضية الدجيل قد أصدرت حكما بالإعدام شنقا على الرئيس العراقي السابق لارتكابه جرائم ضد الإنسانية كما جاء في حيثيات الحكم عليه.

وقد صدر الحكم على صدام بعد أن توصلت المحكمة إلى إدانته بقتل 148 شخصا معظمهم من الشيعة العراقيين من بلدة الدجيل عام 1982.

النطق بالحكم

وأصدرت المحكمة أيضا حكما بالإعدام على برزان التكريتي الأخ غير الشقيق لصدام حسين كما أصدرت حكما ثالثا بالإعدام على عواد البندر الذي كان رئيس حزب البعث في بلدة الدجيل التي شهدت الجرائم. وحكم على نائب الرئيس العراقي السابق طه ياسين رمضان بالسجن مدى الحياة. وقضت المحكمة بالسجن لمدة 15 عاما على كل من عبد الله رويد ومزهر عبد الله وعلي دايح. أما القاضي السابق محمد العزاوي الذي كان مسؤولا قضائيا في ظل النظام السابق فقد تمت تبرئته وأمر باطلاق سراحه.

BBC online 06/11/06

Glossary القاموس

Curfew	حظر التجول	**Pay the price of his crimes**	يدفع ثمن جرائمه
The issuing of the verdict	صدور حكم	**Sentenced to death by hanging**	حكما بالإعدام شنقا
In anticipation	تحسبا		
Eruption of protests	اندلاع احتجاجات	**Crimes against humanity**	جرائم ضد الإنسانية
Milestone	علامة بارزة	**Strict security measures**	إجراءات أمنية مشددة
Denied justice	حرم من العدالة	**Jubilation**	ابتهاج
Deserve	استحق	**A mockery of justice**	سخرية من العدالة

24.1 Comprehension questions 24.1 أسئلة حول الفهم

A

اختاروا الأفكار التي يتحدث عنها النص مما يلي. I

Select from the following the topics discussed in the text.

1 سبب إعدام صدام

2 نتائج ذلك على العراق

3 ردود أفعال العراقيين متباينة حول إعدام صدام

4 ردود أفعال دول العالم حول اعدام صدام

✓ B

ب صلوا العبارات التالية بقائلها.

Match the statement on the right column with the person who said it.

نوري المالكي	تمّ فرض حظر التجول	1
وزير الخارجية الايراني	اعتبر الحكم علامة بارزة في تاريخ العراق	2
مفوضية الأمم المتحدة	وأخيرا تمّ إنصاف الضحايا	3
وزير الخارجية البريطاني	استحق صدام الحكم لإجرامه	4
بوش	يستحق صدام أكثر من الإعدام	5
بوش	الدعوة إلى التخلي عن تنفيذ الحكم بالإعدام	6
رئيس الوزراء الاسباني	صدام يؤدي ثمن جرائمه	7
السلطات	من الحق محاكمة صدام لكننا ضد عقوبة الإعدام	8

24.2 Language in context   24.2 اللغة في السياق

✓ A

أ صحّحوا الخطأ في الجمل التالية.

Correct the following sentences.

1 صدر حكم رسمي إلى المحكمة يقضي في إعدام صدام حسين شنقا.

2 توالت ردود الفعل المؤيدة والمعارضة مع الحكم بالإعدام

3 خرجوا آلاف العراقيين في الشوارع

4 قامت القوات العراقية لإخماد حدة التوتر في الشيعة والسنة

5 عبر الاتحاد الأوروبي إلى رفضه بالحكم على الإعدام على صدام. فيما أشادت الولايات المتحدة بها .

✓ B

ب أعيدوا كتابة ما يلي بأسلوبكم الخاص.

Paraphrase the following sentences.

1 وجاءت ردود فعل العراقيين على حكم الإعدام متباينة بين الإحتجاج والإحتفال

2 قال بوش في تعليقه على الحكم إنه يمثل علامة بارزة في الطريق الذي يخطوه العراق من حكم طاغية إلى سيادة القانون.

3 بدا صدام مذهولا وغاضبا من الحكم الذي صدر عليه

4 بدأت جلسة النطق بالحكم وسط إجراءات أمنية مشددة فرضتها السلطات العراقية في العاصمة تحسبا لوقوع مشاكل.

5 تصدّرت الصحف البريطانية اليوم صورة صدام والحكم عليه بالإعدام. فمن الصحف من أشادت بالحكم ومنها من انتقدت حكم الإعدام مشيرة إلى تداعيات ذلك على أمن واستقرار العراق.

ج *أكملوا الفراغات بالمصطلح المناسب. صلوا الرقم في الفراغ بالكلمة المناسبة أعلاه.*	C
Match the number in the blank with the appropriate word.	

تقييد – عشية – التعليق – الدولية – الانقسام – الدائمة

سرورا – القضاء – ترحيب – أملها – نطقه

أما ردود فعل..........① .... ، فأعادت إلى الذاكرة..........② .... الذي شهده العالم..........③.......... غزو العراق في آذار (مارس) 2003، فكررت الدول الخمس ....④........... العضوية في مجلس الأمن مواقفها المتباعدة، فأعربت واشنطن عن ....⑤........... ها معتبرة انه «يوم جيد» للعراقيين ومشيدة بـ «استقلال»...........⑥........... العراقي، وتبعتها لندن مرحبة بـ «تطبيق العدالة»، بينما أبدت باريس تحفظها و...........⑦........... في أن لا يؤدي الحكم إلى توترات جديدة، في حين حذرت موسكو من «عواقب كارثية» في حال إعدام الرئيس العراقي السابق، وفضلت بكين عدم...........⑧........... أما إيران التي خاضت حربا لمدة ثماني سنوات مع العراق فأبدت ....⑨........... ها الشديد وقالت إن «الإعدام أقل ما يستحقه صدام حسين».

وقاطع صدام القاضي رؤوف رشيد عبد الرحمن عند...............⑩...... بالحكم، وردد «عاش العراق والشعب العراقي، الله أكبر من المحتلين ... يسقط العملاء والغزاة»، لكن أربعة حراس اقتادوه خارج قاعة المحكمة بعد...............⑪........ يديه وراء ظهره.

24.4 Translation — 24.4 نشاط ترجمة

أ *ترجموا ما يلي إلى الإنجليزية.*	A
Translate the following into English.	

عقوبة الإعدام

يذكر أن الكثيرين وجهوا انتقادات شديدة لمحاكمة الرئيس العراقي السابق باعتبارها ضربا من الإنتقام يمارسه الأمريكيون المنتصرون، واستشهدوا لإثبات حجتهم بالاهتمام الكبير الذي أولته الولايات المتحدة لهذه المحاكمة. أما محامو صدام، فقد اتهموا الحكومة العراقية بالتدخل في سير المحاكمة، وهو اتهام تؤيدهم فيه جماعة هيومان رايتس ووتش الامريكية لحقوق الإنسان.

كما هاجم محامو الرئيس العراقي السابق توقيت النطق بالحكم الذي يأتي قبل أيام فقط من توجه الأمريكيين الى صناديق الاقتراع للإدلاء بأصواتهم في الانتخابات النصفية للكونغرس. ويواجه حزب الرئيس بوش الجمهوري شبح فقدان سيطرته على الكونغرس لأسباب يعتبر حنق الناخبين على سياسة الرئيس في العراق واحدا من أهمها. والدعوى التي صدرت الأحكام فيها يوم الأحد تتعلق بأحداث وقعت في بلدة الدجيل عام 1982، واتهم فيها صدام حسين وعدد من أعوانه بالتسبب في مقتل 148 من سكان تلك البلدة عقب تعرض الرئيس السابق لمحاولة اغتيال فيها. هذا وتجري في الوقت الحالي محاكمة صدام حسين وعدد آخر من أعوانه في قضية أخرى هي تخطيط وتنفيذ حملة الأنفال التي راح ضحيتها الآلاف من الأكراد.

B

ب *ترجموا إلى العربية ما يلي.*

Translate the following into Arabic.

The melodramatic end of Saddam Hussein's trial was as fascinating as the first moment when he stalked into the courtroom at the beginning of the trial, just over a year ago.

But Saddam Hussein himself seemed a little different – less tense, less angry, more aware of his ability to manipulate the atmosphere and produce the effect he required.

Perhaps when the trial started he assumed it would be the kind of legal proceeding which had been followed when he was president, with the judge yelling insults at the accused.

This time, neatly dressed in a well-cut black suit and white shirt, he headed straight for his old chair in the dock and sat down. When the presiding judge ordered him to stand, he refused. "I will listen to the judgement," he said, "but I will sit."

In fact he did neither. The judge ordered the ushers to make him stand up. Although he shouted at them to take their hands off him, he remained standing afterwards.

But directly the judge pronounced the words: "He should suffer the death penalty by hanging", Saddam started shouting at him, often raising his fist or pointing his finger, and once brandishing a copy of the Koran in the air.

MODULE 7

Trade and Industry

الفصل السابع: الصناعة والتجارة

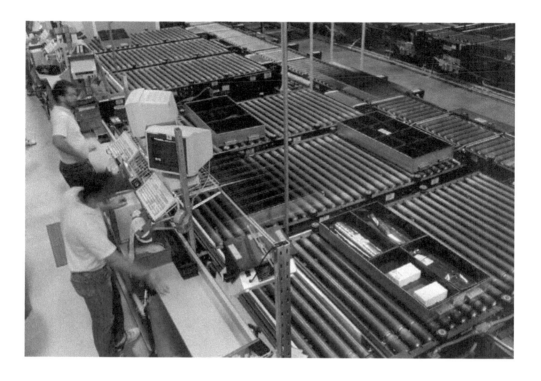

UNIT 25 الوحدة 25

1 ماهي أهم صادرات روسيا إلى أوربا والصين؟

2 كيف تصف العلاقة الإقتصادية الروسية - الصينية؟

http://news.bbc.co.uk/hi/arabic/business/newsid_4835000/4835578.stm

الصين تسعى لزيادة التجارة مع روسيا وموسكو تخشى من عدم استقرار تلك التجارة

أعرب الرئيس الصيني هو جين تاو عن أمله في تعزيز افاق التعاون بين الصين وروسيا فى مجالات الطاقة والموارد الطبيعية. جاءت تصريحات الرئيس الصيني خلال انعقاد المنتدى الاقتصادى الصينى-الروسى في اليوم الثاني لزيارة الرئيس بوتين للصين.

وكانت الصين وروسيا قد وقعتا ثلاث اتفاقيات بشأن التعاون في مجالات النفط والغاز الطبيعى وذلك في اعقاب المحادثات التي جرت بين الرئيسين الصيني والروسي.

وقال هيو جنتاو إنه قرر بالفعل أنه من اليوم ستركز مجالات التعاون الصيني الروسي على زيادة حجم السلع الميكانيكية والكهربائية في التجارة الثنائية، وزيادة نطاق التجارة في الطاقة والموارد الطبيعية، وزيادة الاستثمار الثنائي في مجالات الاجهزة الكهربائية والاتصالات والبنية الاساسية. وأضاف أنه قرر أيضا تطوير وتصنيع النفط والغاز والموارد المعدنية، وتطوير التعاون في مجال التقدم التكنولوجي والتطوير الصناعي، وتبادل الخبرات البشرية في مجالات الفضاء وتصنيع الالات والطاقة النووية والتكنولوجيا الحيوية.
الا أن الرئيس الروسي فلاديمير بوتين أعرب في المنتدى عن خوفه من أن تكون التجارة الصينية الروسية تواجه خطر عدم الاستقرار بسبب التركيز الصيني على استيراد الطاقة وتصدير الاجهزة بكثافة الى روسيا.
وقال فلاديمير بوتين: "في عام 2005 انخفضت الصادرات الروسية من الآلات والمعدات الى النصف تقريبا، علاوة على ذلك جاء الانخفاض مقابل الزيادة الكبيرة في صادرات تلك السلع تحديدا من الصين الى روسيا.
ويعتمد النموذج الحالي لعلاقاتنا الى حد كبير على آخر مستجدات سوق المواد الاولية. وهذا يؤدي الى عدم الاستقرار في التجارة الثنائية".

البورصة الكويتية تعود للارتفاع ونفي حكومي لاقالة مديرها العام

أنهت البورصة الكويتية تعاملات الأسبوع مرتفعة، معوضة القدر الاكبر مما فقدته في عمليات التراجع التصحيحي. وتحدث بعد التحليلات الكويتية عن إتجاه السيولة المحلية بعيدا عن الأسهم الى قطاعات أخرى كالعقارات وغيرها، ما يهدد بغليانها كما هو الحال في الامارات وقطر.

من جهة أخرى نفى وزير التجارة والصناعة الكويتي ما تردد بشأن إعفاء المدير العام لسوق الكويت للاوراق المالية من منصبه. عن تلك التطورات في السوق الكويتية يقول مراسلنا محمد العجمي إن قرار الحكومة بالعمل

على إنشاء هيئة لسوق المال أعاد الثقة الى السوق، الا أن التذبذب بسبب عملية التصحيح مستمر، وإن كان انتقائيا الآن أي لا يطال اسهم الشركات الكبيرة.

أول شحنات النفط الموريتاني الى الصين التي تسعى لتعزيز مشترياتها الافريقية

تم تحميل اول شحنات النفط الموريتاني والمتجهة الى الصين، التي اشترت غالبية العقود الموريتانية حتى نهاية الشهر. وتسعى الصين لتعزيز وارداتها النفطية من دول افريقية وبعيدا عن مصادر الانتاج الكبيرة التقليدية، في محاولة لتامين العرض لطلبها المتزايد. واكتشف النفط في موريتانيا مؤخرا وينتج بكميات قليلة اذ يتوقع ان يصل الانتاج الشهر المقبل الى 75 ألف برميل يوميا.

BBC online 23/03/06

Glossary القاموس

Expressed his hope	أعرب عن أمله	**Chronic trade deficit**	عجز تجاري مزمن
Natural resources	الموارد الطبيعية	**Contraction of trade**	انكماش التجارة
Signed agreement	وقع اتفاقية	**Unstable economic growth**	نمو اقتصادي غير مستقر
Bilateral trade	التجارة الثنائية	**Wholesale**	بيع بالجملة
Mineral resources	الموارد المعدنية	**Windfall**	كسب مفاجئ
Human expertise	الخبرات البشرية	**World economic order**	نظام اقتصادي عالمي
Model	النموذج	**Barter trade**	تجارة المقايضة
Instability	عدم الاستقرار	**Tax free**	معفى من الضرائب
Exchange	البورصة	**Syndicate bankers**	إتحاد مصرفي ; اتحاد البنوك
Vacillation; wobble	التذبذب	**Mineral resources**	موارد معدنية
Entangle	تتعاقد	**Allocation of financial resources**	تخصيص الموارد المالية
Firing	إقالة	**Robust economic recovery**	انتعاش اقتصادي قوي
Complete the agreement; deal	اتمام الصفقة		
Squadron	أسطول		

? 25.1 Comprehension questions | 25.1 أسئلة حول الفهم

✓ A | أ استخرجوا ما يناسب معنى الجمل التالية في النص.

Find phrases and sentences in the text which mean the same as the following.

1 كان الرئيس الصيني ايجابيا عندما تحدث عن تقوية التعاون بين الصين وروسيا في مجالات الطاقة والموارد الطبيعية

2 تلى اجتماع الرئيس الصيني والروسي الإمضاء على اتفاقيات التعاون

3 لم يكن فلاديمير بوتن مرتاحا من التجارة الصينية الروسية لأنها تواجه خطر عدم الاستقرار.

4 ارتفعت قيمة البورصة الكويتية

5 تعرف الأسواق الكويتية عدم الاستقرار رغم محاولة إنشاء هيئة لسوق المال

✓ B | ب صلوا الكلمات في العمود على اليمين بمعناها على اليسار.

Match the words and phrases on the right with those on the left.

بالإضافة إلى ذلك	تعزيز العلاقات	1
ارتفاع الأثمنة	انتعاش اقتصادي	2
إيجاد الشئ لأول مرة	تذبذب	3
تقوية الترابط بين دولتين	علاوة على ذلك	4
تطور اقتصادي	غليان الأسعار	5
عدم استقرار الشئ	استكشاف	6

25.2 Language in context | 25.2 اللغة في السياق

✓ A | أ صلوا الأفعال في العمود على اليسار بما يناسبها في العمود على اليمين.

Match the verbs on the right with those on the left.

أسعار البترول بسبب إيجاد طاقات بديلة	انعقد	1
وزير المالية خطأ في الحسابات المالية	وقع	2
الحكومة البريطانية حوالي مليوني جنيه لمكافحة الهجرة السرية للبلد	ركّز	3
المؤتمر لدراسة الأوضاع العراقية المتردية	انخفض	4
الهيئة المشرفة على البنوك بالجزائر ترخيص بنك الريان الجزائري	أعفى	5

6 اكتشف الرئيسان على اتفاقية التجارة الحرة بين البلدين

7 أبرمت معدل الطلب على المياه في الإمارات بنحو 10% العام الماضي

8 سحبت الرئيس وزيره من منصبه نظرا لمرضه المزمن

9 ارتفعت الخطوط الجوية المغربية عقدا مع شركة بريطانية لشراء طائرات

10 خصصت الرئيس على ضرورة محاربة المخدرات في البلد

ب أكملوا الجمل التالية بكلمة لها معنى مماثل للكلمة التي تحتها خط.

B Complete the blanks with a synonym of the underlined words.

1 أدت الحرب الجارية إلى نزول و..................... قيمة الدولار الأمريكي

2 قامت الدول الأوروبية بالإمضاء و .... على اتفاقية التبادل الاقتصادي

3 أدت القمة الروسية الصينية إلى تمتين و............. العلاقات الاقتصادية بين البلدين

4 عبّر الرئيس عن سعادته و .... لمجرى اقتصاد البلد

5 حققت الشركات الأمريكية أرباحا كبيرة.................... في العراق

6 عرفت أسعار النفط غليانا...................... في بريطانيا

ج ترجموا ما يلي إلى العربية.

C Translate the following into Arabic.

1 British Broadcasting Corporation
2 Allocation of financial resources
3 The surge of oil prices
4 Accrued revenues
5 Depletion of natural resources
6 Increasing returns
7 Diminishing returns

D	أكملوا الفراغات بالمصطلح المناسب. صلوا الرقم في الفراغ بالكلمة المناسبة أعلاه.	د
Match the number in the blank with the appropriate word.		

الصادرات – دراسة – الفترة – قدره – العام

ارتفاعا – الصادرات – ملحوظة – وزير

حققت...........①........... المصرية للولايات المتحدة...........②.......... بلغ مليارا و445 مليون دولار خلال الستة أشهر الأولى من...........③........... الحالي، خلال الفترة من يناير (كانون الثاني) الى يوليو (تموز) 2006 في مقابل 925 مليون دولار خلال نفس الفترة من عام 2005 بزيادة...........④............ ا 520 مليون دولار وبنسبة ارتفاع بلغت 56% عن نفس...........⑤........... من العام الماضي.

وتوقع...........⑥........... الصناعة ان تحقق الصادرات المصرية للسوق الأميركية زيادة...........⑦........... خلال العام الحالي، اذا استمرت معدلات الزيادة بنفس القوة خلال النصف الثاني من العام. من جانبه، أوضح د. حسين عمران رئيس قطاع نقطة التجارة الدولية المصرية أن نقطة التجارة الدولية أعدت...........⑧........... عن الصادرات المصرية للولايات المتحدة من واقع الإحصاءات الاميركية خلال الفترة من يناير إلى يونيو 2005 ونفس الفترة خلال العام الحالي 2006. وذكرت الدراسة ان أهم...........⑨........... المصرية تتمثل في الغاز الطبيعي في صورة سائلة وقد ارتفعت صادراته إلى 491 مليون دولار، بنسبة زيادة 515% وألواح الحديد بأنواعه ارتفعت إلى 196 مليون دولار، بنسبة زيادة 134% والملابس الرجالي والحريمي من القطن ارتفعت الى 159 مليون دولار بنسبة زيادة 28%

25.3 Translation — 25.3 نشاط ترجمة

A	ترجموا النص اعلاه في الصفحة 156 إلى اللغة الإنجليزية.	أ
Translate the text at page 156 into English.		

25.4 Writing — 25.4 نشاط كتابة

A	استعملوا المصطلحات التالية للتعليق على النص أعلاه في الصفحة 156.	أ
Use the following phrases to comment on the text at 156.		

1 اهتم الكاتب بالجوهر وأهمل الشكل

2 قام الكاتب بكشف كل شيء يتعلق بالقصة ولم يترك للقارئ فرصة للتفكير والاستنتاج

3 يترك الكاتب القارئ في حيرة من أمره لا يدري

4 يدخل الكاتب في بعض التفاصيل الغير ضرورية

5 كثرة التكرار جعلت النص مملا

6 غياب أمثلة جعلت النص صعب الفهم

7 أكثر الكاتب من استعمال الحشو والإطناب.

8 تجلت عبقرية الكاتب في الشرح والتفصيل والوقوف عند كل نقطة بتفصيل.

9 لم يترك الكاتب للملل سبيلا إلى نفس القارئ

10 أعجبتني مقدمة الكاتب وجلبت نظري.

11 ما أثار انتباهي وأنا اقرأ هذا النص هو الأسلوب الجيد

12 سحرني الجانب الوصفي للنص

13 يمتاز الكاتب بحسن الكتابة

14 أسلوب الكاتب أبهر عقلي وجلب فكري.

UNIT 26 الوحدة 26

بحث بعض الدول الغربية على طاقات بديلة للنفط جعل بعض دول الخليج تفكر في بناء مصادر إقتصادية بديلة. ما هي هذه المصادر في نظرك؟

السعودية: مجلس الغرف يدعو دول الخليج لاستغلال الطفرة النفطية في بناء مصادر اقتصادية بديلة

دعت السعودية دول الخليج العربي إلى تخطي التحدي الاقتصادي القائم والاستفادة من الموارد الحالية في خلق قاعدة إنتاجية متنوعة ومتطورة، لا تعتمد على النفط فقط وتساهم في تحقيق معدلات نمو مرتفعة، مؤكدة على ضرورة تحرك حكومات دولة المنطقة سريعا للدفع بإيجاد مصادر اقتصادية بديلة، واستغلال فرصة الطفرة السعرية النفطية في الأسواق العالمية.

وطالب مجلس الغرف السعودية دول مجلس التعاون بتنمية القطاعات غير النفطية التي ستساعد على زيادة معدلات النمو واستقرار هذا المعدل بشكل أكبر، لا سيما مع وجود كافة العوامل التي تساهم في تكوين قواعد ومصادر اقتصادية قوية في دول الإقليم، متوقعة أن تشهد دول المنطقة نموا وانتعاشا في العديد من القطاعات عاجلا.

وذكر المعلومات التي حصلت عليها «الشرق الأوسط» من مجلس الغرف السعودية، أن هناك تغيرات هيكلية طرأت في الاقتصادات الخليجية تدفع باتجاه أكبر للقطاع الخاص الذي يتوقع أن يواصل نموه في عام 2006 نتيجة استمرار الزيادة في الإنفاق الحكومي وزيادة الطلب العام الذي سيسهم في مزيد من النمو للقطاع الخاص مع وجود مشاريع استثمارية ضخمة في عدة قطاعات اقتصادية.

وشدد مجلس الغرف السعودية على ضرورة أن تنطلق طفرة الاستثمار الجديدة في منطقة الخليج من حقيقتين الأولى إيرادات النفط المجزية ليست أمرا مضمونا ودائما، مما يحتم الاستعداد لأوضاع صعبة كانت المنطقة قدر جربتها مرارا خلال العقدين الماضيين، والثانية أن الاستهلاك الفوري للإيرادات لن يؤدي رغم إغراءاته والضغوط نحوه إلى بناء اقتصاد يحمل مقومات النمو المستدام، بل قد يكون عاملا مساهما في نشوء اختلالات على مختلف الأصعدة.
وذكر مجلس الغرف السعودية، أن ما يميز طفرة الاستثمارات الخليجية هو أنها تأتي بعد تراكم خبرات ودروس مهمة من فترات ازدهار سابقة قادت بفضل استثمار الفوائض المالية إلى رفع مستويات المعيشة وإلى تطوير بنية تحتية متقدمة. ولفت مجلس الغرف إلى تغيرات اقتصادية بنيوية مهمة طرأت في المنطقة تقف على رأسها طفرة غير مسبوقة في الاستثمار الخليجي محليا وخارجيا، برز من بينها التوسيع الفعلي والمخطط في قطاع الطاقة بهدف تلبية الطلب العالمي المتوقع، وتدشين مشروعات تنموية كبرى وموجة توسع الشركات الخليجية عالميا من خلال شراء الحصص والاستحواذ، إضافة على صعود ملموس في حصة الدول الخليجية من الأصول المالية والاستثمارية في الدول المتقدمة.

ورأى مجلس الغرف السعودية أن مقدمة القطاعات الاقتصادية التي يمكن أن تمثل مصدرا جيدا للدخل هو قطاع العقارات الذي يشهد طفرة غير مسبوقة في الاستثمارات التي ستعطي ثمارها بشكل سريع، إضافة على المشاريع العملاقة الجديدة من بينها مشروع مدينة الملك عبد الله الاقتصادية.

وكانت دول الخليج العربي الست، أجرت تحركا نشطا في مجال العمل المشترك إذ اتخذت بعض الخطوات تمثلت فى

إنشاء منطقة تجارة خليجية حرة، وإقامة اتحاد جمركي خليجي، إضافة إلى تحقيق نسبة عالية من المتطلبات اللازمة لقيام سوق خليجية مشتركة التي تسعى دول المجلس لاستكمال متطلباتها قبل نهاية العام 2007، وإقامة اتحاد نقدي وإصدار عملة موحدة مع بداية العام 2010، وكذلك إنشاء العديد من المؤسسات وتشجيع إقامة المشاريع المشتركة العاملة في مختلف مجالات العمل الخليجي المشترك.

وواصل الاقتصاد الخليجي خلال العام الماضي، أداءه المتنامي نتيجة تفاعل العديد من التطورات والمستجدات الاقتصادية على المستويات المحلية والإقليمية والدولية، كان أبرزها الارتفاع في أسعار النفط، أدى إلى تسارع وتيرة النمو في الفوائض المحققة في كل الموازين المالية (الموازنة العامة وميزان المدفوعات)

الشرق الأوسط: جمعة 05 شوال 1427 هـ 27 اكتوبر 2006 العدد 10195

26.1 Comprehension questions — 26.1 أسئلة حول المضمون

A	أ
Match the question with its answer.	*صلوا السؤال بجوابه.*

1	إلى ماذا دعت السعودية دول الخليج؟	إنشاء منطقة تجارية خليجية حرة وإقامة اتحاد جمركي خليجي.
2	إلى أين تتجه الاقتصاديات الخليجية؟	التوسيع الفعلي في انتاج الطاقة وتدشين مشروعات تنموية كبرى.
3	على ماذا شدّد مجلس الغرف السعودية؟	أن ايرادات النفط المستفاد منها لن تبقى أبدا.
4	ماهي التغيرات الاقتصادية التي حدثت في المنطقة؟	نحو تطبيق الخوصصة
5	ماهو القطاع الذي يمكن ان يمثل مصدرا مهما للدخل؟	إلى تجاوز التحدي الاقتصادي والاستفادة من الموارد الحالية
6	ماهو العمل المشترك الذي قامت به دول الخليج العربي؟	قطاع العقارات الذي يشهد طفرة جيدة.

26.2 Language in context — 26.2 اللغة في السياق

A	أ
Paraphrase the following sentences in Arabic.	*أعدوا صياغة الجمل التالية باللغة العربية.*

1 طالب مجلس الغرف السعودي دول الخليج إلى تنمية القطاعات الاقتصادية الأخرى للاستغناء عن النفط.

2 ركز اجتماع دول الخليج على ضرورة تشجيع الإستثمار في هذه البلدان

3 تشهد أسعار النفط طفرة في السنوات الأخيرة

ب رتبوا الكلمات التالية لتكوين جمل مفيدة.	B
Put the following words in order to form meaningful sentences.	

1 الجاري – النصف – المصرية – والملابس – بلغت – خلال – الصادرات – المنتوجات – الأول – من – من – العام – الأمريكية – الأسواق – 467 دولار – إلى.

2 العراق – للأوضاع – ارتفع – الأمنية – البترول – المتردية – سعر – نتيجة – في.

3 إنتاجها – طالبت – الصناعية – للبترول – بالزيادة – الدول – المنتجة – في – الكبرى الدول .

4 عامل – البلدان – الاستثمار – اتفقت – الخليج – تشجيع – دول – على – في .

ج ادرسوا استخدام العبارات التالية في النص و ضعوها في جمل مفيدة.	C
Study the use of the following phrases in the text, then try using them in sentences of your own.	

1 طفرة الأسعار: ....

2 تعطي ثمار: ....

3 إيرادات النفط: ....

4 الاستحواذ على: ....

5 سوق مشتركة: ....

6 وتيرة النمو: ....

د أكملوا الفراغات بالمصطلح المناسب. صلوا الرقم في الفراغ بالكلمة المناسبة أعلاه.	D
Match the number in the blank with the appropriate word.	

الترفيهية	الأراضي	غرار	تزخر	مقر	صحافي
الغرفة	التعدين	أطول	المجال	الاستثمار	الضوء

أكد رئيس مجلس إدارة ....①.......... التجارية الصناعية في ابها المهندس عبدالله بن سعيد المبطي، في مؤتمر ....②.......... عقده صباح أمس في..........③........ الغرفة، وألقى فيه..........④.......... على الشركات الأربع المطروحة للاستثمار، برأسمال يصل إلى 4 بلايين ريال، ان الشركة الأهلية للصناعات التعدينية التي طرحتها الغرفة وصلت إلى مراحل متقدمة، مشيراً إلى أن مجال ....⑤.......... يحتاج إلى خبرات عالمية، ويستغرق وقتاً..........⑥..........، لذا فإن الغرفة بصدد استقطاب شركات عالمية ذات خبرة في هذا..........⑦..........، للدخول شراكة وتحقيق النجاح المطلوب. وحول شركة المشاريع الرياضية في

ساحل عسير، أوضح المبطي أن هذه الشركة تهدف إلى.........⑧......... في كل الأنشطة السياحية والعمرانية على ساحل منطقة عسير، بما في ذلك إقامة المنتجعات السياحية والفنادق والمطاعم وتطوير ....⑨......... والمخططات، واقامة المشاريع السياحية.........⑩.........،، والرياضات المائية، والمشاريع المرتبطة بها كافة

وقال المبطي ان الشركة السياحية تبلورت اهدافها ومشاريعها، وهناك طموحات لأن تؤسس مشاريع مميزة، تسهم في خلق بيئة سياحية تتماشى والمعطيات السياحية التي.........⑪......... بها المنطقة، على ....⑫......... المشاريع السياحية التي قامت الهيئة العليا للسياحة بعمل دراسات الجدوى لها، بالاستعانة بخبرات اجنبية متخصصة، ستكون جيدة بنسبة 76 في المئة.

✓ | هـ   *صلوا الفعل بما يناسبه.*

E

Match the verb on the right with the appropriate phrase on the left.

1	ستمنح	المفوضية الأوروبية إن المشتري في بريطانيا يدفع ضعفي ما يدفعه نظيره في دول الاتحاد الأوروبي الأخرى
2	يتوقع	سعر سيارة فيات برافو 3046 ألف جنيه إسترليني بينما يبلغ سعرها 183.10 ألف جنيه في الأسواق البريطانية
3	تشير	الإحصاءات إلى أن أسعار السيارات في بريطانيا تفوق بكثير أسعارها في دول أوروبا الأخرى
4	تؤكد	أن تتيح القرارات المزمع اتخاذها للتجار فرصة شراء السيارات من الأسواق الأوروبية التي تقل أسعارها بكثير عن أسعار السوق البريطانية
5	يبلغ	وزارة التجارة والصناعة تجار السيارات مهلة ثلاثين يوما للاستجابة للقرارات الجديدة قبل تغيير القانون

UNIT 27 الوحدة 27

1 ما سبب إفلاس بعض الشركات الصناعية في نظرك؟

2 ماهو تأثير إفلاس هذه الشّركات على العمّال؟

http://news.bbc.co.uk/hi/arabic/business/newsid_4425000/4425237.stm

أزمة شركة روفر

قررت الحكومة البريطانية منح شركة روفر لصناعة السيارات قرضا قدره 6.5 مليون جنيه استرليني (13 مليون دولار تقريبا) للحيلولة دون استغناء الشركة عن عامليها في ظل الازمة الاقتصادية الطاحنة التي تمر بها الشركة والتي تهدد بإغلاقها.

وكانت الأزمة قد هددت بإغلاق مصنع الشرطة في برمنجهام وهو ما كان سيعني الاستغناء عن ستة آلاف عامل. ومن شأن هذا القرض أن يسمح بتسديد أجور العمّال والنفقات الأخرى لمدة أسبوع تتم في نهايته عملية مراجعة أخرى لوضع الشركة. وما زال الإداريون الذين أوكلت إليهم إدارة الشركة في هذه الأزمة يبحثون إمكانية إنقاذ بعض الوظائف وأجزاء من الشركة.

وكانت وزيرة التجارة البريطانية قد أعلنت أن وزارتها بدأت في تنفيذ خطة للمساعدة والدعم للشركات الموردة لشركة روفر لصناعة السيارات، وتبلغ قيمة هذه الخطة أربعين مليون جنيه إسترليني. وتجري هذه التطورات في الوقت الذي يترقب فيه ستة آلاف شخص هم العاملون في شركة روفر قدرة شركتهم على الاستمرار في العمل على الرغم من الصعوبات التي تواجهها.

وتجري في الوقت الحالي محادثات بين ممثلي الشركة وبين مستشارين تجاريين وسط تقارير صحفية أشارت إلى أن الشركة في طريقها إلى إشهار إفلاسها عقب فشل المفاوضات مع أحد المستثمرين الصينيين الذي كان من المتوقع أن يضخ قدرا كبيرا من الاستثمارات في الشركة. وفي الوقت الذي أوقفت فيه الشركات الموردة إمداداتها لشركة روفر، وهو ما أدى إلى توقف إنتاج الشركة من المركبات، يقول المحللون إن مستقبل الشركة الكبرى معلق بخيط رفيع. وقال إيان جولد، المتخصص في تصحيح المسار التجاري للشركات، لبي بي سي: "من المؤكد أن تظهر حالة من نقص السيولة النقدية في الشركة".

كذلك عقدت باتريشيا هيويت، وزيرة التجارة والصناعة في بريطانيا محادثات مع العاملين في مصنع لونجبريدج التابع لشركة روفر في برمنجهام صباح الجمعة. وكانت الوزيرة البريطانية قد تعهدت في وقت سابق ببذل أقصى ما يمكن لمساعدة هؤلاء العمال. وقد جرى تعيين فريق إدارة للشركة. ومن المقرر أن يجتمع هذا الفريق يوم الاثنين المقبل.

وقالت وزارة التجارة والصناعية البريطانية إن الحكومة وضعت أربعين مليون جنيه إسترليني تحت تصرف شركات الصناعات المغذية لشركة روفر لمساعدتهم على بدء أعمال جديدة وتأمين مستقبلهم. ويقدر عدد

الوظائف التي يوفرها مصنع لونجبريدج ما بين خمس عشرة إلى عشرين ألف وظيفة. وقالت الوزيرة إن بعض شركات الصناعات الموردة لروفر قد بدأت بالفعل في فصل موظفين يعملون بها. ويقول المراسلون إن المنطقة التي يقع فيها المصنع قد يكون لها تأثير كبير في الانتخابات المقبلة.

غير أن أيا من الأحزاب السياسية الرئيسية لم يقل إن الحكومة كان لا بد أن توفر تمويلا لعملية إنقاذ ضخمة للشركة. وكان يوم الخميس قد شهد تضاربا في الأنباء، عقب تصريح وزيرة التجارة والصناعة بشأن احتمال إعلان الشركة إفلاسها رسميا.

كانت شركة روفر لصناعة السيارات قد نفت أنها في سبيلها إلى إشهار إفلاسها. وقالت الشركة في بيان أصدرته إنها طلبت المشورة من المحاسبين الذين يعملون لحسابها بشأن موقفها المالي في الوقت الحالي. واشارت الأنباء إلى أن قرار شركة روفر جاء في أعقاب فشل المحادثات التي كانت تجريها مع شركة شنغهاي أوتوموتيف لصناعة السيارات بشأن تكوين شراكة معها. وأشارت الأنباء إلى أن الشركة الصينية كانت متشككة في الموقف المالي لشركة روفر.

وقد عرضت الحكومة البريطانية تقديم قرض إلى روفر يبلغ مئة وتسعين مليون دولار شريطة التوصل إلى اتفاق شراكة مع الشركة الصينية. وكانت شركة روفر التي تعد آخر شركة بريطانية لصناعة السيارات قد أوقفت إنتاجها بعد أن تناقصت مبيعاتها بدرجة كبيرة

BBC online 11/04/05

27.1 Comprehension questions

27.1 أسئلة حول المضمون

A

أ أجيبوا عن الأسئلة التالية.

Answer the following questions.

1 لماذا قررت الحكومة منح شركة روفر قرضا؟

....

2 من هم الأطراف المسؤولين عن المحادثات؟

....

3 بماذا تعهدت وزيرة التجارة والصناعة؟

....

4 ما موقف الأحزاب السياسية الرئيسية من الأزمة؟

....

5 هل أشهرت شركة روفر إفلاسها كما كان متوقعا؟

....

B	ب أعطوا معان مماثلة لما تحته خط.
Provide synonyms for the underlined words.	

1 الأزمة الاقتصادية الطاحنة
2 تسديد أجور العمال
3 إشهار إفلاس الشركة عقب فشل المفاوضات
4 ومن المقرر أن يجتمع هذا الفريق يوم الاثنين
5 بدأت الشركة بفصل موظفين يعملون بها.

27.2 Language in context — 27.2 اللغة في السياق

A	أ ضعوا ما يلي في جمل مفيدة.
Use the following in correct sentences.	

1 للحيلولة دون: ....
2 وفي أعقاب: ....
3 وفي السياق التالي: ....
4 لو أخذنا بعين الاعتبار: ....
5 من البديهي أن: ....

B	ب أكملوا الفراغات بالمصطلح المناسب. صلوا الرقم في الفراغ بالكلمة المناسبة أعلاه.
Match the number in the blank with the appropriate word.	

توطين – الهدف – لإطلاق – منطقة – تخصيص
لتستوعب – ينطوي – إيجابية – توفير

وأوضح ان ....①.......... من المدينة الصناعية الجديدة في..........②.......... عسير جذب الاستثمارات المحلية والأجنبية المباشرة، و..........③.......... التقنيات الصناعية الحربية، وتوفير فرص عمل لأبناء منطقة عسير وبناتها، وإيجاد مناخ صناعي ملائم ....④.......... أفكار وإبداعات أبناء المنطقة، مشيراً إلى أنه تم ....⑤.......... أرض بمساحة تزيد على 13 مليون متر مربع، تبعد عن مدينة خميس مشيط نحو 90 كلم على طريق خميس مشيط - أبها،..........⑥.......... ألف مصنع منها 100 مصنع مشاريع

كبيرة، و100 مصنع مشاريع متوسطة، و500 مصنع مشاريع صغيرة. وأكد المبطي أن هذا المشروع ....⑦.......... على مؤشرات اقتصادية ....⑧.......... ، تتمثل في استثمارات مباشرة في إنشاء مصانع بكلفة 70 بليون ريال، و..........⑨.......... 200 ألف وظيفة منها 120 ألف وظيفة مباشرة للسعوديين، وأن متوسط العائد السنوي المتوقع على الاستثمارات 2.1 بليون ريال.

C	ج صلوا العبارات التالية بترجمتها.
Match each phrase with its appropriate translation.	

Contribute to the aggravation of the world economic.	1 تكبد خسائر هائلة
All agreements on rescheduling debt were frozen.	2 تعويض أعباء الكوارث
Sustains heavy/huge losses.	3 تجمدت كل الاتفاقات حول إعادة جدولة الديون
Compensations for the burden of disasters.	4 الهدف من الشركة هو حماية المستهلك العربي
The aim of this company is to protect the Arab consumer.	5 تساهم في تفاقم الموقف الاقتصادي العالمي

D	د أكملوا الجمل التالية بالكلمات المناسبة.
Complete the following sentences with the appropriate words.	

1 (يعمل – يحاول – يدرس) هذا المؤتمر على مساعدة الدول النامية اقتصاديا
2 (تختص – تخصص – تركز) اللجنة بدراسة الأوضاع التجارية في بلدان الخليج
3 (قامت – ارتفعت – حققت) الشركات الأمريكية أرباحا طائلة في مرحلة إعمار العراق.
4 (ارتفعت – استمرّ – نبض) أسعار النفط خلال الحرب على العراق.

27.3 Translation — 27.3 نشاط ترجمة

A	أ ترجموا ما يلي إلى اللغة العربية.
Translate the following into Arabic.	

1 The European Union is getting close to adopting a resolution which intends to limit exports from China.

2   In spite of their efforts to find other sources of revenue, the Gulf States do still heavily rely on oil as the only source of income.

3   The United Arab Emirates minister for trade and industry praised the development of trade relations with the neighbouring Gulf countries.

4   The king has expressed his satisfaction at the industrial achievements of his country over the last few years.

5   Tourism and agriculture are at the heart of the Moroccan economy.

MODULE 8

Natural Disasters

الفصل الثامن: الكوارث الطبيعية

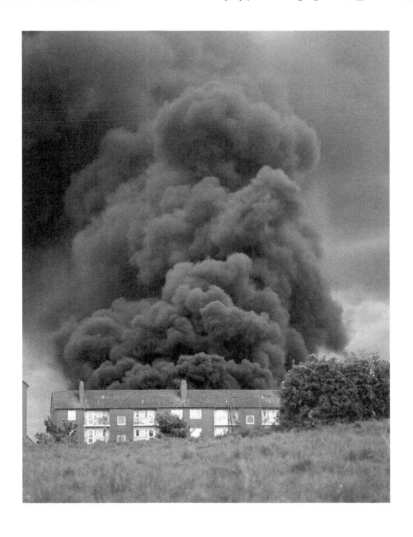

UNIT 28 الوحدة 28

1 تحدثوا عن زلزال ضرب أحد البلدان مؤخرا؟

2 ماهو أثر الزلزال على السكان؟

http://news.bbc.co.uk/hi/arabic/news/newsid_4321000/4321530.stm

20 ألف قتيل في كارثة زلزال باكستان

بلغ عدد القتلى في باكستان والجزء التابع لها من إقليم كشمير نحو 20 ألف شخص على الاقل، بالاضافة الى مئات القتلى في الهند وافغانستان، وذلك بسبب الزلزال الذي ضرب المنطقة يوم السبت. وكان عشرات الآلاف من المنكوبين في المناطق الجبلية من شمال باكستان قد قضوا ليلتهم الثانية دون مأوى. وأوضح وزير الداخلية الباكستاني افتاب شيربا و في مؤتمر صحفي ان عدد المصابين تجاوز 42 ألفا، وان اعداد الاصابات "ترتفع كل ساعة".

"دون مأوى"

ومازال الناجون في بعض القرى النائية دون مأوى، ولا دواء أو غذاء، كما تفتقر للمياه النظيفة. ويقول أمجد أنور، وهو رجل مسن من سكان قرية باتال قرب بالاكوت، "لا نريد مجرد مروحيات تحلق فوقنا، بل كل ما نريده هو أغطية ومياه".

وضرب هذا الزلزال، الذي كان مركزه على بعد 80 كلم الى الشمال الشرقي من العاصمة الباكستانية اسلام آباد، أيضا الهند وافغانستان. وبلغت شدة الزلزال 7.6 درجات بمقياس ريختر، وهو اقوى زلزال تتعرض له المنطقة منذ نحو مائة عام.

وكان مركز الزلزال قرب مدينة مظفر آباد عاصمة القطاع الباكستاني من كشمير. وقال نك برايانت مراسل بي بي سي من مظفر أباد إن الموقف بشع في المدينة حيث تهدمت مبان عديدة، ويستخدم ستاد الكريكيت في المدينة لايواء المشردين وتوفير الاغاثة للناجين فيما ينتظر المصابون نقلهم جوا إلى المستشفيات في إسلام آباد.

ضحايا من الأطفال

واوضح المسؤولون الباكستانيون ان إقليم الحدود الشمالية الغربية كان اشد المناطق تضررا بالزلزال، بالاضافة الى الجزء الباكستاني من اقليم كشمير. وأفادت الأنباء ان أكثر من 400 طفل لقوا حتفهم في انهيار مدرستين في إقليم الحدود الشمالية الغربية. وقالت وزارة الداخلية الهندية إن العديد من القرى قد سويت بالأرض في الزلزال، وتأكد مقتل أكثر من 600 شخص في الشطر الهندي من كشمير.

ويقول ألطاف حسين مراسل بي بي سي في سريناجار العاصمة الصيفية للقطاع الهندي من كشمير إن الحكومة المحلية تعمل حاليا على استعادة الخدمات الأساسية مثل الكهرباء والمياه.

محاولات انقاذ المحاصرين

وفي العاصمة اسلام آباد، انكب السكان على الحفر بين الانقاض بأيديهم لانقاذ الناجين من تحت حطام عمارة هوت بمن فيها. وانضم متخصصون بريطانيون إلى عمال الانقاذ الباكستانيين حيث أخرجوا رجلا وسيدة أحياء من تحت الأنقاض.

وكان قد تم إخراج 90 شخصا أحياء من تحت الأنقاض، فيما عُثر على 20 جثة. ويقول مسؤولون بريطانيون إنه تُسمع أصوات من تحت الأنقاض والتركيز حاليا على منطقة يعتقد بوجود طفلين أحياء تحت الأنقاض فيها.

تعاطف دولي

وأعرب الرئيس الأمريكي جورج بوش عن مواساته للشعب الباكستاني في ضحايا الزلزال. ونشرت الولايات المتحدة بالفعل ثماني مروحيات من أفغانستان المجاورة، للمساعدة في جهود الإغاثة. واعلن كوفي عنان السكرتير العام للامم المتحدة عن ارسال فريق لتنسيق جهود الاغاثة، معبرا "عن حزنه العميق للخسائر في الأرواح".

كما اعلن وزير الخارجية البريطاني جاك سترو ان حكومته سترسل مساعدات بنحو 177 ألف دولار، كما أنها سترسل فريقا طبيا للإنقاذ مكونا من 60 شخصا، وفريق انقاذ.

ومن المقرر أن تنصب فرق فرنسية وأسبانية مستشفيات ميدانية في البلدات المتضررة، بينما تشارك فرق من بريطانيا وتركيا واليابان والصين وإيران والإمارات في جهود الإغاثة.

BBC Arabic online

Glossary

القاموس

The number of casualties		Remote	النائية
reached	بلغ عدد القتلى	Shelter the disaffected;	
Earthquake	الزلزال	homeless	إيواء المشردين
Affected by disaster	المنكوبين	Provide aid to the	
Shelter	مأوى	survivors	توفير الإغاثة للناجين
Exceed	تجاوز	Embark on digging	انكب على الحفر
Survivors	الناجون	Under the debris	تحت الأنقاض

? 28.1 Comprehension questions — 28.1 أسئلة حول المضمون

A — *أجيبوا بصحيح أو خطأ.* — أ

Read the text. Are these statements true (T) or false (F)?

1 ☐ ضرب الزلزال اقليم كاشمير التابع لباكستان فقط؟
2 ☐ لم يسفر عن الزلزال ضحايا
3 ☐ يعتبر الزلزال من أقوى الزلازل التي تضرب المنطقة
4 ☐ أدت عملية الإنقاذ إلى إخراج أحياء من تحت الأرض
5 ☐ عبّر عنان عن حزنه لما حدث في باكستان
6 ☐ قدّمت الولايات المتحدة مساعدات مادية ومعنوية لباكستان
7 ☐ استخدم ملعب الكريكيت لاحتضان اللاجئين وتقديم الخدمات الطبية

B — *إقرأوا النص أعلاه وأجيبوا عن الأسئلة التالية.* — ب

Answer the following questions on the above text.

1 ما سبب وقوع قتلى وجرحى في باكستان؟

....

2 ما فحوى خطاب وزير الداخلية الباكستاني في مؤتمر صحفي؟

....

3 صف حالة الناجين في بعض القرى الباكستانية؟

....

4 ماهي أشد المناطق تضررا من الزلزال؟

....

5 حدّد عدد الضحايا الذين لقوا حتفهم من شدة الزلزال في الهند؟

....

6 من أعرب عن أسفه الشديد لوقوع ضحايا؟

....

28.2 Language in context — 28.2 اللغة في السياق

A — أ لائموا بين الكلمات في العمود الأول على اليمين وما يناسبها من معان في العمود الثاني.

Match the verbs in the left column with those on the right.

1	ضرب	رجل مسن من الزلزال بعدما تم إخراجه من تحت الأنقاض
2	أسفر	الزلزال الذي بلغت شدته 5.5 درجات بمقياس ريختر إيران
3	تجاوز	الفيضانات التي ضربت شرق آسيا خسائر في الأرواح والعتاد
4	خلفت	عدد القتلى حسب وزير الداخلية 40 الفا
5	نجا	آلاف المشجعين حتفهم في انهيار جزء من الملعب
6	لقي	عن الزلزال قتلى وجرحى

B — ب أدرسوا العبارات التالية في سياقها في النص ثم ضعوها في جمل مفيدة.

Study how the following phrases are used in the text. Then try using them in sentences of your own.

1 لقي حتفه: ....

2 ذهب ضحية: ....

3 تحت الأنقاض: ....

4 جهود الإغاثة: ....

5 تعرض لـ: ....

6 إيواء المشردين: ....

C — ج ضعوا أسئلة للأجوبة المسطّر عليها.

Provide questions for the underlined answers.

1 ....؟ تم إخراج بعض الناجين <u>من تحت الأنقاض</u>.

2 ....؟ تضافرت الجهود من كل أنحاء العالم <u>لمساعدة المنكوبين</u>

3 ....؟ تراوحت قوة الزلزال <u>5.5 بمقياس ريختر</u>.

4 ....؟ تم إيواء المشردين <u>في خيام</u>

5 ....؟ أعلنت امريكا <u>عن تقديم مساعدات للمشردين</u>

6 ....؟ وصل عدد قتلى الزلزال إلى <u>150 قتيلا</u>

D	أكملوا الفراغات بالمصطلح المناسب. صلوا الرقم في الفراغ بالكلمة المناسبة أعلاه.	د

Match the number in the blank with the appropriate word.

ماسة – البدائية – نحو – آثار – الأغذية – حالة – الفزع

معدات – الناجين – احتمال – زلزال – الأنقاض – الضحايا

وكان هذا الزلزال قد أدى إلى..........①.......... من..........②.......... في منطقة المحيط الهندي التي مازالت تعاني من..........③..........ارثة تسونامي في كانون الأول ديسمبر من العام الماضي، والتي أدت إلى مقتل..........④.......... 300 ألف شخص، ثلثاهم في إندونيسيا.

وما زال الكثير من..........⑤.......... ينامون في الخارج عند حلول الليل خوفا من..........⑥.......... حصول..........⑦.......... جديد.

وفي حين تصب الجهود الآن في مساعدة الضحايا الذين لا يزالون تحت..........⑧.......... ، هناك حاجة..........⑨.......... أيضا إلى..........⑩.......... والمياه والخيام والطاقة لمولدات الكهرباء.

وقد أدى النقص في..........⑪.......... الإنقاذ الثقيلة إلى اضطرار السكان إلى استعمال الأدوات..........⑫.......... للبحث عن الناجين تحت الأنقاض. ويخشى أن يكون عدد كبير من..........⑬.......... من الأطفال الذين كانوا نائمين لحظة وقوع الزلزال.

E	أكملوا الفراغات بالكلمات المناسبة.	هـ

Complete the blanks with the appropriate words.

1 بدأت السلطات الأمريكية ب (الرفض – التدخل – السماح) لسكان نيوأورلينز بالعودة إلى أجزاء معينة من المدينة، وذلك للمرة الأولى منذ أن ضربها إعصار كاترينا قبل أسبوعين

2 يقول مراسل لبي بي سي في المدينة إن سكان المناطق الثلاثة التي تضررت عادوا ليجدوا بيئة مختلفة عن تلك التي تركوها خلفهم، حيث لا يزال يتعذر الحصول على (الوسائل – الخدمات – الرواتب) الرئيسية كالماء والكهرباء

3 ازدادت حصيلة القتلى حيث تم حصر اكثر من 470 جثة في ولاية لويزيانا وحدها بالإضافة الى قرابة 220 آخرين تم (الإعلان – النطق – الاستعداد) عن وفاتهم في و لاية مسيسبي المجاورة

4 شرع مجلس الشيوخ الأمريكي في العاصمة واشنطن في عقد سلسلة من (الدروس – الإقتراحات – الجلسات) في إطار التحقيق في كيفية تعامل الحكومة مع إعصار كاترينا

F	تحتوي الجمل التالية على أخطاء نحوية و صرفية و إملائية. حدّدها وصحّح كل منها.	و

Each of the following sentences contains deliberate grammatical and spelling errors. Find the errors, and then correct them.

الخطأ	الصواب
يوجه العالم العربي عدة مشاكل	
الجامعة قناة السويس لم يوفر دراسات	
يترك الاختيار للطلبة بدون ضغت	
يحترم ويقادر أستاذه	
في الخمسين سنوات الأخيرة	
وعلى رغم تحسن التعليم	
اليوم أحدث لك عن التعليم	
يكسروا هذا التقايدي بالباب بدعة	
في سبيل المثال قد قل نسبة الأميين	
واقع التعليم في الماضي والحال	
ونظام السلوق في المدارس	
الفرصة لننظر الموضوع بدقة	
البنات يجلسن قدام الصف ويجلس الأولاد خلف الصف	
نتواجه مشكلا مهما	
التعليم الديني يحتل مكان خاص عند العرب	
نراى ان تسبب طرق التدريس مشاكل	

28.3 Translation — 28.3 نشاط ترجمة

A	ترجموا الفقرة الأولى والثانية والثالثة من النص أعلاه في الصفحة 172 إلى اللغة الإنجليزية.	أ

Translate the first, second and third paragraph of the text at page 172 into English.

B	ب ترجموا مايلي إلى العربية.
Translate the following into Arabic.	

Tsunamis have occurred in all the world's oceans and seas, and their destructive force has been documented as far back as on 2000 BC. History is full of examples of tsunamis that have caused huge destruction to a variety of destinations.

Such significant historical examples include the tsunamis which occurred in the 18th and 19th centuries in Portugal, China, Indonesia and Japan. Tens of thousands of Portuguese people were killed by a tsunami in 1755, which followed the Lisbon earthquake. Following this event, the tsunami of 1782 in the South China Sea resulted in over 40,000 deaths. The 18th and 19th centuries witnessed some destructive tsunamis.

Over a century later, the great Krakatau volcanic eruption in 1883 generated giant waves reaching heights of 40 metres above sea-level and are reported to have ravaged coastlines along the Sundra Straits, wiping out numerous coastal villages and killing 36,500 people. Following another earthquake in 1869, waves as high as 100 feet (30 metres) swept the east coast of Japan, killing around 27,000 people.

BBC online 11/01/2007

28.4 Writing   28.4 نشاط كتابة

A	أ لخصوا النص أعلاه في الصفحة 172 فيما لا يقل عن 250 كلمة.
Write a précis of the text at page 172 in no less than 250 words.	

UNIT 29 الوحدة 29

1 ما هو الفرق بين الفيضان والإعصار؟

2 ماهو آخر إعصار ضرب بلدك أو قارتك؟

إعصار قوي آخر في اليابان يتسبّب في إصابات ويدفع الآلاف لترك منازلهم

طوكيو - رويترز: ضرب اعصار قوي جنوب غربي اليابان مصحوبا بأمطار غزيرة ورياح عاتية امس مما تسبب في فيضانات وانهيارات أرضية واصابة حركة النقل بالشلل ودفع المسؤولين الى توجيه ارشادات لاكثر من مائة ألف شخص بترك منازلهم.

وقالت وكالة «كيودو» للانباء ان 23 شخصا أصيبوا فيما كان 16 آخرون في عداد المفقودين. ومر مركز الاعصار في حوالي الساعة الثانية بعد الظهر على اليابسة في ايساهايا قرب ناغازاكي على جزيرة كيوشو الجبلية التي تعد أكبر ثالث جزيرة رئيسية في اليابان ويسكنها نحو عشرة في المائة من اجمالي عدد السكان البالغ 130 مليون نسمة تقريبا. وقالت الوكالة ان نحو 110 آلاف من سكان كيوشو وجزيرة شيكوكو الرئيسية المجاورة طلب منهم اخلاء مناطقهم فيما نزح أكثر من 16 ألفا آخرين عن منازلهم طوعا. وقالت هيئة الارصاد الجوية اليابانية ان قوة الرياح انخفضت قليلا لكنها كانت تتحرك بسرعة 144 كيلومترا في الساعة عند مركز العاصفة. وقال هيرويوكي هوسودا كبير المتحدثين باسم الحكومة اليابانية ان أفرادا من الجيش أرسلوا للمساعدة في اجلاء السكان في بلدة تاكاوكا تشو بجزيرة كيوشو بعدما طلب حاكم مقاطعة ميازاكي المساعدة. واضاف هوسودا للصحافيين: «يتوقع المزيد من الخسائر بسبب الاعصار، لذلك فان جميع الهيئات والوزارات تعمل معاً لمواجهته». ويتحرك الاعصار الذي اطلق عليه اسم «نابي» (تعني بالكورية الفراشة) في اتجاه الشمال بسرعة 25 كيلومترا في الساعة لكن يتوقع ان يتجه شرقا ويمر عبر ساحل بحر اليابان حاملا أمطارا ورياحا قوية الى غرب اليابان واجزاء من كوريا الجنوبية قبل ان يضرب جزيرة هوكايدو الرئيسية في اقصى شمال اليابان، ولا يتوقع أن يجتاح الصين.

وألغت شركات الطيران بكوريا الجنوبية امس عشرات الرحلات الداخلية والدولية بسبب الاحوال الجوية ونصحت السلطات السفن بالبقاء في الموانئ. وقالت هيئة الاذاعة والتلفزيون اليابانية ان اكثر من 70 ألفا من سكان مدينة نوبيوكا بمقاطعة أويتا في جزيرة كيوشو نصحوا بمغادرة المكان بسبب مخاوف من احتمال فيضان انهار قريبة. وقالت شركة «كيوشو اويل» لتكرير النفط ان الاعصار يؤثر على انتاجها في بعض الوحدات الثانوية في أويتا. واوقفت الشركة ايضا تحميل السفن بالنفط في المنطقة.

وصنف موقع على الانترنت عن العواصف المدارية الاعصار نابي على أنه إعصار من الدرجة الثالثة لكنه توقع أن يضعف إلى الدرجة الاولى خلال الفترة القصيرة المقبلة. ويأتي «نابي» عقب الاعصار «تاليم» الذي ضرب المنطقة وتسبب في موت 97 شخصا في شرق الصين خلال الايام القليلة الماضية. ولا يزال 30 آخرون في عداد المفقودين حسبما افادت تقارير اعلامية صينية امس.

الشرق الأوسط:
الاربعاء 04 شعبان 1426 هـ 7 سبتمبر 2005 العدد 9780

29.1 Comprehension questions — 29.1 أسئلة حول المضمون

A *صلوا السؤال بجوابه.*

Match the question with its answer.

1 فيما تسبب الإعصار الذي ضرب جنوب غربي اليابان؟	10 في المئة من إجمال عدد السكان
2 ما مضمون تعليق وكالة كيودو للأنباء؟	نظرا للأحوال الجوية الغير مستقرة
3 حدد نسبة سكان جزيرة كيوشو الجبلية؟	فيضانات وانهيارات أرضية
4 لماذا أرسل أفراد الجيش إلى بلدة ماكاوكا؟	من أجل إجلاء السكان بعد طلب المساعدة من حاكم مقاطعة ميازاكي
5 لماذا ألغيت الرحلات الداخلية والدولية بكوريا الجنوبية؟	أصيب 23 شخصا ويعد 16 آخرون في عداد المفقودين
6 بماذا صرحت هيئة الإذاعة والتلفزيون اليابانية؟	ما يقرب ب 70 ألفا من سكان مدينة نوبيوكا نصحو لمغادرة المكان بسبب احتمال فيضان أنهار قريبة.

29.2 Language in context — 29.2 اللغة في السياق

A *تحتوي الجمل التالية على أخطاء نحوية و صرفية و إملائية. حدّدها وصحّح كل منها.*

Each of the following sentences contains deliberate grammatical and spelling errors. Find the errors, and then correct them.

1 صاحب الإعصار أمطار غزيرة ورياح عاتي مما ادى في انهيار بعض المباني والمنازل.

2 عرقل الإعصار الحركة النقل والتنقل في المدينة وخارجها وترتبت فيه خسائر فديحة شمل المدينة واهله.

3 قامت السلطات اليبانية بإجراءات وقائية على مساعدة المتضررين من شدة الإعصار

4 رغم جهود المبذولة لإنقاذ المشردين إلا أن حوالي 30 لايزالون في عداد المفقودين

ب أدرسوا العبارات التالية في سياقها في النص ثم ضعوها في جمل مفيدة.	B

Study how the following phrases are used in the text. Then try using them in sentences of your own.

1 أمطار غزيرة: ....

2 رياح عاتية: ....

3 توجيه إرشادات:..

4 إخلاء المناطق:..

5 عداد المفقودين:..

6 أفادت تقارير: ....

7 موجة أمطار: ....

ج أعطوا مرادفات مناسبة للكلمات المسطر عليها.	C

Provide synonyms for the underlined words.

1 ضرب إعصار قوي مصحوبا بأمطار غزيرة جنوب غرب اليابان

2 أعلن ان 20 شخصا في عداد المفقودين

3 طلب من سكان المناطق المجاورة للإعصار إخلاء منازلهم

4 ألغيت رحلات داخلية ودولية بسبب الأحوال الجوية

5 أصابت الأحوال الجوية المتردية حركة النقل بالشلل

د أكملوا الفراغات بالمصطلح المناسب. صلوا الرقم في الفراغ بالكلمة المناسبة أعلاه.	D

Match the number in the blank with the appropriate word.

حداد – هائل – تسبب – مسجد – كارثة – تضررا – المراسم

ضربت – حصدت – مقتل – عاتية – ذكرى – اكتسحت

أحيت شعوب البلدان الواقعة في أرجاء المحيط الهندي الذكرى الاولى ل ....①............... تسونامي. وقد اقيمت الصلوات صباح الإثنين إحياء ل...............②............... ضحايا الكارثة التي ....③............... جنوب آسيا في مثل هذا اليوم العام الماضي و...............④............... أرواح أكثر من 200 ألف شخص.

وكان زلزال...............⑤............... قرب جزيرة سوماطرة الاندونيسية في المحيط الهندي يعتقد أنه ثاني أقوى زلزال في التاريخ قد...............⑥............... في أمواج ....⑦............... ....⑧............... كافة المناطق المحيطة بمركزه في كل من اندونيسيا وتايلاند وسريلانكا ومناطق أخرى.

وفي إقليم اتشيه الإندونيسي الذي كان اكثر المناطق...............⑨............... من تسونامي وقف الناس دقيقة. ....⑩............... احياء للذكرى. وقاد ....⑪............... الرئيس سوسيلو بامبانج يودهيونو في مدينة باندا اتشيه عاصمة الإقليم بمشاركة قرابة عشرة آلاف شخص شاركوا في صلاة ب ....⑫............... المدينة.

وتسبب تسونامي في...............⑬............... اكثر من مائة وثلاثين الف في اندونيسيا وحدها بينما ما زال سبعة وثلاثون آخرون في عداد المفقودين.

هـ *أكملوا الفراغات التالية بالحروف المناسبة.*	E
Complete the blanks with the appropriate prepositions.	

ب – لـ – ب – الى – في – من

وضرب الزلزال الذي بلغت قوته 6.2 درجة................. مقياس ريختر بعد الفجر............. قليل، وهو ثالث زلزال كبير ينشر الدمار .... اكبر بلد مسلم................. حيث تعداد السكان، خلال 18 شهرا. وكان أسوأها الزلزال الذي وقع عام 2004 ونتجت عنه موجة المد البحري (تسونامي) التي تسببت في مقتل نحو 170 ألف شخص حول اقليم أتشيه الاندونيسي. وحتى مساء امس، كانت الكثير من الجثث لا يزال مطمورا ....تحت الانقاض فيما تكافح السلطات الاندونيسية............................ توصيل المساعدات................ المنطقة المدمرة، فيما عرضت عدة دول تقديم المساعدات.

29.3 Writing — 29.3 نشاط كتابة

أ *أكتبوا مقدمة لبرنامج تلفزيوني تتضمن.*	A
Write an introduction to a TV programme containing the following:	

- تحية المشاهد
- موضوع ومحور البرنامج
- تقديم ضيوف البرنامج

29.4 Translation

٢٩.٤ نشاط ترجمة

A — *Translate the following into English.*

أ — *ترجموا ما يلي إلى اللغة الإنجليزية.*

طوكيو - رويترز: ضرب اعصار قوي جنوب غربي اليابان مصحوبا بأمطار غزيرة ورياح عاتية امس مما تسبب في فيضانات وانهيارات أرضية وإصابة حركة النقل بالشلل ودفع المسؤولين الى توجيه ارشادات لاكثر من مائة ألف شخص بترك منازلهم.

وقالت وكالة «كيودو» للانباء ان 23 شخصا أصيبوا فيما كان 16 آخرون في عداد المفقودين. ومر مركز الاعصار في حوالي الساعة الثانية بعد الظهر على اليابسة في ايساهايا قرب ناغازاكي على جزيرة كيوشو الجبلية التي تعد أكبر ثالث جزيرة رئيسية في اليابان ويسكنها نحو عشرة في المائة من اجمالي عدد السكان البالغ 130 مليون نسمة تقريبا. وقالت الوكالة ان نحو 110 آلاف من سكان كيوشو وجزيرة شيكوكو الرئيسية المجاورة طلب منهم اخلاء مناطقهم فيما نزح أكثر من 16 ألفا آخرين عن منازلهم طوعا. وقالت هيئة الارصاد الجوية اليابانية ان قوة الرياح انخفضت قليلا لكنها كانت تتحرك بسرعة 144 كيلومترا في الساعة عند مركز العاصفة. وقال هيرويوكي هوسودا كبير المتحدثين باسم الحكومة اليابانية ان أفرادا من الجيش أرسلوا للمساعدة في اجلاء السكان في بلدة تاكاوكا تشو بجزيرة كيوشو بعدما طلب حاكم مقاطعة ميازاكي المساعدة. واضاف هوسودا للصحافيين: «يتوقع المزيد من الخسائر بسبب الاعصار، لذلك فان جميع الهيئات والوزارات تعمل معاً لمواجهته». ويتحرك الاعصار الذي اطلق عليه اسم «نابي» (تعني بالكورية الفراشة) في اتجاه الشمال بسرعة 25 كيلومترا في الساعة لكن يتوقع ان يتجه شرقا ويمر عبر ساحل بحر اليابان حاملا أمطارا ورياحا قوية الى غرب اليابان واجزاء من كوريا الجنوبية قبل ان يضرب جزيرة هوكايدو الرئيسية في اقصى شمال اليابان، ولا يتوقع أن يجتاح الصين.

UNIT 30 الوحدة 30

1 ماهي أقوى كارثة طبيعية ضربت إندونيسيا في نظرك؟

2 تحدث عن بعض الكوارث الطبيعية التي أصابت بلدك مؤخرا؟

مسلسل الكوارث الطبيعية مستمر حول العالم

ضرب زلزال بقوة 6.1 درجة على مقياس ريختر جزر مالوكو بشرق إندونيسيا أمس الثلاثاء لكن لم تصدر تقارير تفيد بوقوع إصابات أو أضرار. وذكر موقع معهد المسح الجيولوجي الأميركي على شبكة الانترنت أن الزلزال وقع في تمام الساعة 12:05 مساء بالتوقيت المحلي (03:05 بتوقيت غرينتش)، بحسب ما ذكرت وكالة «د.ب.أ». وتقع هذه الجزر على مسافة حوالي 2220 كيلومترا شمال شرق العاصمة جاكرتا. وزلزال أمس هو الأخير الذي يضرب إندونيسيا التي تقع في حزام بركاني بالمحيط الهادئ يعرف باسم «حلقة النار» حيث تكثر فيه الزلازل والثورات البركانية.

وكانت أمواج مدّ عاتية آثارها زلزال الشهر الماضي قد تسببت في مقتل أكثر من 600 شخص على طول الساحل الجنوبي لجزيرة جاوة، بينما قتل زلزال آخر ضرب إقليم جاوة الوسطى يوم 27 مايو (أيار) الماضي قرابة ستة آلاف شخص.

وفي ديسمبر (كانون الأول) 2004 أثار زلزال بقوة تسع درجات على مقياس ريختر أمواجا مد عاتية ضربت تسع دول آسيوية وأفريقية وقتلت نحو 177 ألف شخص في إقليم أتشيه الاندونيسي فقط.

وعلى خط آخر ذكرت تقارير أمس أن قوارب ومروحيات أرسلت لمساعدة ضحايا فيضانات عزلوا بجنوب إثيوبيا بعد غرق ما يقدر بنحو 380 شخصا ومحاصرة آلاف آخرين نتيجة فيضان مياه أحد الأنهار.

وذكرت إذاعة فرنسا الدولية أن مياه نهر أومو فاضت على ضفافه صباح الاثنين واجتاحت أعدادا كبيرة من الماشية.

وذكرت إذاعة فرنسا الدولية أن هذه الكارثة تأتي بعد أسبوع من حدوث فيضانات عارمة مماثلة أسفرت عن مقتل نحو 240 شخصا وتشريد عشرة آلاف آخرين بمدينة داير داوا بشرق البلاد.

كما هطلت أمطار غزيرة على شمال كينيا قرب الحدود مع إثيوبيا. ويصب نهر أومو في بحيرة بمنطقة توركانا الرعوية التي عزلت جزئيا عن باقي كينيا نتيجة الأمطار.

من جهة ثانية تسببت الفيضانات والانهيارات الأرضية نتيجة الأمطار الموسمية أسفرت عن سقوط 16 قتيلا بجنوب الفلبين ونزوح عشرات الآلاف. وقال انتوني جوليز، المتحدث باسم مكتب الدفاع المدني ا «أغرقتنا كميات كبيرة من الأمطار خلال الأسابيع الستة الماضية نتيجة مجموعة من الأعاصير والرياح لجنوبية الغربية»، بحسب ما ذكرت وكالة «رويترز». وأضاف المسؤول أن عشرة غرقوا بسبب السيول في إقليمي لاناو ديل نورتي وسارانجاني بالجنوب، في حين دفن ستة وهم أحياء في زامبوانجا ديل سور.

وأضاف جوليز «نحن نبذل قصارى جهدنا لتقديم المساعدات لضحايا الفيضانات والانهيارات الأرضية». وذكر أن السلطات نقلت على نحو عاجل الملابس الثقيلة والإمدادات الطارئة الى المناطق المتضررة في الجنوب. وسببت الفيضانات والانهيارات الأرضية نزوح عشرات الآلاف. وحذر خبراء الأرصاد الجوية من المزيد من الأمطار في الوقت الذي رصد فيه الإعصار رقم 11 الذي يحيق بالبلاد هذا العام وهو يقترب اليوم من جزيرة باتانيس الشمالية قادما ببطء من المحيط الهادي.

الشرق الأوسط: الاربعاء 22 رجب 1427 هـ 16 اغسطس 2006 العدد 10123

Glossary القاموس

Strong waves	أمواج عاتية	**Disaster**	الكارثة
Earthquakes	الزلازل	**Strong flood**	فيضانات عارمة
Resulted in	تسبّب في	**Render homeless**	تشريد
Victims of flood	ضحايا فيضانات	**Pour; fall down heavily**	هطل
Stranded	محاصرة	**Refugee**	نازح
Storm	اجتاحت	**Erosion**	الإنهيارات الأرضية
Livestock	الماشية		

30.1 Comprehension questions 30.1 أسئلة حول المضمون

A *اقرأوا النص أعلاه وأجيبوا عن الأسئلة التالية.* أ

Answer the following questions from the above text.

1 ماهي المخلفات التي أوقعها الزلزال الذي ضرب جزر مالوكو بشرق إندونيسيا؟

....

2 ما الذي تسبب في مقتل أكثر من 600 شخص؟

....

3 لماذا أرسلت قوارب ومروحيات لجنوب إثيوبيا؟

....

4 ماذا جاء في خطاب إذاعة فرنسا الدولية؟

....

5 لخص قول جوليز؟

....

6 إلى ماذا أدت الفيضانات والانهيارات الأرضية؟

....

30.2 Language in context — 30.2 اللغة في السياق

A — أ

صلوا الفعل بما يلائمه.

Match the verb in the column on the right with the appropriate statement in the column on the left.

1 استعد — وكالة رويترز عن سرميجي قوله إنه لم يتلق أي مساعدة حتى الآن

2 نقلت — المنظمة الدولية للصليب الأحمر أن الزلزال تسبب في تهجير 200 الف شخص

3 قطعت — العشرات من سكان المنطقة منازلهم إلى مناطق مرتفعة خشية الفيضانات.

4 أعلنت — الآلاف من سكان جزيرة جاوة الإندونوسية الليلة الماضية لقضاء الليل خارج منازلهم

5 فرّ — خطوط الكهرباء والهاتف في مناطق كثيرة

B — ب

أعطوا مرادفات للكلمات المسطر عليها.

Provide synonyms for the underlined words.

1 حدثت فيضانات عارمة جنوب شرق آسيا

2 أدّت الريّاح العاتية التي ضربت البلد إلى دمار في المباني

3 أسفرت الفيضانات عن مقتل 40 قتيلا وجريحا

4 هطلت أمطار غزيرة اليوم وأدت إلى انجراف التربة

5 نبذل قصارى جهدنا لتقديم المساعدات لضحايا الفيضانات

C — ج

أعطوا أضداد الكلمات المسطر عليها.

Provide antonyms for the underlined words.

1 وصلت فرق الإغاثة إلى المناطق النائية

2 دمّرت الفيضانات كل المباني في القرية

3 عبّر أهل البلدة عن حزنهم لما أصابهم

4 أعرب ممثل البلد عن تفاؤله أن الأوضاع سترجع إلى مجراها الأصلي

5 أصابت الرياح القوية المنازل المحيطة بالمدينة

D	د أكملوا الفراغات بالمصطلح المناسب. صلوا الرقم في الفراغ بالكلمة المناسبة أعلاه.
Match the number in the blank with the appropriate word.	

التأهب – العودة – ضرب – الهزة – ذعر – الليل – شائعات

مساعدات – النطاق – منكوب – حدث – خوفا – نحوهم – المطاف

وكان مركز الزلزال الذي..........①.......... المنطقة قبل دقائق من الساعة السادسة صباحا بالتوقيت المحلي في البحر. وأحدث الزلزال حالة..........②.......... واسعة..........③..........، اذ خشي الكثيرون من أن تتبع الزلزال موجة مد عاتية. لكن لم يحدث في نهاية..........④.......... مد، إلا أنّ حالة الذعر استمرت حتى بعد حلول ....⑤.......... وقال تجوت ناريمان: «الأمر غير المعقول، الناس يتحدثون عن موجة مدّ عاتية، ويقولون إن المياه تزحف..........⑥.......... . الناس الذين يعيشون في منطقة بركان ميرابي نزلوا أيضا بسبب ....⑦.......... عن تجدد ثورة البركان».

من جانبها، قالت ليليس الطبيبة في الصليب الأحمر الاندونيسي «انه مجرد تقدير. فالكثيرون يخشون ....⑧.......... الى منازلهم ....⑨.......... من وقوع زلزال ثان». وأضافت الطبيبة ان الاتحاد الدولي للصليب الأحمر والهلال الأحمر يستعد لتوجيه نداء لجمع..........⑩.......... إنسانية لمائتي ألف .. ..⑪.........

بدوره، قدر كارلوس افونسو، منسق مكتب المساعدة الانسانية التابع للمفوضية الاوروبية في جاكارتا، أن يكون الزلزال قد تسبب في اصابة اكثر من 12500 جريح وتدمير اكثر من اربعة آلاف منزل.

وتقع يوجياكارتا في جزيرة جاوة الرئيسية في اندونيسيا وبالقرب من ميرابي، وهو جبل بركاني اعلنت حالة ....⑫.......... القصوى في المنطقة المحيطة به بسبب توقع ثورته هذا الشهر. وقال خبير براكين في يوجياكارتا ان الزلزال لم يقع بسبب البركان لكن نشاط ميرابي زاد بعد..........⑬.......... الارضية. وقال كريسدان الذي يعيش قرب منطقة البركان انه عندما ....⑭.......... الزلزال «كنت أقوم بتنظيف المنزل وفجأة حدثت هزة شديدة واصوات رعد، فجرينا للخارج».

30.3 Translation — 30.3 نشاط ترجمة

A — أ

ترجموا مايلي إلى اللغة الإنجليزية.

Translate the following into English.

ضرب زلزال بقوة 6.1 درجة على مقياس ريختر جزر مالوكو بشرق إندونيسيا أمس الثلاثاء لكن لم تصدر تقارير تفيد بوقوع إصابات أو أضرار. وذكر موقع معهد المسح الجيولوجي الأميركي على شبكة الانترنت أن الزلزال وقع في تمام الساعة 12:05 مساء بالتوقيت المحلي (03:05 بتوقيت غرينتش)، بحسب ما ذكرت وكالة «د.ب.أ». وتقع هذه الجزر على مسافة حوالي 2220 كيلومترا شمال شرق العاصمة جاكرتا. وزلزال أمس هو الأخير الذي يضرب إندونيسيا التي تقع في حزام بركاني بالمحيط الهادئ يعرف باسم «حلقة النار» حيث تكثر فيه الزلازل والثورات البركانية.

وكانت أمواج مد عاتية أثارها زلزال الشهر الماضي قد تسببت في مقتل أكثر من 600 شخص على طول الساحل الجنوبي لجزيرة جاوة، بينما قتل زلزال آخر ضرب إقليم جاوة الوسطى يوم 27 مايو (أيار) الماضي قرابة ستة آلاف شخص.

وفي ديسمبر (كانون الأول) 2004 أثار زلزال بقوة تسع درجات على مقياس ريختر أمواجا مد عاتية ضربت تسع دول آسيوية وأفريقية وقتلت نحو 177 ألف شخص في إقليم أتشيه الاندونيسي فقط.

B — ب

ترجموا مايلي إلى العربية.

Translate the following into Arabic.

Earthquakes are among the most devastating natural disasters on the planet. In the last hundred years they have claimed the lives of over one million people. Earthquakes are destructive mainly because of their unpredictable nature. It is impossible to say accurately when a quake will strike, but a new theory could help save lives by preparing cities long in advance for an earthquake.

The surface of the Earth is made up of large 'tectonic' plates. These plates are in slow but constant motion. When two plates push against each other friction generates a great deal of energy. For this reason earthquakes occur most frequently on tectonic fault lines, where two plates meet. However these fault lines run for thousands of kilometres; predicting exactly where a quake will occur is nearly impossible.

Stress lines

In 1992, Dr Ross Stein was monitoring a large earthquake in a town in California called Landers. Three hours later, there was another quake 67 km away at Great Bear. Stein believed that this was not simply an aftershock, instead he theorised the event at Landers had set off the earthquake at Big Bear. Stein believes that when an earthquake occurs the stress that has built up along the fault is, in part, transferred along the fault line. It is this energy transfer that causes other quakes to occur hours, days or months after the original.

BBC online 01/04/06

30.4 Writing | 30.4 نشاط كتابة

أ	كوّنوا نصا متماسكا من الجمل المبعثرة التالية باستخدام الروابط المناسبة.	A

Form a coherent/cohesive text by putting the following sentences in order. Use your connectives to link sentences and paragraphs.

1 يذكر أن فرق إنقاذ من النرويج وفرنسا وأسبانيا قد وصلت من الشاطئ الغربي لآتشيه

2 قام الرئيس الاندونيسي بزيارة جزيرة نياس التي كانت الأكثر تضررا بعد زلزال المحيط الهندي الجديد يوم الإثنين الماضي.

3 وتعيق الأضرار التي لحقت بالطرق الإندونيسية وصول الإغاثة للمنكوبين في الجزيرة.

4 لايجاد أي ناجين تحت أنقاض المبان التي دمرتها موجات الزلزال.

5 وكانت فرق الانقاذ قد بدأت في الوصول الى الجزيرة الاندونيسية

6 ومن المتوقع أن تصل بعض المساعدات عبر البحر.

7 وصاحب الرئيس الاندونيسي خلال الزيارة عدد من قيادات الجيش والشرطة

8 لتقدير مدى تقدم عمليات الاغاثة.

9 التي وصل عدد الضحايا فيها إلى نحو ألف قتيل.

10 ولاتزال مدينة "جونونج سيتولي" وهي المدينة الرئيسية في هذه الجزيرة محرومة من التيار الكهربائي ومن المياه حيث تتكثف جهود عمال الاغاثة

11 حيث كانت تساعد ضحايا التسونامي الذي ضرب المنطقة في العام الماضي.

UNIT 31 — الوحدة 31

A — أ

استمعوا وأجيبوا عن الأسئلة التالية.

Listen to the recording and answer the following questions.

1 ماهي المناطق التي تضررت من إعصار كاترينا؟

....

2 بماذا يشبه مراسل هيئة الإذاعة البريطانية مياه الأمطارفي نيو ورليانز؟

....

3 ماهي الخسائر التي تسبب فيها إعصار كاترينا؟

....

4 هل سبقت وإن عرفت المنطقة إعصارا مثل هذا؟ علل جوابك من النص؟

....

5 ما فحوى تصريح فنست كريل المتحدث باسم مدينة بيلوكس؟

....

6 كيف تم مواجهة أعمال النهب والسلب في ولاية اريزونا؟

....

B — ب

استمعوا إلى النص مرة أخرى وشطبوا على الكلمات الزائدة.

Listen again and cross out the additional words and phrases.

ضرب اعصار كاترينا برياحه العاصفة القوية وأمطاره الغزيرة الشديدة الشواطئ الجنوبية للولايات المتحدة الأمريكية.

فقد ضرب الاعصار الشواطيء الجنوبية لولاية لوزيانا، واتجه مركزه الأساسي نحو مدينة نيورأورليانز الجنوبية.

كما تسبب إعصار كاترينا المفاجئ في وقوع خسائر فادحة بولايتي المسيسيبي وألاباما. وأظهرت صور محزنة من مدينة موبيل في ألاباما ان المياه تغمر وتسود شوارعها، وتسببت الرياح في غرق القوارب في مسيسيبي، وغمرت المياه بقوة الجسور والمباني في فلوريدا.

ويقول مراسل للبي بي سي ان المياه و الامطار في نيوأورليانز تشبه جدارا من الماء يغطي كل واجهات ناطحات السحاب مثل الشلالات وتسببت في قطع التيار الكهربائي والماء عن مناطق واسعة من المدينة، وسقوط النخيل والأشجار في الشوارع ودُمرت كل المتاجر والسيارات.

وأطاح الاعصار بجزء من سقف ستاد نيوأورليانز الذي لجأ إليه الآلاف من سكان المدينة، كما اجتاحت مياه الفيضان بعض المنازل بما فيها التي تقع في مناطق منخفضة. وكان خبراء الطقس قد حذروا من اجتياح مياه الفيضان لنيو أورليانز التي تنخفض نحو مترين عن مستوى سطح البحر.

وقال ضابط شرطة لبي بي سي إنه لم ير شيئا غريبا كهذا من قبل حيث تهشم الزجاج تهشيما وأصبحت شوارع المدينة شبيهة بالثلج.

ج	*استمعوا إلى النص مرة ثالثة وأكملوا الفراغات التالية.*	*C*
	Complete the blanks, then listen again to check your answers.	

تجرى عملية انقاذ واسعة فى جنوب الولايات المتحدة بعد .... الذى ألحقه اعصار كاترينا وسط .... من مقتل مئات .... في .... واحدة، كما غمرت المياه مدينة نيوأورليانز بولاية لويزيانا.

وقد خلف الاعصار منطقة من الدمار في ولايات لويزيانا والمسيسيبي وألاباما على .... خليج ....

ويخوض رجال .... فى الفيضانات و................. التى خلفها الاعصار فى .... على ناجين.

وفي الوقت ذاته قال فنسنت كريل المتحدث باسم مدينة بيلوكسي انه يحتمل ان يكون مئات الاشخاص قد .... في المدينة نتيجة لإعصار كاترينا بعد أن حوصروا في منازلهم حين طغت على .... مد ارتفاعها تسعة امتار.

وقال مات دالي مراسل وكالة انباء رويترز في بيلوكسي الواقعة على .... المسيسيبي ان المدينة دمرت ....

واوضح لبي بي سي ان رجال .... و................ لم يتمكنوا بعد من دخول المدينة.

واضاف ان هناك بنايتين .... بالمدينة قد .... ، ولم يعرف حتى الان عدد ....

د	*استمعوا إلى النص وأعطوا تلخيصا موجزا لا يقل عن 150 كلمة.*	*D*
	Listen for the last time, making notes for a 150-word synopsis.	

Full transcript at page 279.

MODULE 9

“War on Terrorism”

الفصل التاسع:
"الحرب على الإرهاب"

Unit 32	الحرب على الإرهاب تفقد وضوح التوجه
Unit 33	الرئيس اليمني يعلن مكافأة 25 ألف دولار لكل من يعتقل إرهابيا
Unit 34	مسؤول أمن محافظة بغداد: انخفاض الهجمات بالسيارات المفخخة لا يعني تراجع الإرهاب

Unit 32 الوحدة 32

1 بماذا لقبت الولايات المتحدة حربها بعد أحداث 11 سيبتمبر؟

2 هل في نظرك نجحت الولايات المتحدة في حربها على الإرهاب؟

http://news.bbc.co.uk/hi/arabic/world_news/newsid_5329000/5329556.stm

الحرب على الإرهاب تفقد وضوح التوجه

خلال خمس سنوات منذ هجمات 11 سبتمبر/أيلول 2001، وقعت "الحرب على الإرهاب" التي أعلنها الرئيس بوش في إطار واضح وحظيت في البداية بدعم جيد، في حالة من التخبط وأصبحت الآراء تنقسم حولها بشكل أكبر.

فبينما عنونت صحيفة لوموند الفرنسية في اليوم التالي على 11 سبتمبر بالقول: "كلنا الآن أمريكيون"، كتب على لافتة في مظاهرة جرت في لندن مؤخرا: "كلنا الآن حزب الله".

لقد أحرزت السياسة الأمريكية نجاحات، من الحرب السريعة في أفغانستان عقب 11 سبتمبر (والتي تستعر مرة أخرى الآن في الجنوب)، والإطاحة بنظام طالبان وحرمان القاعدة من معسكراتها التدريبية ذات الأهمية البالغة بالنسبة لها.

كما فقدت القاعدة الكثير من القيادات بها، ولم تستطع إسقاط الحكومات كما كانت تأمل، ولم ترحل القوى الغربية عن الشرق الأوسط، وبالأخص فإن نظام آل سعود، الملقب بخادم الحرمين الشريفين، والذي يعد على الأرجح هدف بن لادن الأكبر، مازال قائما. غير أن الشعوب الغربية، وغيرها من الشعوب الأخرى مازالت تعيش في خوف، وهو خوف له مبرراته. فالقاعدة ليست اختراعا، فأثرها، وأثر المتعاطفين معها، طال ليس نيويورك وواشنطن فقط، بل بالي ومدريد ولندن والمغرب واسطنبول، وغيرها.

قوة الخوف

والخوف له قوة دافعة كبيرة، فالخوف بعد 11 سبتمبر قاد إلى عقيدة بوش المتمثلة في توجيه ضربات استباقية. غير أن هذه العقيدة لم تكن محل اتفاق من الجميع.

فقد ظهرت شكوك وانقسامات بين حلفاء الولايات المتحدة. وبالنسبة للكثيرين حول العالم، تحول التعاطف مع الولايات المتحدة إلى تشكك وريبة، وبالنسبة لآخرين تحول إلى كراهية. وأضافت سجون جوانتانامو وأبو غريب ومعاملة المعتقلين والسجون السرية ورحلات نقل المشتبه بهم، إلى هذه المشاعر.

وقد تأتي التعديلات التي أعلن عنها الرئيس بوش أخيرا - من الإقرار بوجود سجون سرية وتفريغ هذه السجون واتخاذ خطوات أخرى - لترد على بعض الانتقادات ولكن ليس على كلها، ومازال يتعين الانتظار لنرى الأثر الإجمالي الذي ستتركه تلك الخطوات.

تشاؤم من التكتيكات الغربية

ويعرب البروفيسور مايكل كلارك من الكلية الملكية بلندن عن تشاؤمه، على المدى القصير على الأقل.

وأضاف قائلا "إذا كنت في وضع أسامة بن لادن أقبع بأحد الكهوف الآن، فلابد أنني سأظن أنني أكسب هذه المعركة". وتابع "أولا مازلت حرا طليقا، ولدي حركة دولية، وألمس مشاعر الشباب المسلم في كل مكان، وأنا أمثل إلهاما أكثر من كوني مخططا، وقد استدرجت الولايات المتحدة إلى حروب من اختياري وبحسب طريقي في القتال في كل من أفغانستان والعراق". واستطرد "ولا الغرب يجابه الرواية السهلة التي يقدمها الجهاديون. وأنا أتفق مع بوش في وصفه أنهم فاشيون إسلاميون، ولكننا لا ننخرط بما يكفي في معركة الأفكار، وبدلا من ذلك نطيل الحديث عن أفعالهم، وهم بإمكانهم أن يردوا ذلك بإطالة الحديث عن أفعالنا، بحيث تستمر لعبة من صاحب المكانة الأخلاقية العليا".

شبح العراق

كما أن شبح العراق يخيم على السياسة الأمريكية ونظرة العالم لها. والمشكلة هي أن الكثير من الحكومات والشعوب لا ترى في العراق جزءا من الحرب على الإرهاب، بل ترى فيه وقودا للإرهاب، وبالتالي يريدون أن ينأوا بأنفسهم عن السياسة الأمريكية.

ليس أن غزو العراق هو الذي أثار إرهاب القاعدة، فقد وقعت هجمات 11 سبتمبر/أيلول قبل العراق، وكانت القطارات الألمانية هدفا لمحاولة هجوم رغم معارضة ألمانيا للغزو. غير أن العراق ربما كان العنصر الأضخم إطلاقا في إنتاج حالة التخبط البادية حاليا. وتقول واشنطن إنه لابد من كسب العراق وإلا ستُخسر الحرب على الإرهاب. ويقول المعارضون إن الحرب على العراق زادت الأوضاع سوءا، وإن أضاف الكثير من المعارضين أنه ينبغي، وعلى الرغم من ذلك، كسب حرب العراق.

وكان من بين المشكلات التي تواجه إدارة بوش هو أنها استندت إبان الغزو إلى التعلل بوجود أسلحة دمار شامل وهو ما لم يتم العثور عليه ولم يتم التحدث عن الإرهاب إلا كاحتمال أن يتمكن بلد مارق من إمداد إرهابيين بأسلحة نووية. أما الآن فقد بات العراق في تعبير السياسة الأمريكية جبهة الحرب على الإرهاب والتي لابد من الثبات عندها وعدم التقهقر وإلا انتقلت الجبهة إلى شوارع أمريكا نفسها.

تتغير اللغة لتعكس تحول السياسة

ويمكن متابعة مدى تاثير العراق في الأحداث من خلال اللغة التي استخدمها الرئيس بوش قبل الغزو وبعده.

ففي الحادي والثلاثين من آب/أغسطس هذا العام قال بوش أمام القوات الأمريكية في مدينة سولت ليك سيتي "هذه الحرب ستكون طويلة.. ولكنها حرب لابد من خوضها، وحرب لابد وسنكسبها.. إن الحرب التي نخوضها اليوم أكثر من مجرد كونها صراعا عسكريا، إذ هي الصراع الأيديولوجي الفاصل للقرن الحادي والعشرين".

واستخدام بوش للمستقبل في تعبيره "سنكسبها" يتباين مع ما قاله قبل الغزو. ففي السادس والعشرين من فبراير/شباط 2003، أعلن بوش في خطاب في اشنطن: "قبضنا أو تعاملنا مع العديد من القادة الرئيسيين للقاعدة. ونتعقب في أنحاء العالم القتلة واحدا واحدا، ونكسب". والتحول في التعبير من المضارع إلى المستقبل، يوضح كيف تراجعت آنية النصر.

تفاؤل بالقيم الغربية

غير أن البروفيسور كلارك أكثر تفاؤلا على المدى الطويل. ويقول "ستزداد الأمور سوءا قبل أن تأخذ في التحسن، ولكنني أتوقع أن تكسب السياسة الغربية في نهاية المطاف لأنها تطرح نموذجا أكثر تفوقا سواء سياسيا

أو أخلاقيا أو اقتصاديا. ولكننا لم نيسر الأمور على أنفسنا بما ارتكبناه من أخطاء، أولا في أفغانستان بالسماح لزعماء طالبان والقاعدة بالهرب، وثانيا بارتكاب خطأ استراتيجي على نطاق ضخم بغزو العراق". وتابع قائلا "ربما سيستغرق الأمر جيلا حتى تتم تسويته، حتى يصبح الشبان الجهاديون الغاضبون رجالا طاعنين في السن ويستبد بهم التعب، كما حدث مع الماركسيين اللينينيين".

BBC online 09/09/2006

Glossary القاموس

War on terrorism	الحرب على الإرهاب	**Secret detentions**	السجون السّرية
Enjoy the support of	حظى بدعم	**Sympathy**	التعاطف
Achieved greatly	أحرز نجاحا	**Amendments**	التعديلات
Ousting a regime	الإطاحة بنظام	**Admittance; acknowledgement**	الإقرار
Training camps	معسكرات تدريبية	**Short term**	المدى القصير
Pre-emptive strikes	ضربات استباقية	**Goes on saying**	استطرد قائلا
Doubts	شكوك	**Fuelling terrorism**	وقود للإرهاب
Prisoners	المعتقلين		

32.1 Comprehension questions 32.1 أسئلة حول المضمون

A أجيبوا عن الأسئلة التالية.

Answer the following questions.

1 كيف يصف الكاتب النجاحات التي أحرزتها السياسة الأمريكية في حربها على أفغانستان؟

....

2 كيف يصف الكاتب أوضاع الشعوب الغربية؟

....

3 إلى ماذا أدى الخوف من أحداث مماثلة للحادي عشر من سبتمبر؟

....

4 ما الذي أدى إلى شكوك وانقسامات بين حلفاء الولايات المتحدة؟

....

5 كيف عبّر البروفيسور مايكل كلارك عن التكتيكات الغربية؟

....

6 كيف ترى كثير من الحكومات والشعوب الحرب على العراق في نظر الكاتب؟

....

ب *أعطوا مرادفات مناسبة للكلمات المسطر عليها.*

B

Provide synonyms for the underlined words.

1 أحرزت السياسات الأمريكية نجاحات

2 تحول الشعور بالتعاطف إلى كراهية

3 كسب الحلفاء الحرب العالمية الثانية

4 كان بوش يأمل تطبيق الديمقراطية في العراق

32.2 Language in context

32.2 اللغة في السياق

أ *صلوا بين الفعل وما يناسبه من معان.*

A

Match the verb in the right column with the appropriate statement on the left column.

1	أحرز	الرئيس الأمريكي على أهمية الفوز في العراق معتبرا أن امن وسلامة الشعب الأمريكي تتعلق باستقرار العراق.
2	فقدت	الحكومة الأمريكية تسليم الجانب الأمني في بغداد للقوات العراقية مع نهاية عام 2007.
3	استندت	حركات المقاومة العراقية على مواصلة القتال حتى خروج آخر جندي أجنبي
4	تأمل	الولايات المتحدة الدعم العالمي الذي حشدته بعد أحداث الحادي عشر من سبتمبر.
5	شددت	الولايات المتحدة في تبريرها للحرب على امتلاك العراق أسلحة الدمار الشامل
6	ركز	الفريق فوزا باهرا في الألعاب العالمية لكرة القدم

ب *ضعوا ما يلي في جمل مفيدة.*

B

Use the following in appropriate sentences.

1 أحرز تقدما: ....

2 أمل في: ....

3 حظي بـ: ....

4 خيّم شبح: ....

5 قوة دافعة: ....

6 ضربات إستباقية: ....

C	ج أكملوا الفراغات بالمصطلح المناسب. صلوا الرقم في الفراغ بالكلمة المناسبة أعلاه.
Match the number in the blank with the appropriate word.	

ضحية – اختلافا – راحت – حلول – الإرهاب – جدل

ستضيع – الأرض – مقنع – عنصر – للنصر

وربما الأمر لا يختلف ....①......... كبيرا عما دار من ....②......... إبان فيتنام الجنوبية. فقد تم إعلان تلك الحرب أيضا ضرورية ....③......... في الحرب الطويلة الأخرى، الحرب الباردة. وفي تلك الأيام قيل إنه لو.........④......... فيتنام الجنوبية، ف ....⑤......... جنوب شرق آسيا بأكملها، بلدا تلو الآخر تباعا.

كما لم تكن واشنطن فاعلة في التعامل مع ....⑥......... تحفيز آخر للجاهدين، وهو الصراع الإسرائيلي-الفلسطيني. فتصوير واشنطن لإسرائيل بأنها ....⑦......... في الحرب على ....⑧......... أمر غير ....⑨......... ، للأوروبيين على سبيل المثال لا الحصر، إذ ينظرون عامة إلى النزاع على أنه نزاع على ....⑩......... وليس نزاعا أيديولوجيا وبالتالي يمكن التوصل إلى تسويته عبر ....⑪......... وسطى.

D	د استخرجوا ما يناسب ما يلي من النص.
Find from the text words and phrases which correspond to the following.	

1 [Bush's war on terror] gained a wide support at the beginning.

2 The American policy has gained a momentum after the swift victory in Afghanistan.

3 Ousting the Taliban regime and preventing Al-Qaeda from using its training camps.

4 Uncertainties and frictions emerged among USA'S allies.

5 The problem is that many governments do not consider the war on Iraq part of the war on terror.

6 The fear after September 11 has triggered Bush's pre-emptive strike doctrine.

7 We shall pursue murderers individually across the globe.

32.3 Translation — 32.3 نشاط ترجمة

A	أ ترجموا ما يلي إلى اللغة الإنجليزية.
Translate the following into English.	

يصف علي الصاعدي، وهو أحد المجاورين لشارع بغداد في حي الجامعة بجدة، أحداث الأمس قائلا «الخامسة والنصف بدا أن شيئا يحدث على غير المعتاد. كان يوما مرعبا لي ولأطفالي. لقد كانت المرة الأولى التي يرتبط فيها ما يحدث أمامي بما أشاهده في بغداد على نشرات الأخبار من أحداث إغلاق أمني وتبادل للنيران الحية».وفي الوقت الذي كان فيه الصاعدي يروي حكايته، كان عامل في أحد البوفيهات المطلة على الشارع يقوم بعمله دون أن يهتم لما يدور حوله. يقول «ليست المرة الأولى التي أشاهد فيها مثل هذه العمليات، هناك أطفال في المنزل ينتظرون عودتي لهم بالمال» ثم أشار بيده الى عشرات المتجمهرين «لم آت الى هنا لأشاهد فيلما سينمائيا». ورغم المسافة الكبيرة بين شارع بغداد في جدة والعاصمة بغداد إلا أن مشهد اطلاق النار ورائحة البارود والحديث عن وجود رهائن في المبنى الذي تحصن فيه المطلوبون، كلها عوامل قربت المسافة في أذهان سكان الشارع «الدخول والخروج منذ الصباح الباكر يكاد يكون مستحيلا. لوهلة تشعر أنك أصبحت جزءا من الحدث، وجود الصحافيين والمصورين يقول إن شارع بغداد اليوم هو شارع آخر». ويعتبر حي الجامعة الذي يمتد فيه شارع بغداد من الشمال الى الجنوب ليتقاطع مع طريق مكة القديم، من أكثر الاحياء في جدة كثافة بالسكان والأعراق المختلفة، كما هو شارع بغداد وجهة الطلاب الجامعيين للسكن على جنباته عطفا على توفر كافة الخدمات فيه وسهولة الحصول على وسيلة مواصلات للتنقل من وإلى جامعة الملك عبد العزيز الواقعة على طرف حي الجامعة الشمالي.وبدا واضحا أن اختيار المطلوبين للاختباء في المنازل القريبة من شارع بغداد لطبيعة الاختلاف العرقي بين السكان وسهولة الاندماج وسط الحي دون لفت الأنظار لهم. تماما كما هي بغداد باعتبارها العاصمة وهي من أكثر الاماكن صعوبة في عمليات الملاحقة الامنية نتيجة تكدس السكان وسيطرة الطبيعة الحضرية على حياة الاهالي.

B	*ترجموا النص التالي إلى اللغة العربية.*	ب

Translate the following text into Arabic.

Our policy is about achieving consistency and accuracy in our journalism. We recognise the existence and the reality of terrorism – at this point in the twenty-first century we could hardly do otherwise. Moreover, we don't change the word "terrorist" when quoting other people, but we try to avoid the word ourselves; not because we are morally neutral towards terrorism, nor because we have any sympathy for the perpetrators of the inhuman atrocities which all too often we have to report, but because terrorism is a difficult and emotive subject with significant political overtones.

We also need to ensure that when we report acts of terror, we do so consistently in the stories we report across our services. We have learnt from the experience of covering such events in Northern Ireland as much as in Israel, Spain, Russia, Southern Africa or the many other places where violence divides communities, and where we seek to be seen as objective by all sides, that labels applied to groups can sometimes hinder rather than help.

As the guideline makes clear, careful use of the word "terrorist" is essential if the BBC is to maintain its reputation for standards of accuracy and especially impartiality. This is especially true when we use the word to describe a person or a group as opposed to an action or event ("the terrorist group", say, as opposed "to an act of terror" or "terrorist tactics" or "terrorism"). That does not mean we should emasculate our reporting or otherwise avoid conveying the reality and horror of what has occurred; but we should consider the impact our use of language may have on our reputation for objective journalism amongst our many audiences.

BBC online 11/01/07

UNIT 33 الوحدة 33

1 ماهو موقف أغلب الدول العربية من الإرهاب؟

2 ماذا تعرفون عن الرئيس علي عبدالله صالح؟

الرئيس اليمني يعلن مكافأة 25 ألف دولار لكل من يعتقل إرهابيا
المعارضة تؤكد استعدادها لتسلم السلطة لو فازت في الانتخابات

أعلن الرئيس اليمني، علي عبد الله صالح، أمس عن تخصيص 25 ألف دولار لكل شخص يتمكن من القبض على أي إرهابي أو يدلي بمعلومات للسلطات عنه، وهذه المكافأة ستكون من نصيب أي مدني او شرطي يعتقل أحد الارهابيين او يقتله.

ذكر ذلك في المهرجان الانتخابي الذي أقامه في مدينة ذمار الواقعة على بعد 100 كيلومتر جنوب العاصمة صنعاء. وجاء هذا التخصيص لهذا المبلغ على خلفية الهجومين الانتحاريين اللذين استهدفا الميناء النفطي بمنطقة الضبة في محافظة حضرموت ومصفاة النفط ومحطة إنتاج الغاز في محافظة مأرب حيث قتل الأربعة المنفذون للهجومين وقتل جندي من الحراس في مصفاة مأرب. وأضاف الرئيس اليمني أنهم لو نجحوا في تحقيق هدفهم فان أزمة اقتصادية كبيرة كانت ستحدث. وقال صالح ان الهجمات مدبرة لتتزامن مع انتخابات الرئاسة والانتخابات البلدية التي ستبدأ يوم الاربعاء القادم.

وقال للناخبين في محافظة ذمار ان المهاجمين استهدفوا العرس الديمقراطي الذي يعيشه اليمن.

من جانبه، قال رئيس الوزراء اليمني عبد القادر باجمال إن التصدير والإنتاج النفطي يسير بصورة طبيعية في المنشأتين النفطيتين في كل من مأرب وحضرموت، وقال إن اللجنة الأمنية العليا شكلت عدة لجان للتحقيق في الهجومين. واعتبر باجمال الهدف من التفجيرين الانتحاريين هو زعزعة الأمن والاستقرار في اليمن، بخاصة في هذه الظروف التي يشهدها اليمن للتحضير والاستعداد لإجراء الانتخابات الرئاسية والمحلية يوم الأربعاء المقبل. وأضاف «أن الجماهير اليمنية تعلم علم اليقين بان هذه الأعمال الظلامية العادية لهذه الجماهير ولنظامها السياسي إن ما يقوم بها المفسدون في الأرض، وان الوعي السياسي والاجتماعي والثقافي والوازع الديني يقتضيان محاربة هؤلاء أينما كانوا، وذلك بالتعاون مع الدولة لما فيه مصلحة المجتمع». وفي نفس الاتجاه، قالت اللجنة الأمنية العليا إنها ستكشف المزيد من التفاصيل على ضوء ما ستتوصل إليه اللجان الأمنية حول واقعتي ميناء الضبة وصافر، وذلك من معلومات ونتائج بشأن الواقعتين. الى ذلك، قال الأمين العام للحزب الاشتراكي المعارض، ياسين سعيد نعمان، إن المعارضة اليمنية مستعدة لتسلم السلطة في اليمن في حالة فوز مرشحه المستقل فيصل بن شملان في الانتخابات الرئاسية. وجاء ذلك في المؤتمر الصحافي لأحزاب اللقاء المشترك الذي يتكون من خمسة أحزاب يقودها حزبا الإصلاح والاشتراكي. ودان هذا التكتل المعارض كل الأحداث الإرهابية التي تقع في اليمن. وقال محمد الرباعي رئيس المجلس الأعلى للمعارضة، والأمين العام لحزب اتحاد القوى الشعبية إنه لا يستغرب لجوء الحزب الحاكم المؤتمر الشعبي العام إلى استغلال جماعات متشددة لدفعها لأعمال إرهابية وإلصاقها بالآخرين وإشاعة أجواء أمنية لإرهاب الناس قبل الانتخابات. لكن الأمين العام للحزب الاشتراكي طالب في نفس الوقت بلجنة تحقيق محايدة لفضح الأعمال الإرهابية ومن يقف وراءها ويخطط لها. أما عبد الوهاب الأنسي، الأمين العام المساعد لحزب الإصلاح، أكبر أحزاب المعارضة في اليمن، فأكد أن اللقاء المشترك أدان

في أدبياته العبث بالورقة الأمنية، وقال معلقا على العلاقات الجديدة التي يقيمها الحزب الحاكم مع قوى وشخصيات سياسية، «لقد أصبح حلفاء الأمس إرهابيين اليوم وإرهابيو الأمس حلفاء اليوم». وأشار إلى أن علاقات السلطة في بلاده بالجماعات التكفيرية أصبحت واضحة من خلال مرشح الحزب الحاكم إلى إصدار فتاوى لا تجيز منافسة ولي الأمر وتكفر الانتخابات الديمقراطية، مشيرا بشكل غير مباشر إلى ما قاله أبو الحسن المصري المأربي في مدينة مأرب في المهرجان الانتخابي للرئيس علي عبد الله صالح. وقال لأنسي «إن السلطة قامت باستجداء الشيخ عبد الله بن حسين الأحمر زعيم حزب الإصلاح الذي أيد الرئيس علي عبد الله صالح بإحراجه». وأشار إلى أن إحراج الأحمر كان واضحا من خلال حرصه على التأكيد أن هذا الدعم والترشيح لمرشح الحزب الحاكم باعتباره موقفا شخصيا ولا يلزم به أحدا، فيما قال أمين الوحدوي الشعبي الناصري، سلطان العتواني، في ذات المؤتمر الصحافي إن أحزاب اللقاء المشترك تراهن على وعي الناس للحيلولة دون التزوير في هذه الانتخابات، كما ا يراهن على الآليات الانتخابية والرقابة المحلية والدولية. وقال إن هذه التكتل المعارض لا يزال رافضا المراكز الاستثنائية والتي يبلغ عددها بحسب المصادر المعارضة 333 مركزا إنتخابيا. وأكد في هذا الصدد أن الصوت الانتخابي يجب أن يدلي به الناخب المدرج في سجلات الناخبين، وفقا لهذه القوائم الانتخابية التي يبلغ عدد المقيدين بها تسعة ملايين ناخب.

الشرق الأوسط 06/09/17

33.1 Comprehension questions — 33.1 أسئلة حول المضمون

A	أ ضعوا علامة(✓) أمام الصواب و (✗) أمام الجواب الخطأ.
Tick (✓) the correct statements and cross (✗) the incorrect ones.	

1 ☐ أدى الهجوم المسلح على الميناء النفطي بمنطقة الضبة إلى قيام الرئيس اليمني بتخصيص 28 الف دولار لكل من يدلي بمعلومات عن إرهابيين

2 ☐ حذّر الرئيس اليمني بان نجاح أي عمل إرهابي سيؤدي إلى انتعاش اقتصادي

3 ☐ عبّر رئيس الوزراء عن ارتياحه للتصدير والانتاج النفطي في مأرب وحضرموت

4 ☐ الغاية من التفجيرين هو زعزعة الاستقرار اليمني حسب قول باجمال.

B	ب اقرأوا النص أعلاه وأجيبوا عن الأسئلة التالية.
Answer the following questions from the above text.	

1 ما هي الحوافز التي واعد بتقديمها الرئيس اليمني لكل من يدلي بمعلومات عن إرهابيين للسلطات؟

....

2 ما الدافع/السبب الذي دفع الرئيس اليمني بتقديم هذه الحوافز؟

....

3 بماذا صرّح رئيس الوزراء اليمني عبد القادر باجمال؟

....

4 ما مضمون قول اللجنة الأمنية العليا؟

....

5 ما هو تصريح الأمين العام للحزب الإشتراكي المعارض؟

....

33.2 Language in context

33.2 اللغ السياق

A	ضعوا مايلي في جمل مفيدة.	أ
Use the following in correct sentences.		

1 تخصيص: ....

2 دبّر هجمات: ....

3 تزامن مع: ....

4 تسليم السلطة: ....

5 العقل المدبّر: ....

6 إصدار أحكام: ....

7 قبض على: ....

B	أعطوا مرادفات الكلمات المسطر عليها.	ب
Provide synonyms for the underlined words.		

1 يدلي بمعلومات

2 المكافأة ستكون من نصيب أي شخص يعتقل إرهابيا

3 ستحدث أزمة اقتصادية كبيرة

4 أكد في هذا الصدد أن الانتخابات كانت حرّة ونزيهة

5 ارتفع عدد الناخبين المسجلين في القوائم الانتخابية هذه السنة

6 أدى النظام الإداري الجديد إلى الحيلولة دون وقوع تزوير وفساد إداري

C	أكملوا الفراغات بالمصطلح المناسب. صلوا الرقم في الفراغ بالكلمة المناسبة أعلاه.	ج
Match the number in the blank with the appropriate word.		

الشيوخ	*معاملة*	*القانون*	*يعارضه*	*الطرفين*	*تعديل*
وكالة	*استعداد*	*خلافات*	*تنازلات*	*جرائم*	*استناد*

حصلت إدارة الرئيس الاميركي جورج بوش على ....①........... من مجلس الشيوخ، بخصوص ....②........... المعتقلين وقواعد المحاكمات العسكرية للمشتبه بتورطهم في الإرهاب، على الرغم من بقاء...........③........... بين البيت الأبيض والمشرعين، حسبما ذكرت مصادر مجلس...........④...........

ويشمل عدم الاتفاق بين...........⑤...........، إمكانية إدانة المشتبه بهم...........⑥........... إلى أدلة لا يُسمح لهم...........⑦........... بمشاهدتها، وهو أسلوب تفضله إدارة بوش لكن...........⑧........... الأعضاء الجمهوريون في مجلس الشيوخ. كذلك يختلف الطرفان حول الشروط ذات العلاقة بتعديل قانون ....⑨........... الحرب الأميركي والتي تحد من الكشف عن مسؤولين في ....⑩........... الاستخبارات المركزية (سي.آي.ايه) وعن موظفين مدنيين آخرين لمحاكمتهم بتهم سوء معاملة المعتقلين، حسبما قالت المصادر نفسها.

وفي إشارة على...........⑪........... الكونغرس للتحرك بسرعة كي يشكل «لجانا عسكرية» (أي المحاكمات العسكرية)، وتوفير دعم تشريعي آخر تطلبه الإدارة الأميركية، تراجع ثلاثة اعضاء في مجلس الشيوخ عن معارضتهم لمشروع...........⑫...........

D	د *أعيدوا كتابة ما يلي بأسلوبكم الخاص.*
Paraphrase the following.	

وجاء مشروع القانون الذي أعده أعضاء مجلس الشيوخ مؤيدا لأول مرة لموقف إدارة بوش، فيما يخص محاكمة من يسيء معاملة المعتقلين، إذ أنه يشير إلى أن المحاكمة تحدث فقط إذا كانت الإساءات «تهز الضمير». وقال خبراء قانونيون إنها ستترك مجالا للقضاة ليوازنوا مدى الضغط الذي فرض على المعتقلين لانتزاع المعلومات منهم خلال فترة الاستجواب القاسية.

كذلك يدعو مشروع القانون الذي أعده مجلس الشيوخ إلى منع تقديم المعتقلين شكاوى قانونية ضد الحكومة الأميركية للاعتراض على اعتقالهم أو معاملتهم. ويمنع ايضاً تقديم تعويضات عن الأضرار التي لحقت بالمعتقلين والناجمة عن خرق لاتفاقيات جنيف الخاصة بالأسرى. وكلتا المادتين مدرجة في مشروع البيت الأبيض على الرغم من وجود اختلاف في الصياغة فقط.

<table>
<tr><td>E</td><td>ترجموا ما يلي إلى اللغة الإنجليزية.</td><td>هـ</td></tr>
</table>

Translate the following into English.

أقام

1   أقام مهرجانا

2   أقام حفلة

3   أقام دعوى قضائية ضد صديقه

4   أقام شكوى

تحقيق

1   تحقيق نجاح كبير

2   تحقيق سمعة في كل العالم

3   تمّ التحقيق معه في قضية السرقة

4   تمّ التحقيق في جريمة قتل

33.3 Translation   33.3 نشاط ترجمة

<table>
<tr><td>A</td><td>ترجموا ما يلي إلى اللغة الإنجليزية.</td><td>أ</td></tr>
</table>

Translate the following into English.

أعلن الرئيس اليمني، علي عبد الله صالح، أمس عن تخصيص 25 ألف دولار لكل شخص يتمكن من القبض على أي إرهابي أو يدلي بمعلومات للسلطات عنه، وهذه المكافأة ستكون من نصيب أي مدني او شرطي يعتقل أحد الارهابيين او يقتله.

ذكر ذلك في المهرجان الانتخابي الذي أقامه في مدينة ذمار الواقعة على بعد 100 كيلومتر جنوب العاصمة صنعاء. وجاء هذا التخصيص لهذا المبلغ على خلفية الهجومين الانتحاريين اللذين استهدفا الميناء النفطي بمنطقة الضبة في محافظة حضرموت ومصفاة النفط ومحطة إنتاج الغاز في محافظة مأرب حيث قتل الأربعة المنفذون للهجومين وقتل جندي من الحراس في مصفاة مأرب. وأضاف الرئيس اليمني أنهم لو نجحوا في تحقيق هدفهم فان أزمة اقتصادية كبيرة كانت ستحدث. وقال صالح ان الهجمات مدبرة لتتزامن مع انتخابات الرئاسة والانتخابات البلدية التي ستبدأ يوم الاربعاء القادم.

<table>
<tr><td>B</td><td>ترجموا ما يلي إلى اللغة العربية.</td><td>ب</td></tr>
</table>

Translate the following into Arabic.

Terrorism charge plumber remanded

A plumber charged with terrorism and firearms offences has been remanded in custody after appearing at London's Old Bailey by video link.

The man, 28, from Newham, who was arrested in Hertfordshire in November, will appear again on 17 February.

Two of the five charges he faces are under the Terrorism Act 2000.

The others include charges for alleged possession of three Uzi sub-machine guns and 3,000 rounds of ammunition with intent to endanger life.

Anti-terrorism detectives arrested Mr Rahman near the M25 and the South Mimms service station on 29 November.

He was charged under Section 17 of the Terrorism Act 2000 of having entered into or being concerned in an arrangement to make weapons available for terrorist purposes.

A second offence under Section 57 of the Act alleges he had an Uzi sub-machine gun intended for terrorism.

BBC online 16/12/05

UNIT 34 الوحدة 34

أ استمعوا إلى النص واستخرجوا ثلاث أفكار أساسية.

A

Listen to the recording and list three of the main topics.

1 ....

2 ....

3 ....

ب أجيبوا بصحيح او خطأ.

B

Listen again. Are these statements true (T) or false (F)?

1 ☐ غياب السيارات المفخخة يعني إنخفاض العمليات الإرهابية

2 ☐ يشعر المواطنون العراقيون بخيبة أمل فيما يخص تحسن الأمن في بغداد

3 ☐ ساهمت المصالحة الوطنية في انخفاض حدة التوتر بين الفئات العراقية

4 ☐ تحاول الجماعات المسلحة افشال المصالحة الوطنية حسب المسؤول الأمني العراقي

5 ☐ فرق الموت والاغتيالات هي وراء ملف التهجير

ج استمعوا إلى النص مرة ثانية وأجيبوا عن الأسئلة التالية.

C

Answer the following questions, then listen again to check your answers.

1 مع من التقت جريدة الشرق الأوسط؟ ولماذا؟

....

2 كيف يصف المسؤول الأمني العمليات الإرهابية؟

....

3 كيف يرى المسؤول الأمني تأثير المصالحة الوطنية على الأمن؟

....

4 ما هي وجهة نظر المسؤول الأمني فيما يخص المرحلة القادمة؟

....

5 ما هو تعليق المسؤول عن التهجير القسري؟

....

D	استمعوا وأكملوا الفراغات بالكلمات الناقصة.	د

Complete the following blanks, then listen again to check your answers.

وعن .... للمرحلة القادمة، أوضح .... أمن بغداد «اننا كأجهزة أمنية، .... بنا جعل جميع هذه .... التي تم ذكرها أمام أعيننا، لكن هناك .... أهم من الاولى تكمن في أن الجماعات .... لربما هي الآن .... في .... وضعها للبدء .... مرحلة جديدة. نحن متأكدون أنها ستخصص لما بعد .... ، في محاولة منهم................. هذا المشروع الذي ان تحقق يعني .... بشكل كامل، كما أن هناك أمرا آخر فقد عودونا بأنهم يختبئون فترة معينة فتنخفض شدة العمليات ليظهروا بعد فترة بنوع جديد من .... و...................... ، والأجهزة الأمنية على علم و.................... بذلك وجميعها استعدت لهذا الامر، وان تحسن الوضع الامني لا يعني التقليل من الانتباه، بل على العكس يزيد من انتباه .... تحسبا لمخططات الجماعات الارهابية».

أما بخصوص ملف التهجير القسري .... ، فقد أكد المسؤول الأمني «أن على كل الجهات .... هذا الملف بأسرع وقت ممكن، ونحن كمجلس .... معنيون ب...................... بالمواطن البغدادي، نرى ان من أهم .... للخطة الأمنية الجديدة ومن خلال قربنا من الشارع ، هو اننا لم نر بادرة أمل في .... الى مناطقهم، فكان الأولى بمشروع الخطة ان تضع في مقدمة اهتماماتها معالجة ملف المهجرين كنوع من .... ، خاصة وان حالة هذه العوائل لا تسر عدوا ولا صديقا وموسم الشتاء القادم سيكون .... حقيقية ستعصف بهم، وبنفس الوقت نرى أن من الجيد أن تتبنى هذه الخطة مشروع...................... على فرق الموت ومجاميع الموت والاغتيالات، وهي السبب الحقيقي وراء ملف التهجير».

E	أعطوا تلخيصا موجزا للنص مستعملين مايلي.	هـ

Provide a précis in Arabic for the text using the following words.

يحكي النص عن – يرى الكاتب – يستطرد الكاتب قائلا – يتحدث الكاتب عن – يمرّ إلى القول – يعلّق على.

Full transcript at page 282.

Arabic TV Extracts

الفصل العاشر: مقتبسات تلفزيونية

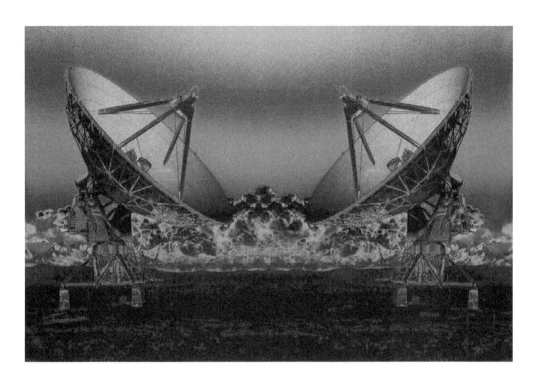

UNIT 35 الوحدة 35

A — أ

استمعوا واستخرجوا ثلاث أفكار أساسية.

Listen to the recording and list three of the main topics.

1 ....

2 ....

3 ....

B — ب

استمعوا إلى الشريط وأجيبوا بصحيح أو خطأ.

Listen again. Are these statements true (T) or false (F) ?

1 ☐ اسم البرنامج أكثر من رأي.

2 ☐ إعلان حالة الطوارئ ناتج عن تهديد الأمن القومي الأمريكي

3 ☐ نجح خليل زاد في إقناع بعض العرب السنة في المشاركة في العملية السياسية

4 ☐ تأثر العوامل الخارجية في استقرار العراق حسب السفير الأمريكي

5 ☐ عدم استقرار الوضع في العراق قد يؤدي إلى تفاقم الوضع الأمني في المنطقة بأسرها.

C — ج

استمعوا إلى النص وأجيبوا عما يلي.

Listen and answer the following questions.

1 ما مضمون البرنامج؟

....

2 متى أعلن بوش حالة الطوارئ القومية؟

....

3 ماهو النجاح الذي حققه سفير الولايات المتحدة في العراق؟

....

4 من يتزعم إثارة حرب أهلية حسب سفير الولايات المتحدة؟

....

5 ما الذي أضعف تماسك صفوف الحكومة العراقية وأدى إلى التوتر بين الطوائف العراقية؟

....

D	د استمعوا واملئوا الفراغات بالكلمات المناسبة.
Complete the blanks and then listen to the recording to check your answers.	

سيحدد البرلمان العراقي ذلك و............................... برلماني وكانت حكومة الوحدة الوطنية التي .... السيد المالكي إلى أن .... السيد الصدر و................ منها تمثل نسبة 89% من البرلمان وحتى بعد .... ما زالت نسبة 75% إلى 85% من .... البرلماني .... في الحكومة الوطنية ذات .... والولايات المتحدة .... العملية السياسية في العراق وتمثيل كل .... في البرلمان حتى الآن وخرج ذلك البرلمان .... الوزراء لذلك فإننا نساند رئيس الوزراء، أيضا أنا أعرف السيد علاوي جيدا و................ به علاقة جيدة وله حزب في .... يشغل 25 مقعدا لكن .... يتوقف حقا على العملية السياسية.

E	هـ أعطوا تلخيصا موجزا.
Write a précis of the text.	

Full transcript at page 283.

UNIT 36 الوحدة 36

الحصار في العراق، وانعكاساته على المرأة في المجتمع

A — أ *استمعوا إلى الشريط وأجيبوا بصحيح أو خطأ.*

Listen to the recording. Are these statements true (T) or false (F)?

1 ☐ ناصرة سعدون درست في العراق وبريطانيا

2 ☐ سعدون زوجة توفيق المختار وهو حاليا عضو المجمع العلمي في العراق

3 ☐ قضية تعدد الزوجات تنتشر بكثرة في البوادي منها في المدن

4 ☐ عرف العراق تقدما في القضاء على الأمية خلال الثمانينات

5 ☐ لم تعد الحكومة والمدارس تدعم الأطفال خلال الحصار

B — ب *استمعوا إلى الشريط وأجيبوا عن الأسئلة التالية.*

Listen again and answer the following questions.

1 ما إسم ضيفة الحلقة؟

....

2 ماذا تعمل الآن؟

....

3 ما هو موضوع الحلقة؟

....

4 ما هو وضع المرأة في القرن العشرين في نظر ناصرة سعدون؟

....

5 ما ذا تقول ناصرة سعدون عن تعدّد الزوجات في العراق؟

....

6 لماذا تسرّب الأطفال من الدراسة في نظر ناصرة سعدون؟

....

C ج استمعوا إلى الشريط وأكملوا الفراغات التالية.

Complete the following blanks, then listen to check your answers.

إذا أخذنا العصر .... على أنه يبدأ مع بداية القرن العشرين، فخلال العشرينات و................ مع استقلال العراق، أول ما بدأ كان .... والرجل في آن واحد، حين كانت تفتح المدارس كانت تفتح للمرأة والرجل يعني .... والفتيات، فبدأت أول موجات التعليم بالعراق، وبالتالي بدأ تعليم .... العراق، وكلما زاد.. اتسع تعليم المرأة أخذت مكانتها. في الدستور العراقي مع استقلال العراق ضمن للمرأة الحق .... مع الرجل في الأجر وفي فرص العمل، إذا .... أنه في خلال الأربعينات حين بدأت حركة الشعر الحر في العراق، كان .... الشعر الحر هم (نازك ....) ثم (بدر شاكر السياب) و............... فيما بعد إلى الوطن العربي. خلال الأربعينات و............... كان هناك العديد من النساء .... ، مهندسات، أستاذات، مدرسات، وفي جميع مرافق العمل، وهكذا و............... أخذت المرأة دورها في مجال العمل، وفي مجال الدراسة، الجانب .... إلى حد كبير، هو أن المرأة المتعلمة .... حين تتزوج وترزق بأطفال، كانت .... على الاستمرار بالعمل، وتستمر في قوة العمل ما دامت .... عليه وفي عمر الـ.

D د استمعوا وشطبوا على الحروف والكلمات الزائدة.

Listen again and cross out the additional material.

عطاء المرأة العراقية هو عطاء لا يتوقف كنهر الدجلة المتدفق رغم شح وقلة المياه، ربما تكون المرأة العراقية تحملت الكثير من أعباء الحصار المفروض على بلادها ما لم يتحمله أحد قط ، تحملته طفلة صغيرة، وأماً، وزوجة، وأرملة وأختاً، والقضية هذه ليست في كل ما سبق، وإنما كذلك في أن هذه المرأة قد تحملت من الغمز واللمز ما زاد الجروح ألماً وعمقاً، قضية نطرحها مع ضيفتنا الكريمة لهذا الأسبوع، الإعلامية العراقية ناصرة السعدون.

ناصرة السعدون من مواليد محافظة واسط في العراق في عام 1946م، حصلت على بكالوريوس اقتصاد وعلوم سياسية من جامعة بغداد عام 1966م، ودبلوم عالي في الاقتصاد من جامعة (بواتييه) في فرنسا. تشغل حالياً منصب مدير عام في وزارة الثقافة والإعلام وتترأس تحرير جريدة (بغداد أوبزرفر). هي كاتبة وروائية ومترجمة، صدر لها عدد من الكتب الكثيرة كما ترجمت عدداً آخر. أرملة المرحوم مصطفى توفيق المختار (عضو المجمع العلمي في العراق).

E	علقوا على ما قالته ناصرة سعدون: هل تتفقون معها؟	هـ
Comment in Arabic on what the interviewee has said: do you agree with Sa'dun?		

Full transcript at page 286.

قاموس المصطلحات: عربي – انجليزي

Media Arabic–English Glossary

Diplomacy

Come into force	أصبح ساري المفعول
Annul	ألغى (اتفاقية)
Contentious issues	أمور مثيرة للخلاف
Breaching of International	انتهك (أخل)
law	انتهاك القانون الدولي
Adopt a resolution	تبنى قرارا
International alliance	تحالف دولي
Diplomatic move	تحرك دبلوماسي
Common understanding	تفاهم مشترك
Reach an agreement	توصل إلى اتفاق
Authorise; authorisation	خوّل – تخويل
Ambassador	سفير
Diplomatic channels	الطرق الدبلوماسية
Conclude an agreement	عقد اتفاقية
Bilateral relations	علاقات ثنائية

Sever diplomatic relations	قطع العلاقات الدبلوماسية
Bilateral talks	محادثات ثنائية
Unanimous agreement	موافقة بالإجماع
Ceasefire	وقف إطلاق النار
Diplomatic drive (move)	تحرك دبلوماسي
Diplomatic immunity	حصانة دبلوماسية
Diplomatic mission	بعثة دبلوماسية
Diplomatic representation	تمثيل دبلوماسي
Resume diplomatic relations	استئناف العلاقات الدبلوماسية
Dovish party	حزب مؤيد للسلام
Public relations	العلاقات العامة
Legal advice	المشورة القانونية
Breaching the charter	انتهاك الميثاق
Negotiations	مفاوضات

Elections

Hold elections	أجرى انتخابات	**Election campaign**	حملة انتخابية
Delay; postpone elections	أجل الانتخابات	**Different degrees**	درجات متفاوتة
Abstain from voting	أحجم عن التصويت	**Diplomatic propaganda**	الدعاية المعادية
Contending parties	الأحزاب المتنافسة	**Prosperity**	الرفاهية
Current government	الإدارة الحالية	**Series of suggestions**	سلسلة من الاقتراحات
Announce; give statements	أدلى بتصريحات	**Transparency**	الشفافية
Opinion polls/surveys	استطلاع الرأي	**Wage war on**	شن حرب
Reveal the truth; uncover		**Social justice**	العدالة الاجتماعية
the truth	إظهار الحقيقة	**Public unrest**	عدم الارتياح الشعبي
Heavy turnout	اقبال كبير/كثيف	**Military action**	العمل العسكري
Secret ballot	اقتراع سري	**Invasion of Iraq**	غزو العراق
Absentee ballot	اقتراع غيابي	**Win a landslide victory**	فاز فوزا ساحقا
Cancel elections	ألغى الانتخابات	**Sweeping victory**	فوز كاسح
Free and fair elections	انتخابات حرة ونزيهة	**Undertook military action**	قام بعمل عسكري
General elections	انتخابات عامة	**International law**	القانون الدولي
By-elections	انتخابات فرعية	**Diplomatic channels**	قنوات دبلوماسية
Complete bias	انحياز مطلق	**Discover; reveal**	يكشف;كشف
In accordance with; in line with	بموجب	**Commissioned**	كلفت
Wide support	تأييد واسع	**International monitors**	مراقبين دوليين
Decline in popularity	تراجع في الشعبية	**Polling stations**	مراكز الاقتراع
Vote-rigging	تزوير الانتخابات	**Unambiguous issue**	مسألة واضحة
Vote in favour of	التصويت لصالح	**The near future**	المستقبل القريب
Strengthen its policies	تعزز سياساتها	**Feeling of unease**	مشاعر السخط
Provide recommendations	تقديم التوصيات	**Project; legitimate; lawful**	مشروع
Provide additional support	تقديم دعم إضافي	**Legal advice**	المشورة القانونية
Improving the image	تلميع الصورة	**Filling gaps**	معالجة الثغرات
Financing public		**Explicit stands**	مواقف معلنة
services	تمويل الخدمات العامة	**Resulted in**	ناجمة عن
Liberal Democrats	حزب الديمقراطيين الأحرار	**Electorates**	الناخبون
Labour Party	حزب العمال	**Election results**	نتائج الانتخابات
Conservative Party	حزب المحافظين	**Spread of ideas**	نشر المعلومات
Anti-liberty		**Ballot paper**	ورقة الانتخابات
governments	حكومات معادية للحرية	**Third term**	ولاية ثالثة

War and Military Action

Media apparatus	الأجهزة الإعلامية
Foreign invasion	الاحتلال الأجنبي
Invasion of Iraq	احتلال العراق
United Nations will	ارادة الأمم المتحدة
International terrorism	الإرهاب العالمي
Weapons of mass destruction	اسلحة الدمار الشامل
Nuclear, chemical and biological weapons	أسلحة نووية وكيماوية وبيولوجية
Set fire to	اضرام النيران
Reconstruction/rebuilding of Iraq	اعادة بناء العراق
The mother of battles	أم المعارك
Water and electricity supplies	إمدادات الكهرباء والماء
Final ultimatum	انذار نهائي
Broadcast/transmit	بث
Take place	تجري
Estimate	تراوح
Manufacture of biological weapons	تصنيع الأسلحة البيولوجية
Collect; take	التقط
Casualty evaluation	تقييم الخسائر
Undergo; sustain losses	تكبد خسائر
Bridges	جسر (ج) جسور
Republican Guard	الحرس الجمهوري
United Nations experts	خبراء الأمم المتحدة
Light losses	خسائر خفيفة
Casualties among civilians	خسائر في الأرواح المدنية
Supply line	خط الامدادات
Ammunition	دخيرة
Human shield	دروع بشرية
General public	الرأي العام
Heavy losses	خسائر فادحة (جسيمة)
Air raids; strikes	الطلعات الجوية
Military action	العملية العسكرية
Raids	غارة (ج) غارات
Air strike	القصف الجوي
Smart bombs	القنابل الذكية
Liberating forces	قوات تحرير
Air bases	القواعد الجوية
Refugees	لاجئ (ج) لاجئون
International community	المجتمع الدولي
Nuclear centres	محطات الطاقة
Artillery	مدفعية
Communication centres	مراكز الاتصالات
Quagmire	مستنقع
American military inspector	مفتش عسكري أمريكي
Armed resistance	مقاومة مسلحة
Military headquarter	المقر العسكري
Propaganda gains	المكاسب الدعائية
Terrorist organisation	المنظمة الارهابية
Disarmament	نزع السلاح
Deployment of forces	نشر القوات
Former regime	النظام السابق
Ousted regime	النظام المخلوع
Execute; carry out	نفذ ينفذ تنفيذ
Crude oil	نفط خام
Land, air and sea attack	هجوم بري وبحري وجوي
Withdraw its forces	سحب قواتها
American warships	سفن حربية امريكية
Public support	سند شعبي
Cruise missiles	صواريخ كروز

Economy

Short term	الأجل القصير	**Series of economic**	
Wages	أجور	**reforms**	سلسلة من الإصلاحات الاقتصادية
Taking the oath	أداء اليمين	**Witness**	شاهد
Profits	أرباح	**Partnership**	شراكة
Reconstruction	إعادة بناء	**Net profits**	صافي أرباح
Privileges and		**Business sector**	قطاع الأعمال
remuneration	امتيازات ومكافآت	**High court**	المحكمة العليا
With the pretext	بدعوى أن	**Ousted**	مخلوع
Oil-for-food		**Public prosecutor**	المدعي العام
programme	برنامج النفط مقابل الغذاء	**Annual growth rate**	معدل النمو السنوي
The World Bank	البنك الدولي	**Organisation for**	منظمة التعاون
European Central		**Economic Cooperation**	الاقتصادي
Bank	البنك المركزي الأوربي	**and Development**	والتنمية
Stock exchange	بورصة	**Recession**	كساد اقتصادي
Disparity of oil prices	تبيان أسعار النفط	**Compensation**	تعويض ، مكافأة
Tax cut	التخفيضات الضريبية	**Rational investment**	إستثمار رشيد
Payment of debts	تسديد الديون	**Rate of inflation**	معدل التضخم
Strengthening	تعزيز	**Rate of production**	معدل الإنتاج
Reducing expenditure	خفض الإنفاق	**Allocation of financial**	
Tax cut	خفض الضرائب	**resources**	تخصيص الموارد المالية
Weak dollar	الدولار الضعيف	**Market**	
Prime interest rate	سعر الفائدة الرئيسي	**saturation**	تشبع السوق ، إغراق السوق بالسلع

Law and Order

False allegation	ادعاء باطل	**Accessory to a crime**	شريك في الجريمة
Appealing against the verdict	استئناف الحكم	**Issuing of a resolution**	صدور قرار
International investments	الإستثمار الدولي	**Change**	الصرف
Issue a verdict/judgment	أصدر حكما	**Exchange**	صرف العملات
Lodging a case against	إقامة دعوى	**Deal**	صفقة
Loan	اقتراض	**IMF (International Monetary Fund)**	صندوق النقد الدولي
Goods	بضائع	**Contest the verdict**	الطعن ، النقد في الحكم
Abide by the law	التزم بالقانون	**Financial deficit**	العجز المالي
Libel	تشهير	**Judge**	قاض
Inflation	تضخم	**Civil law**	القانون المدني
Compensation	تعويضات	**Jurisdiction**	القضاء
Homicide	جريمة القتل	**Case**	قضية
Court hearing	جلسة المحكمة	**Criminal**	مجرم
Holding of breath	حبس الأنفاس	**Lawyer**	محامي
Civil liberties	الحريات المدنية	**High court**	المحكمة العليا
Freedom of expression	حرية التعبير	**Aggrieved**	مظلوم
Civil rights	الحقوق المدنية	**Gaining**	مكاسب
Arbitrate; adjudicate	حكم ، فصل في النزاع	**Civil servant**	موظف حكومي
Losses	خسائر	**Economic growth**	نمو اقتصادي
Civil action	دعوى مدنية	**Mediation, reconciliation and arbitration**	الوساطة والتوفيق والتحكيم
Developed countries	الدول الصناعية	**Financial position**	الوضع المالي
External debt	الديون الخارجية	**Adjudicates over disputes**	يفصل في المنازعات
General public	الرأي العام		
Adjournment	رفع الجلسة		
Interest rate	سعر الفائدة		

Natural Disasters

Number of casualties reached	بلغ عدد القتلى	**Strong waves**	أمواج عاتية
Earthquake	الزلزال	**Victims of flood**	ضحايا فيضانات
Affected by disaster	المنكوبين	**Survivors**	الناجون
Shelter	مأوى	**Stranded**	محاصرة
Exceeded	تجاوز	**Livestock**	الماشية
Survivors	الناجون	**Disaster**	الكارثة
Remote	النائية	**Strong flood**	فيضانات عارمة
Shelter the disaffected; homeless	إيواء المشردين	**Render homeless**	تشريد
Provide aid to the survivors	توفير الإغاثة للناجين	**Refugee**	نازح
Embark on digging	انكب على الحفر	**Erosion**	الإنهيارات الأرضية
Under the debris	تحت الأنقاض	**The number of casualties amounts to**	بلغ عدد القتلى
		Affected by disaster	المنكوبين

Answers

1.1 A

✗ 1   ✓ 2   ✗ 3   ✗ 4   ✓ 5

1.1B

1 لأنها شنت حربا على العراق

2 لأنه يخالف ميثاق الأمم المتحدة

3 يخالفه ويعتقد أن الغزو لايخالف ميثاق الأمم المتحدة

4 لم يصدر رد رسمي عن واشطن

1.1C

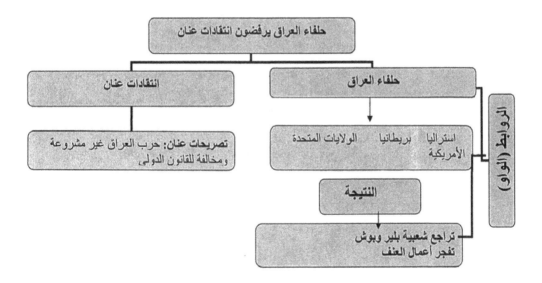

1.2B

1 أدلى الرئيس بتصريحات تتضمن سبلا للمحافظة على البيئة

2 صرّح الرئيس الأمريكي باحتمال انسحاب قواته من العراق

3 صدر رد رسمي إيراني يعلن استعداد إيران لمحادثات دبلوماسية

4 أصر وزير المالية على خطته المالية لإنتعاش الإقتصاد

5 وأضاف قائلا إن اقتصاد البلد في تحسن مستمر

6 أوضح الأستاذ بعض المعلومات الغامضة

7 أكد الطالب على ضرورة العمل الجاد خلال الموسم الدّراسي القادم

8 شكك زملاؤه في نيته القاضية بالتنحي عن منصبه

9 خلص الرئيس بعد مناقشات حادّة مع الكونغرس إلى الزيادة في ميزانية الدفاع

10 تساءل الناس عن سبب شنّ الحرب على العراق

11 وبشأن الأزمة النووية الإيرانية اتفق مجلس الأمن على فرض عقوبات اقتصادية على إيران

12 وفيما يتعلق بالحرب على العراق فقد أدلى عنان بأنهالم تحترم القوانين والأعراف الدولية.

2.1A

1 ✗ 2 ✓ 3 ✓ 4 ✓ 5 ✓

2.1B

1 دبلوماسية الولايات المتحدة نحو العالم العربي الإسلامي ومحاوتها تحسين صورتها في هذين العالمين

2 ارتفاع مشاعر الغضب والسخط نحو الولايات المتحدة / تضرر المصالح الأمريكية في الشرق الأوسط

3 من أجل تحسين وتلميع صورة الولايات المتحدة في العالم العربي الإسلامي

4 سببه سياسة الولايات المتحدة المنحازة لإسرائيل

5 القيام باتصالات فاعلة واستماع ذكي والعودة إلى الوسائل التي تمّ التخلي عنها بعد الحرب الباردة

2.2A

1 انحياز 2 كلفت 3 تحسين 4 ناجم 5 أوصت 6 وضع

2.2B

1 كشف 2 فرض 3 الدعم 4 لتنامي 5 النظر 6 حدا
7 صانعي 8 العدل

2.2D

تحاول – القديمة جدا – عينت – الفجوات – أحاسيس الغضب – ناتجة – مثلا – تعطي – تلميع

2.2F

يسعى حلفاء حرب العراق عبر قنواتهم الدبلوماسية إلى استبعاد الحاجة البراغماتية لمصالحهم وسرعان ما تكشف مواقفهم ....وانحيازهم ...... خطاباتهم

3.1A

1 ✓	2 ✗	3 ✓	4 ✗	5 ✓	6 ✓

3.1B

1 استئناف علاقات بلادها الدبلوماسية مع ليبيا
2 لأنها توعدت بنبذ العنف وتعاونها مع الولايات المتحدة الأمريكية
3 وصفتها بأنها فاتحة لعهد جديد في العلاقات بين البلدين
4 رحبت ليبيا بالإعلان الأمريكي
5 طالبت رايس إيران وكوريا الشمالية نهج منهج ليبيا

3.1C

1 وصلت المحادثات ين البلدين إلى طريق مسدود
2 عقد مجلس الأمن جلسة طارئة لدراسة الوضع في الشرق الأوسط
3 قامت إسرائيل بقرار أحادي الجانب يقضي بالإنسحاب من غزة
4 أحالت الولايات المتحدة الأمريكية القضية النووية الإيرانية إلى مجلس الأمن
5 اعتبر البعض شن الحرب عى العراق خرقا للقانون الدولي
6 تخوف البعض من استنفاذ الطرق الدبلوماسية مما يؤدي إلى الحرب بين الجانبين
7 عقد اجتماع لدراسة الحد من إنتشار أسلحة الدمار الشامل
8 قام الرئيس بزيارة مفاجئة للشرق الأوسط
9 طورت كوريا الشمالية صواريخ ذات المدى البعيد

3.1D

4 – 2 – 6 – 1 – 3 – 5

3.1E

1 متابعة ، مواصلة

2 إزالة

3 التخلي عن

4 تنهج منهج

5 تتماثل مع

3.2A

1 برّرت الطالبة غيابها بمرض أبيها

2 دعت وزيرة الخارجية البريطانية إلى اطلاق سراح المعتقلين الإيرانيين

3 جاء خطاب الملك في وقت متأزم بين الشعبين

4 رحّب الرئيس بمبادرة الحل السلمي في الشرق الأوسط

5 أ وضح ممثل روسيا أن بلده يعارض أي استخدام للقوة ضد سوريا

6 أقر وزير الداخلية البريطاني بعدم دقة المعلومات الإستخباراتية عن العراق

7 طالب الرئيس اللبناني كل اللبنانيين إلى الوحدة ونبذ العنف الطائفي

8 وافق مجلس الأمن على وضع عقوبات اقتصادية على كوريا الشمالية

3.2B

بـ – بـ – لـ – مع – على –

3.2D

1 حل 2 نفذ 3 صدر 4 لحفظ 5 تحرك 6 علق

7 لخوض

4.1A

1 ✗ 2 ✗ 3 ✗ 4 ✗ 5 ✗ 6 ✓ 7 ✗ 8 ✓

4.1B

1 الدبلوماسية هي الخيار لحل الأزمة النووية الإيرانية
2 لم يرد كتابة على رسالة الرئيس الأمريكي
3 تحدث عن غزو العراق وحق إسرائيل في الوجود وعملية تغطية أمريكية لهجمات سيبتمبر
4 لم يتم الإتفاق عن أي شئ
5 إن واشنطن أخفت جوانب من الحقيقة فيما يتعلق بأحداث الحادي عشر من سيبتمبر
6 بمناشدة بوش بالعودة إلى الدّين

4.1C

1 تبقى الدبلوماسية هي الحل الوحيد وأظن أننا سنصل إلى حلّ لهذه الأزمة
2 لم يفصح عن مضمون الرسالة التي تبلغ 18 صفحة
3 أخفق الوزراء في الوصول إلى حل حول التعاطي مع الأزمة
4 دعا الرئيس الإيراني الرئيس الأمريكي إلى الرجوع إلى الدين

4.1D

1 احتوت على
2 بحجة
3 سرّا
4 محسوس
5 خوفا من وقوع
6 يعطي ، يمنح
7 حظوظ ايجاد ، إمكانيات ايجاد

4.2A

1 نسب إلى مراسل هيئة الإذاعة البريطانية ببغداد أن الجيش الأمريكي اعتقل زعيم المقاومة العراقية
2 لم يتمكن الطالب من الحصول على الدرجة الأولى
3 جاءت الرسالة في الوقت الذي يعرف فيه البلدان توترا دبلوماسيا
4 في هذا الخصوص قال الرئيس إن الدبلوماسية هي الطريق الوحيد لحل الأزمة

5 وفي جزء آخر من القرار الصادر ضد إسرائيل ينص على تجميد كل المستوطنات في قطاع غزة

6 تبنت الدول الأعضاء القرار القاضي بإدانة حزب الله

7 ناشد الرئيس العراقي نظيره الأمريكي بالتفكير جدا في الخيار العسكري

4.2B

إلى – على – لـ – بـ – إلى – من – في – إلى

4.2E

1 تبقى 2 الصدد 3 ناحية أخرى 4 يجيب 5 تنطوي 6 تحتوي

5.1A

1 ✗ 2 ✓ 3 ✗ 4 ✗

5.1B

1 الخروج من الأزمة الحالية

2 من وزير الخارجية الألماني والفرنسي ووزير الدولة البريطاني

3 الأردن ومصر

4 العنف يولد العنف

5 تبادل الأسرى

6 روسيا – بريطانيا – فرنسا – مصر – الأردن – السعودية – إيطاليا والولايات المتحدة

7 حث الدول العربية على الضغط على حزب الله

5.2A

1 من المقرر أن يجتمع الرئيسان على هامش القمة العربية

2 اعتبر بوش سوريا وإيران وراء تجنيد حزب الله

3 تأتي هذه الزيارة قبل مشاورات ومحادثات بين رئيسي الشعبين

4 تتواصل الحملة الإنتخابية في بريطانيا اليوم لإختيار رئيس البلد

5 طالبت الدول الأوربية حزب الله بإطلاق سراح الجنديين الإسرائليين

5.2B

1 إطلاق 2 طاولة 3 مسؤولية 4 توصل

5.2D

1 الحدود 2 الصراع 3 هائلة 4 المتضررين 5 الأمني 6 قتال
7 اتفاق

5.2E

1 لتجنب الحرب على العراق
2 القصف الجوي الإسرائيلي على مساكنهم
3 إلى الجلوس على طاولة المفاوضات لحل المشاكل العالقة
4 حتى يتم تسليم الجنديين المختطفين من قبل حزب الله
5 لما لحق سكان شرق آسيا من كوارث طبيعية

5.5B

1 ✓ 2 ✗ 3 ✓ 4 ✓

5.5C

1 ارتيريا وتشاد
2 لأنه يفرض الوصاية على البلاد وإعادة استعمارها
3 بأنها في أحسن مراحلها منذ اندلاع الحرب
4 وقف دعم الفصائل المسلحة
5 انتصار للسودان

5.5D

بإبعاد – عناصر – إقامة – علاقات – الجوار – المنافع- ستفرض – والمسؤولين – مماثلة – مماثل – الأخيرة – القرار – في هذا الشأن – المسوؤلين – نقضت – الإتفاق.

6.1A

1 ✗ 2 ✗ 3 ✗ 4 ✓ 5 ✗

6.1B

1 الفوارق والتباينات بين برامج الأحزاب المتنافسة
2 الحرب على العراق
3 على الناخبين أن يقرّروا إذا ما كانوا سيثقون به
4 بأن حزب العمال خائف منه وأن حزب المحافظين حزب الأمس
5 ضد شنّ الحرب على العراق
6 حذّر من تحول الناخبين العماليّين عن حزب العمال

6.1C

1 في المرحلة التي تعرف صراعات واشتباكات سياسية بين المرشحين
2 يشير المرشحون إلى الإختلافات بين برامجهم الإنتخابية
3 سيفوز المحافظون إذا تمّ التصويت لصالح الديمقراطيين
4 تعد الحرب على العراق من أهم المواضيع تأثيرا على الإنتخابات

6.1D

1 الإختلافات 2 الأهم 3 لامت 4 يريد 5 لم يقرّروا بعد 6 يبيّن
7 متابعة 8 متعطّش

6.2A

1 أشارت وزيرة البيئة إلى بذل جهود للمحافظة على البيئة
2 طعن الحزب المعارض في سياسة الحكومة الخارجية
3 أبدت الملكة تخوفها من إنتشار أسلحة الدمار الشامل
4 انتقدت منظمة حقوق الإنسان معاملة الأسرى العراقيين
5 رحب الرئيس الأمريكي بتصريح ليبيا بالتخلي عن برنامجها النووي

6 عبّر رئيس الوزاء الفلسطيني عن فرحه لتشكيل الحكومة الوطنية
7 بدا الإختلاف واضحا بين روسيا وأمريكا فيما يخص حقوق الإنسان في روسيا
8 وبدوره دافع الرئيس الإسباني عن قرار بلده سحب قواته من العراق
9 أعرب مجلس الأمن عن أسفه للزلزال الذي ضرب باكستان وخلف ضحايا.
10 تساءل الرئيس عن سبب احتجاز رهائن أمريكيين في كوريا الشمالية.
11 هاجم صدام حسين الرئيس الأمريكي قائلا إن الحكومة الأمريكية متعطشة لنزف دماء أبناء بلده.
12 اتهم مجلس الأمن الدولي ايران بتطوير أسلحة الدمار الشامل.
13 ردّ بلير قائلا إن الحرب على العراق سببها وجود أسلحة دمار شامل في البلد.
14 بين وزير المالية بوضوح سبب عجز ميزانيته.
15 عبّر رؤساء العالم عن قلقهم لما يجري في بورما.
16 وبخصوص التعاون البريطاني السعودي في مجال مكافحة الإرهاب قال وزير الخارجية البريطاني بأن السعودية تلعب دورا مهما في هذا المجال.
17 وضّح الرئيس السوري نقطة الخلاف بينه وبين الحكومة الأمريكية فيما يتعلق بالقضية اللبنانية.
18 أجاب الوزير بكل ثقة بأن أعمال العنف سيتم القضاء عليها في المستقبل القريب.

6.2B

إلى – عن – مع – على – إلى – عن

6.2E

" ودعا بلير الناخبين العمّاليين إلى عدم التخلي عن حزبه والتصويت لصالح الديمقراطيين لأن ذلك قد يساعد المحافظين على الفوز بالإنتخابات. أما تشارلز كندي فقد حذر الناخبين من عدم الثقة في حزب العمال والمحافظين في قضية حرب العراق. ويبدو أن 30% من الناخبين البريطانيين لم يقرروا بعد لمن سيدلون بأصواتهم".

7.1A

1 أبدت ترحيبها بفوز بلير
2 هو ضرورة التمتع بالصراحة وأخذ الحيطة والحذر في المستقبل

3 أشارت إلى عزم زعيم المحافظين عن التنحي عن رئاسة الحزب. وعلقت عن مدى جدارته للتقدير والإحترام بسبب جهوده التي بذلها خلال ولايته.

4 وصفت إنجازات الليبراليين بأنها متواضعة.

5 علقت على أنه ليس من حق الدخلاء أن يدسوا أنوفهم في قضية تنحي بلير عن السلطة لبراون.

7.1B

1 Put an end to.

2 Sweeping victory.

3 The multi-party system is the essence of democracy.

4 The first round of the parliamentary elections.

7.1C

1 اهتم   2 رحبت   3 سخرت من   4 يتصدر   5 تعزيز   6 يحتوي على – ينبني على

7.2A

1 انصب اهتمام الصحب البريطانية على ظاهرة الهجرة من أوروبا الشرقية إلى بريطانيا

2 خصصت صحيفة الحياة مساحة للحديث عن القمة العربية الأخيرة

3 وأشارت صحيفة الشرق الأوسط إلى مبادرة السعودية لحل الأزمة العربية الإسرائيلية

4 علقت صحيفة الحياة اللبنانية في عددها الصادر اليوم على اجتماع الحكومة بحزب الله لتجاوز الأزمة الداعية لتنحي الحكومة

5 وصفت صحيفة العرب إنسحاب سوريا من لبنان بانه انتصار للمعارضة السورية في لبنان

6 وخلصت الصحيفة إلى القول أن سوريا لعبت دورا مهما في نشر الأمن في لبنان

7 انتقدت صحيفة التايمز الأردنية التدخل الإسرائيلي في الأوضاع الفلسطينية

7.2B

إلى – إلى – على – عن – على – على

7.2C

1 الرسالة التي تمخضت عنها الانتخابات

2 بسبب تدني مؤشر شعبيته

3 انتقال بخطى ثابتة نحو اليسار

4 ما إن أعلنت النتائج حتى أخذوا يتساءلون متى سيتنحى بلير عن السلطة لمنافسه

5 بلير يعد من الحلفاء المتميّزين للولايات المتحدة الأمريكية

6 إنجازات الحزب الديمقراطي الليبرالي بأنها متواضعة

8.1A

1 الفائز هو زعيم المعارضة فكتور يوشنكو

2 ألغيت بسبب وقوع تزوير

3 قال إن ذلك نصر للشعب الأكراني وأكد أن دولته أصبحت حرة ومستقلة

4 شبّه الكاتب المناظرة بحلبة للصراخ

8.1B

1 تفتح مراكز الإقتراع أبوابها مبكرا

2 يتوجه الناخبون إلى صناديق الإقتراع للإدلاء بأصواتهم

3 بعد إغلاق مراكز الإقتراع أبوابها تتم عملية فرز الأصوات

4 تعلن نتائج الإنتخابات ويحدد الفائز

5 تعد الإنتخابات حرة ونزيهة

8.1C

1 يتّجه الناخبون إلى صناديق الإقتراع

2 ترحب مراكز الاقتراع بالناخبين

3 يتّم الإدلاء بالأصوات في سرّية تامة

4 يتّم فرز الأصوات

5 إعلان المرشح الفائز

8.1E

1 أريد – فوز

2 تجمع – مدعّمي – المسرورين/الفرحين

3 الصحيح – الصائب – اللائق

4 التحق بـ

5 عبّر عن

8.2A

1 يتوقع	2 نسبت	3 ألقى	4 أفادت	5 وجّه

9.1A

1 لأنها تشجع على تعدد المرشّحين والتنافس بينهما

2 الأحزاب المشاركة هي: فتح – حزب الشعب الفلسطيني – والجبهة الديمقراطية لتحرير فلسطين

3 من أجل تمكين الشعب الفلسطيني من إنتخاب رئيسهم بحرية

9.2B

1 خاطب	2 طعنت	3 توجه	4 تشير	5 تمكن	6 أظهرت
7 ترأس	8 قبل	9 عشية	10 تفتح	11 كرس	12 تلميع

9.2D

1 تشعبا	2 تقاليد	3 الحضارية	4 المحسوبية	5 يشجبها	6 نشعر
7 خدمة	8 العليا	9 نكران	10 الإعتراف		

9.2E

1 و	2 ز	3 ح	4 ط	5 ي	6 أ	7 ب
8 ج	9 د	10 هـ				

9.4B

1 F 2 T 3 T 4 T 5 F 6 T

9.4C

1 أعطت عبد الله صالح تقدما بنسبة 80 %

2 كانت مرتفعة ولاسيما في صفوف النساء

3 28 عاما

4 3 مرشحين

5 21 مليون نسمة

9.4D

1 أغلقت (صناديق الإقتراع) أبوابها أمام الناخبين في وقت متأخر من يوم الأربعاء

2 تنافس في الانتخابات ثلاثة مرشحين ضد الرئيس الحالي علي عبد الله صالح

3 يوما بدون سلاح

4 السيدات كانت اكثر من اعداد الرجال عند بدء عملية الاقتراع نسبة المشاركة كانت مرتفعة، لاسيما في صفوف النساء

5 أفاد مراسلنا أن بعض الانتهاكات سجلت في بعض الدوائر

9.4E

اللجنة – العليا – النتيجة – النهائية – الإقتراع – الحالية – أضواء – كاميرات – أنباء – إندلاع – القتال – الإفصاح – اشتباكات – تبادل – اتهامات –

10.1A

1 F 2 T 3 T 4 F 5 T

10.1B

1 إن هذه الممارسات تشكل إساءة لإستقرار الوطن وأمنه
2 يواجهون أشد العقوبات
3 هتاف جمهور الفتوة لصدام بينما شتم برزان وطالباني
4 لا ، تعدّت لتشمل مدن عامورة ورأس العين والحسكة

10.2A

1 أعلن عن تكوين لجنة لمكافحة أعمال الشغب في البلد
2 جرت أحداث شغب بين مشجعي الفريق الإنجليزي والفريق الفرنسي
3 ذهب ضحية الزلزال الذي ضرب آسيا 99 قتيلا
4 انتشرت الفوضى بعد اغتيال الرئيس
5 تهدد الحركات المسلحة أمن واستقرار البلد
6 حكم على الخارجين عن القانون بعشر سنوات سجنا
7 سيحاكم كل من يساهم في ارتكاب أعمال العنف في البلد
8 العبث بأمن البلد شئ مخالف للقانون الدولي
9 اندلعت اشتباكات بين الجيشين عند الحدود
10 اقتحمت قوات محاربة الشغب الملعب لإخماذ نار العنف
11 تضاربت الأنباء حول خبر مقتل الرئيس
12 خضع المجرم للمساءلة بعد إلقاء القبض عليه

10.2B

1 اقتحام 2 أسفرت 3 مقتل 4 عمّت 5 تخريب 6 صرّح 7 تهدّد
8 لمح 9 اندلعت 10 استخدام

10.2C

إلى – بـ – بـ – مع – من – بـ – على – في – عن

11.1A

✗ 1   ✓ 2   ✓ 3   ✓ 4   ✓ 5

11.1B

1 ليلتين متواليتين

2 مقتل مراهقين بعد أن صعقهما التيار الكهربائي أثناء فرارهما من الشرطة

3 دعا إلى التزام الهدوء وأكد استعداد السلطات لإعادة الأمور إلى نصابها حتى لاتصبح خطيرة

4 بتعزيز الأمن في الضواحي

5 فشلت خطته حسب الإشتراكيين

11.1C

1 منحصرة ، مقتصرة   2 ازدادت   3 الفوضى   4 سلبية   5 مسرورا

11.1D

1 وكانت أحداث الشغب قد انحصرت في البداية في ضواحي باريس، غير أنها انتشرت إلى ما وراء العاصمة الفرنسية

2 أعمال الشغب في المناطق المحيطة بباريس قد خفت حدّته بالأمس

3 يطبق سياسة "اللا تسامح" إزاء العنف

4 وتكافح قوات الشرطة والأجهزة الأمنية في فرنسا من أجل إعادة الهدوء

5 العنف في ضواحي باريس يظهر فشل سياسات ساركوزي الصارمة

6 طالبت الشرطة بمساعدة قوات من الجيش الفرنسي

11.2A

1 عمّت أحداث الشغب مدينة باريس

2 اقتصرت أعمال العنف على المدن الكبرى

3 اندلعت اشتباكات بين الشرطة والمتظاهرين

4 سيتولى الجيش إعادة الأمن والهدوء إلى المدينة

5 تؤكد الحاجة إلى تدخل الجيش لإعادة الأمن

6 أدت أعمال العنف إلى مقتل عدد من المتظاهرين

7 تزايدت حدة العنف والشغب في المدينة

8 التهمت النيران الممتلكات العامة والخاصة في أغلب المدن الفرنسية

11.2B

في – على – إلى – من – على – في – في – على – على – في

11.2C

1 Heated

2 The fire consumes

3 Impose a curfew

4 Left; caused

5 As a result of

6 Erupted; broke out

7 Calm returned to

8 Open fire on

12.1A

1 على مقترح يدعو الحكومة إلى محاكمة الجنود الأمريكيّين

2 حادث سير

3 للحد من أعمال العنف والشغب

4 نفى أن يكون الجنود قد أطلقوا النار مباشرة على الحشد الغاضب

5 عشرون شخصاً

6 مجهول عرّف نفسه بأنه الملا أحمد، أحد قادة طالبان

12.1B

4 – 1 – 5 – 6 – 2 – 3

12.1C

1 انتشرت
2 ضرب
3 جموع
4 المتلاعبين
5 أذان
6 وقوع – حدوث

12.2A

1	اندلعت	2	موجة	3	خلفت	4	بتنفيذ	5	استهدفوا	6	الأولى
7	تنحني	8	محاولة	9	تخطط	10	خضع	11	للاستجواب	12	الشرطة

12.3A

4 – 3 – 2 – 1

12.3B

1 تتسع
2 على غرار
3 ترافقت
4 اضرمت النيران
5 إلقاء الحجارة
6 شعور لا يطاق

12.3C

1 تواصلت أعمال الشغب لليلة الثانية على التوالي
2 وسط مخاوف من أن تتسع
3 سجال سياسي بين الحكومة واليسار

4 واضرمت النيران في سيارة

5 وكان موت الشابين الشرارة التي أشعلت الضواحي الفرنسية

6 وتغذية النزاع السياسي

12.3D

تصريحات – أدلى – بها – المجاورة – أعلن – خلالها – إيقاع – يسمح – لهم – اليسار – الجمعيات – الضواحي – التدابير – تأثيرها – الأسوأ

13.1A

1 ✓ 2 ✗ 3 ✓ 4 ✓ 5 ✓

13.1B

1 لوس أنجليس وفرنسا

2 نسبة البطالة العالية والتمييز العرقي وسوء المعاملة بين الشرطة والسكان

3 بمهاجمة سائق شاحنة من البيض

4 خمسة أيام خلفت 52 قتيلاً و2383 مصاباً وبليون دولار خسائر مادية

5 ثورة السود على الظلم

6 تقليص النفقات الفدرالية إلى جمعيات الأحياء

7 هو استبدال الوظائف الصناعية بوظائف خدماتية

13.2A

1 هزت أعمال الشغب ضواحي باريس

2 تعرض مواطنون من أصول أفريقية إلى تمييز عرقي

3 لم تلبث المظاهرات المنظمة في العاصمة إلى الانتشار في ضواحيها

4 يتستّر الصديق على جريمة صديقه

5 ارتكبت الحكومة خطيئة كبيرة

6 تمخض عن أعمال الشغب قتلى وجرحى

13.2B

1 القاسي – الشديد

2 جانب الطريق – الرصيف

3 اشتعال – إزالة/خلع

4 الفجوة

5 أصابت

13.2C

1 حذرت	2 أنحاء	3 منشآت	4 الرد	5 الشغب	6 حظراً

7 اندلاع   8 طائفية   9 وقعت   10 الهجمات

13.2D

1 لإيقاف العنف والفوضى في الشوارع

2 في ارتفاع الجرائم والتعاطي للمخدرات

3 للشباب العاطل عن العمل

4 إلى المدن الجنوبية من البلاد

5 على حظر التجول في مناطق الشغب

14B

1 لإستخدامها الغير المتناسب للقوة

2 حزب الله لإشعاله فتيل العنف

3 لمنع سقوط مزيد من الأرواح البريئة

4 طالبت بوقف إطلاق النار

5 إرهاب دولة

6 يعارضون تدخل الإدارة الأمريكية في الصراع الدائر في الشرق الأوسط

7 لا

14D

1 أدان عنان الإستخدام المفرط للقوة

2 وقف إطلاق النار سيسمح لعمال الإغاثة بالوصول إلى من يحتاجون للإغاثة

3 سيعطي للدبلوماسية فرصة لإيجاد سلسلة من الحلول العملية الكفيلة بوضع تسوية دائمة للأزمة الراهنة

4 منتقدة بشدة استخدام إسرائيل المفرط للقوة

14E

ممرّا – إنسانيا – لإتاحة الفرصة – الذي تضربه – مسؤولون إسرائليون – لأسباب إنسانية – اجلت – آخر – الدول – سفننا حربية – جانب – مواطنين

15.1 A

F 5   F 4   T 3   T 2   F 1

15.1B

1   1991

2 مقار عسكرية وقواعد جوية ومباني حكومية

3 قتلى مدنيين وانقطاع إمدادات الكهرباء والمياه عن بغداد

4 استخدامهم كدروع بشرية

5 100 ساعة

15.1C

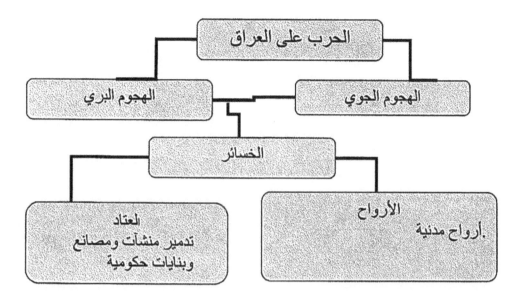

15.1D

$$1 - 4 - 7 - 6 - 3 - 5 - 2 - 8$$

15.2A

1 وجّه وزير الخارجية الإيراني نقدا لاذعا لبوشا على سياسة الخارجية

2 استغلت المعارضة ضعف الرئيس السياسي فقامت بمحاولة إنقلاب فاشلة

3 اكتسح الجيش القرى والمدن الأفغانية

4 تكبد الجيش خسائر فادحة في الأرواح والعتاد

5 دعا مجلس الأمن إلى إطلاق سراح كل المعتقلين خلال الحرب

6 وقع الطرفان إتفاقية الهدنة والرجوع إلى المفاوضات

7 تمّ العثور على مقابر جماعية في ضواحي بغداد

8 أصدر مجلس الأمن قراراً ينصّ على نزع أسلحة حزب الله

9 فرضت قوات محاربة الشغب السيطرة على أماكن الشغب

10 استخدم صدام حسين الأسرى الكويتيين كدروع بشرية

15.2B

1 شنت أمريكا حرباً على أفغانستان

2 استغلت المعارضة تدني شعبية الرئيس

3 اكتسح مرض الإيدز افريقيا

4 تمّ إطلاق سراح بعض معتقلي غوانتنامو

5 تمّ توقيع اتفاقية الحد من أسلحة الدمار الشامل

6 تمّ العثور على مقابر جماعية في البوسنة

7 تمّ إصدار قرار ينص على منع التّدخين في الأماكن العامة

15.2C

1 شنّت

2 نفّذت

3 ضحايا

4 خسائر

5 اقتحمت

6 أنزلت

7 إضرام

8 وقف

16.1A

1	T	2	T	3	F	4	T	5	T

16.1C

1 عرفت

2 شجاع

3 إبعاد

4 احتجز

5 لهيب

16.1D

1 الاجتياح الإسرائيلي للبنان

2 يصبح مجدداً ساحة لحروب الآخرين

3 حزب الله يتحرك بشكل انفرادي

4 حزب الله يسخر قوته العسكرية لخدمة لبنان

5 لم يكن ليتحلى بكل تلك الجرأة في عمليته لو لم يكن قد حصل على تأييد أو تشجيع من جانب الحكومتين السورية والإيرانية

6 (أما بالنسبة) لإسرائيل فهي تجني ثمار ما زرعته

16.1E

1 كحزب سياسي لبناني يحظى بالشرعية الإنتخابية

2 بالتصعيد واللجوء إلى أسلوب غير متوازن في الرد على اختطاف الجنديين

3 على حزب الله في اندلاع الأزمة

4 كل من إيران وسورية وبعض الجماهير الإسلامية

5 جماح قوة حزب الله المنتشرة في جنوب لبنان

6 المدنيين العزل وهدم بنية البلد التحتية

16.2A

1 السلم

2 الاختلاف

3 أخمد النار

4 تزرع

5 سهولة

6 ارتفاع

7 بانقطاع

16.2B

1 بتأييد　2 فشلت　3 تطوير　4 بأبراج　5 الجريئة　6 اختطاف

7 المفاوضين　8 المنسق　9 الصدفة　10 اللقاء　11 بالفشل　12 نفسها

13 مخرج　14 تخصيب

17.1A

1 F　2 T　3 F　4 T　5 F

17.1B

1 7 اكتوبر 2001

2 لأنه المتهم الرئيسي في هجمات 11 سبتمبر

3 بدأ الهجوم على أفغانستان

4 قندهار – جلال آباد – مزار الشريف – كابل

5 كإجراء دفاعي ووقائي

6 هدفها تدمير منشآت الرادار وبرج المراقبة

Verbs in sentences. The following exercise is not in the text. Read them and see how the underlined verbs are used in sentences.

1 أطلق صاروخ كروز على مدينة قندهار

2 شنّت قوات التحالف موجة من الغارات على أفغانستان

3 قصف معسكر تدريب للقاعدة في أفغانستان

4 ساد الظلام عقب انقطاع الكهرباء في المدينة

5 أدت الهجمات إلى سقوط ضحايا من المدنيين العزل

6 تعرض السجناء العراقيون للتعذيب في سجن أبو غريب

7 استهدف القصف أبراج مراقبة العدو

8 صرحت مصادر موثوق بها أن الرئيس في حالة مرض مزمنة

9 أصيب الجندي بجروح خطيرة في رأسه

10 أصيب السائق بجروح طفيفة خلال حادث سير

17.1C

أطلق – دويّ – خروج – ساد

17.1D

1 شهدت العاصمة كابل غارات جوية عنيفة أدت إلى انقطاع الكهرباء

2 استهدف الهجوم الجوي كل المدن الأساسية في أفغانستان

3 بدأ الغزو البري بمساعدة قوات التحالف الشمالي

4 تراجعت قوات طالبان إلى مدن الجنوب كقندهار

5 أدى الغزو إلى حدوث خسائر مادية و بشرية

17.2A

1 أدلة دامغة

2 يستند

3 خطوة مهمة

4 انحسار المقاومة

5 علانيا

17.2B

1 وضعت الحرب أوزارها

2 النور

3 الحليف

4 تخفيف

5 السلم

6 سراح

17.2C

1 أدلى بوش بخطاب قال فيه أن الولايات المتحدة ستفوز في حربها على الإرهاب

2 أعلنت منظمة حقوق الإنسان انتهاكات في اقليم دارفور وطالبت المجتمع الدولي بالتدخل لتحسين الأوضاع

3 التقى أعضاء مجلس الأمن اليوم لمناقشة برنامج كوريا النووي

4 دعا رئيس الوزراء البريطاني بلير المسلمين في بريطانيا إلى التصدي لكل أشكال الارهاب

18.1A

1	T	2	T	3	T	4	T	5	T	6	T	7	F

18.1B

1 بعد أن وافقت الحكومة المصغرة بالإجماع على توسيع نطاق العمليات العسكرية

2 يحتاج بين عشرة أيام وأسبوعين

3 تنظيف للمنطقة من عناصر حزب الله

4 أكد التلفزيون مقتل 3 جنود إسرائيليين بينما لم يؤكد ذلك الإسرائيليون

5 من أجل منع نقل أسلحة لحزب الله

6 استبعاد وقف اطلاق النار قبل أن تحقق اسرائيل أهدافها. سيستمرّ القتال ولاوقف لإطلاق النار.

18.2B

1 خرج – انسحب

2 رفض

3 مكبر

4 خفيفة

5 الدخول – الولوج

6 مستمرة

7 تصغير

18.2C

1 وقوع

2 ايقاف

3 فادحة

4 أوزارها

18.2D

عن – لـ – وراء – لـ – بـ – لـ – على

18.4A

4 – 6 – 1 – 7 – 3 – 5 – 2

19.1A

T **5**	T **4**	T **3**	T **2**	F **1**

19.1B

1 بريطانيا والولايات المتحدة الأمريكية - لأن لهما القدرة على استعراض التجاوزات

2 من مبيعات النفط إلى الأردن وتركيا

3 لأنهما حليفان لهما

4 لتركيز على أخطاء الأمم المتحدة وتجاهلها أخطاء مجلس الأمن

19.2A

1 اعتبر

2 أشاد

3 خروقات

4 أصاب

5 يسهر

19.2B

1   التي تعمّ أحياء بغداد يوميا

2   لامتلاك كوريا الشمالية أسلحة الدمار الشامل

3   يعبّر فيها عن قلقه لما يجري في لبنان

4   المفاوضات مع إيران حول نيتها امتلاك أسلحة نووية

5   الذي ينص على استخدام القوة حيال العراق

6   بتشطيب ديون الدول الفقيرة

19.2C

1   لأنهما سمحتا بصادرات نفط غير مراقبة استغلها الرئيس العراقي المخلوع صدام حسين

2   عدم وجود جهة قادرة ماليا على تعويض جيران العراق عن خسائرهم التي لحقت بهم جراء العقوبات التي فرضتها الأمم المتحدة على بغداد

3   وانتقد الأمين العام للأمم المتحدة تركيز بعض وسائل الإعلام الأميركية على الأخطاء التي ارتكبتها الأمم المتحدة في ما يتعلق بتطبيق برنامج النفط مقابل الغذاء، وتجاهلها لأخطاء مجلس الأمن الذي كان يشرف مباشرة على تطبيق البرنامج

4   وكان تقرير خاص بنتائج التحقيق قد برأ نهاية الشهر الماضي أنان من مزاعم بالفساد في البرنامج الأممي، غير أنها اعتبرته مخطئا فيما يخص إجراء تحقيق في تعيين ابنه موظفا بشركة كوتنكا

19.2D

1   الإبتعاد

2   انجاز

3   ايجاد

4   الإنخراط

5   الإستجابة

19.2F

1 – 2 – 3 – 6 – 4 – 5

20.1A

1 T 2 F 3 T 4 T

20.1B

1 فاترا
2 غريبا
3 الحد من الإنفاق
4 خفض العجز المالي

20.2A

1 اتسم = تميّز
2 يسفر = ينتج عنه
3 في شأن = فيما يخص
4 سيل = أمواج
5 يدرك = يعلم
6 انتهاج = إتباع

20.2B

1 يتوقع الرئيس انخفاض عجز الموازنة بعد خفض الإنفاق الحكومي
2 ستزيد أوبك من حجم إنتاجها السنوي تلبية للطلب العالمي
3 انخفض سعر البرميل الواحد بعدما وضعت الحرب أوزارها
4 أعفت الدول المتقدمة دول العالم الثالث من ديونها
5 سدّدت الدول الفقيرة أغلب ديونها إلى الدول المتقدمة

20.2C

1 تجري 2 محاولة 3 الإنفاق 4 الديزل 5 تعويض 6 لإيرادات
7 الضريبية 8 التجاري 9 الضرائب 10 مبالغة

20.2D

1 على ماذا أكد وزير الإقتصاد؟

2 ماذا يجب على إيران ان تفعل إذا أرادت أن تزيد إلانتاج وتكسب الأسواق؟

3 إلى ماذا أشار الرئيس فيما يتعلق بالبطالة؟

4 بماذا واعد الملك شعبه؟

20.2E

1 هبط سعر الرولار الأمريكي بعد أحداث الحادي عشر سبتمبر

2 واعد حزب المحافظين البريطاني بخفض الضرائب في حال فوزه بالإنتخابات العامة

3 سدّدت الدول الإفريقية أغلب ديونها

4 استثمر الأغنياء أموالهم في القطاع الخاص

5 انتعش الإقتصاد بسبب انفتاح البلد على العالم الخارجي

20.2F

1 ترتفع إيرادات النفط الفرنسي بالثلث

2 هبط سعر النفط في الآونة الأخيرة

3 بلغ حجم المساعدات المقدمة من الشعب البريطاني إلى ضحايا تسونامي 150 جنيه استرليني

4 يتوقع ارتفاع أسعار الفائدة خلال الشهور القادمة

5 تعهدت منظمة التنمية والتعاون الإقتصادي بمحاربة الفقر في افريقيا

6 شجعت الأمم المتحدة الإستثمارات في الدول النامية

7 حققت الشركات الأمريكية أرباحا طائلة في العراق

20.2G

1 افتتح

2 أدى

3 يحث – موازنة

4 البطالة – الشغل

5 الأسعار – الإنفاق

21.1A

1	F	2	F	3	F	4	T	5	T

21.1B

1 هل ستعرف أسعار النفط إرتفاعا على المدى البعيد؟

2 ماهي الطاقات البديلة للنفط؟

3 على ماذا يعتمد دخل السعودية؟

4 ممّا يخاف الكاتب؟

21.2A

1 تجاوزت

2 فورة

3 عزيمة

4 اختفت

5 الشجاع

6 المستقبل

21.2B

من – من – من – في – إلى – في – إلى – في

21.2C

1	طاقة	2	ارتفاع	3	القريب	4	توقع	5	مهندسي	6	الطلب
7	احتياجات	8	النمو	9	المتزايد	10	النفط				

21.2D

1 قوة وثقة وإرادة

2 انقرضت من على خارطة العالم

3 محرك ثنائي

4 توفير استهلاك النفط

21.2E

1 ارتفع سعر الدولار إلى مراحل غير مسبوقة

2 كسر الصديق حاجز الثقة

3 غير خاف عن أحد أنه طلقها ورجع إلى بلده

4 يقتضي بناء بيت في هذا البلد رخصة بناء

5 أصبح الجندي عرضة للخطر بعدما تم نشر وحدته على الخطوط الأمامية

21.4A

1 T 2 F 3 T 4 T 5 F 6 T

21.4B

1 من أجل تعزيز العلاقات مع بكين والإستفادة من الإستثمارات الصينية

2 تخفيض الرسوم الجمركية على البضائع المصرية

3 بناء مصنع للألمنيوم وتتحمل الشركة الصينية 85% من النفقات

4 إلى تشجيع الإستثمار

5 2.2 بليون دولار

6 نعم

21.4C

1 إعلان شركة تشيري الصينية إنشاء مصنع للتجميل

2 للاستثمار المشترك في مجالات الصيدلية والأحذية والنسيج

3 إلى ما يصل 17 بليون دولار وخمسة بلايين دولار

4 بخمسة بلايين دولار خلال العقد المقبل

21.4E

تخفض – الرسوم – موافقة – احتمال اعتماد – بالرسوم – اعفاءات – اعتماد – الصوديوم – الحصول – انخفاضا – بنتائج ايجابية – بلورة – مشروط – السياسي – الصينيين – خليطا – العلاقات الإقتصادية – محورية

22.1A

1 صحيفة الدايلي تلغراف
2 لأنها أساءت إلى سمعته
3 أن الصحيفة تلقت ضربة قضائية وتساءل متى سيدان بلير كما ادينت الصحيفة
4 على مستندات قالت أن مراسلها في بغداد اكتشفها
5 مرتين

22.1B

1 عن القضية بعد اتفاق بينه وبين المتهم
2 البلد قرار الأمم المتحدة
3 دعوى ضد زوجته
4 القاضي اجتماعا قبل إصدار الحكم
5 المجرم جريمة في حق الأبرياء
6 المعتقل حقوقه القانونية
7 بلير محادثات مع بوش
8 القاضي الجلسة المغلقة هذا الصباح
9 القاضي خطأ فادحا في وجه المتّهم

22.2C

1 ارجأت	2 معاونيه	3 الحاصل	4 انطلاق	5 تأجيل	6 فرصة
7 تهديدات	8 عقب	9 شرعية	10 امامها	11 الإستماع	12 مدى

22.2D

من – على – إلى – على – مع – في

23.1A

1	F	2	F	3	T	4	T	5	T

23.1B

1 محاكمة المحتجزين بغوانتنامو محاكمة عادلة

2 تعتبرهم مقاتلون أعداء

3 نظرا لدورهم المزعوم في أحداث الحادي عشر من سبتمبر

4 توعدت القاعدة بالإنتقام في بيان لأيمن الظواهري

5 قال توم ريرج بأنه يأخزكل التهد ير بجرية وانه قريتع هجوم أرهابي جرير.

6 محامون من عشرّول.

23.2A

1 أقام دعوى ضد مجلته

2 التزم المهاجر بقانون البلد

3 مثل المتهم أمام المحكمة

4 قدّم المدافع عن المتهم أدلة أمام المحكمة

5 أصدر وزير الداخلية قانونا صارما يحدّ من الفساد السياسي

6 حصل المتهم على تمثيل قانوني خارج البلد

23.2B

1 بكم سنة حكم على المتهم؟

2 ما هو سبب الضجّة؟

3 لماذا أجلت الجلسة؟

4 ماذا أعلنت المحكمة؟

5 ماذا رفض الرئيس؟

23.2C

1 انتقدت منظمة حقوق الإنسان المحكمة وقالت إنها أخفقت في إثبات الوقائع

2 دعا الرئيس العراقي الطوائف الدينية العراقية إلى الإلتحام مع بعضها ونبذ أشكال التفرقة

3 أعربت منظمة العفو الدولية عن أسفها لصدور حكم الإعدام على صدام ودعت إلى عدم تنفيذه

4 أشاد الناطق باسم البيت الأبيض بإعدام صدام

24.1A

3 ردود أفعال دول العالم حول اعدام صدام

4 ردود أفعال العراقيين متباينة حول إعدام صدام

24.1B

1 السلطات

2 بوش

3 بوش

4 نوري المالكي

5 وزير الخارجية الإيراني

6 مفوضية الأمم المتحدة

7 وزيرة الخارجية البريطاني

8 رئيس الوزراء الإسباني

24.2A

1 صدر حكم رسمي عن المحكمة يقضي بإعدام صدام حسين شنقا

2 توالت ردود الفعل المؤيدة والمعارضة للحكم بالإعدام

3 خرج آلاف العراقيين إلى الشوارع

4   قامت القوات العراقية بإخماد حدة التوتر بين الشيعة والسنة

5   عبر الاتحاد الأوروبي عن رفضه الحكم بالإعدام على صدام. فيما أشادت الولايات المتحدة به.

24.2B

1   أدى إعدام صدام إلى ابتهاج بعض العراقيين بينما احتج آخرون على ذلك

2   اعتبر بوش الحكم على صدام بأنه يعبر عن انتقال العراق من بلد حكم ديكتاتوري إلى بلد قانون.

3   أصاب صدام الغضب عقب الحكم عليه

4   اتخذت اجراءات أمنية مشددة خوفا من وقوع مشاكل نتيجة صدور الحكم على صدام

5   تباينت مواقف الصحف البريطانية من الحكم على صدام فمنها من اعتبرته حكما عادلا وأشادت به ، ومنها من عبرت عن تحفظها وأشارت إلى تداعيات ذلك على أمن العراق

24.2C

| 1 | الدولية | 2 | الإنقسام | 3 | عشية | 4 | الدائمة | 5 | سرور | 6 | القضاء |
| 7 | أملها | 8 | التعليق | 9 | ترحيب | 10 | نطقه | 11 | تقييد |

25.1A

1   أعرب الرئيس الصيني هو جين تاو عن امله في تعزيز افاق التعاون بين الصين وروسيا فى مجالات الطاقة والموارد الطبيعية

2   وكانت الصين وروسيا قد وقعتا ثلاث اتفاقيات بشأن التعاون في مجالات النفط والغاز الطبيعى وذلك في اعقاب المحادثات التي جرت بين الرئيسين الصيني والروسي

3   الا أن الرئيس الروسي فلاديمير بوتين اعرب في المنتدى عن خوفه من أن تكون التجارة الصينية الروسية تواجه خطر عدم الاستقرار

4   أنهت البورصة الكويتية تعاملات الاسبوع مرتفعة

5   أن التذبذب بسبب عملية التصحيح مستمر

25.1B

1   تقوية الترابط بين الدولتين

2   تطور اقتصادي

3 عدم استقرار الشئ

4 بالإضافة إلى ذلك

5 ارتفاع الأثمنة

6 ايجاد الشئ لأول مرة

25.2A

1 انعقد المؤتمر لدراسة الأوضاع العراقية المتردية

2 وقع الرئيسان على اتفاقية التجارة الحرة بين البلدين

3 ركزّ الرئيس على ضرورة محاربة المخدرات في البلد

4 انخفض معدل الطلب على المياه في الإمارات بنحو 10% العام الماضي

5 أعفى الرئيس وزيره من منصبه نظرا لمرضه المزمن

6 اكتشف وزير المالية خطأ في الحسابات المالية

7 أبرمت الخطوط الجوية المغربية عقدا مع شركة بريطانية لشراء طائرات

8 سحبت الهيئة المشرفة على البنوك بالجزائر ترخيص بنك الريان الجزائري

9 ارتفعت أسعار البترول بسبب إيجاد طاقات بديلة

10 خصصت الحكومة البريطانية حوالي مليوني جنيه لمكافحة الهجرة السرية للبلد

25.2B

1 انخفاض

2 التوقيع

3 تعزيز

4 سروره

5 باهظة

6 وفورة

25.2D

1 الصادرات 2 ارتفاعا 3 العام 4 قدرها 5 الفترة 6 وزير

7 ملحوظة 8 دراسة 9 الصادرات

26.1A

1 إلى تجاوز التحدي الاقتصادي والاستفادة من الموارد الحالية

2 نحو تطبيق الخوصصة

3 أن ايرادات النفط المستفاد منها لن تبقى أبدا

4 التوسيع الفعلي في انتاج الطاقة وتدشين مشروعات تنموية كبرى.

5 قطاع العقارات الذي يشهد طفرة جيدة

6 إنشاء منطقة تجارية خليجية حرة وإقامة اتحاد جمركي خليجي.

26.2A

1 طالب مجلس الغرف السعودية إلى الإعتماد على مصادر دخل متنوعة أخرى بدل النفط الذي يعتبر المصدر الوحيد للدخل

2 اهتم الإجتماع بضرورة الدفع بمجال الإستثمار في هذه البلدان

3 عرفت أثمنة النفط فورة في السنوات الأخيرة

26.2B

1 بلغت الصادرات المصرية من المنتوجات والملابس خلال النصف الأول من العام الجاري 467 دولار إلى الأسواق الأمريكية

2 ارتفع سعر البترول نتيجة الأوضاع المتردية في العراق

3 طالبت الدول الصناعية الكبرى الدول المنتجة للبترول بالزيادة في انتاجها

4 اتفقت دول الخليج على تشجيع عامل الإستثمار في البلدان

26.2C

1 عرفت أسعار النفط طفرة كبيرة

2 أعطت المحادثات بين البلدين ثمارها مما أدى إلى وقف إطلاق النار

3 تعتمد السعودية على إيرادات النفط كمصدر وحيد للإقتصاد

4 استحوذت الشركات الكبرى على مشاريع النفط العراقي

5 دعت الدول العربية إلى خلق سوق مشتركة

6 تعرف وتيرة النمو الإقتصادي الصيني ارتفاعا في السنوات الأخيرة

26.2D

1 الغرفة	2 صحافي	3 مقر	4 الضوء	5 التعدين	6 أطول
7 المجال	8 الإستثمار	9 الأراضي	10 الترفيهية	11 تزخر	12 غرار

26.2E

1 ستمنح وزارة التجارة والصناعة تجار السيارات مهلة ثلاثين يوما للاستجابة للقرارات الجديدة قبل تغيير القانون

2 يتوقع أن تتيح القرارات المزمع اتخاذها للتجار فرصة شراء السيارات من الأسواق الأوروبية التي تقل أسعارها بكثير عن أسعار السوق البريطانية

3 تشير الإحصاءات إلى أن أسعار السيارات في بريطانيا تفوق بكثير أسعارها في دول أوروبا الأخرى

4 تؤكد المفوضية الأوروبية إن المشتري في بريطانيا يدفع ضعفي ما يدفعه نظيره في دول الاتحاد الأوروبي الأخرى

5 يبلغ سعر سيارة فيات برافو 3046 ألف جنيه إسترليني بينما يبلغ سعرها 183.10 ألف جنيه في الأسواق البريطانية

27.1A

1 للحيلولة دون استغناء الشركة عن عمّالها

2 بين ممثلين للشركة ومستشارين تجاريين

3 تعهدت بمساعدة العمال

4 كل الأحزاب السياسية لزمت الصمت فيما يتعلق بالأزمة

5 نعم

27.1B

1 الخانقة

2 ارجاع الديون – تأدية الديون

3 إعلان – بعد

4 من المحتمل

5 طرد

27.2A

1 قامت الحكومة بإجراءات صارمة للحيلولة دون تفشي الأمراض

2 هاجمت الولايات المتحدة أفغانستان في أعقاب الحادي عشر من ديسمبر

3 أريد أن أقول أن هذه الكلمة تعني معنا مختلفا في السياق التالي

4 لو أخذنا بعين الإعتبار أسباب تفشي مرض الإيدز في إفريقيا فسيصبح من السهل إيجاد حل له

5 من البديهي أن التدخين مضر للصحة

27.2B

1 الهدف 2 منطقة 3 توطين 4 لإطلاق 5 تخصيص 6 لتستوعب

7 ينطوي 8 ايجابية 9 توفير

27.2C

5 Contribute to the aggravation of the world economic

3 All agreements on rescheduling debt were frozen.

1 Sustains heavy/huge losses.

2 Compensations for the burden of disasters.

4 The aim of this company is to protect the Arab consumer.

27.2D

1 يعمل

2 تختص

3 حققت

4 ارتفعت

28.1A

1 F 2 F 3 T 4 T 5 T 6 T 7 T

28.1B

1 زلزال

2 عدد المصابين تجاوز 42 ألف وأعداد المفقودين ترتفع كل ساعة

3 دون مأوى وغداء ودواء

4 مظفر آباد

5 أكثر من 400 طفل لقوا حتفهم

6 عنان وجورج بوش

28.2A

1	ضرب	الزلزال الذي بلغت شدته 5.5 درجات بمقياس ريختر إيران
2	أسفر	عن الزلزال قتلى وجرحى
3	تجاوز	عدد القتلى حسب وزير الداخلية 40 الفا
4	خلفت	الفيضانات التي ضربت شرق آسيا خسائر في الأرواح والعتاد
5	نجا	رجل مسن من الزلزال بعدما تم إخراجه من تحت الأنقاض
6	لقي	آلاف المشجعين حتفهم في انهيار جزء من الملعب

28.2C

1 من أين تمّ إخراج النّاجين؟

2 لماذا تظافرت الجهود من كل انحاء العالم؟

3 كم بلغت قوة الزلزال؟

4 أين تم إيواء المشردين؟

5 عن ماذا أعلنت أمريكا؟

6 كم وصل عدد قتلى الزلزال؟

28.2D

1 حالة	2 الفزع	3 آثار	4 نحو	5 الناجين	6 احتمال
7 زلزال	8 الأنقاض	9 ماسة	10 الأغدية	11 معدات	12 البدائية
13 الضحايا					

28.2E

1 السماح

2 الخدمات

3 الإعلان

4 الجلسات

29.1A

1 فيضانات وانهيارات أرضية

2 أصيب 23 شخصا ويعد 16 آخرون في عداد المفقودين

3 10 في المئة من إجمال عدد السكان

4 من أجل إجلاء السكان بعد طلب المساعدة من حاكم مقاطعة ميازاكي

5 نظرا للأحوال الجوية الغير مستقرة

6 ما يقرب ب 70 ألفا من سكان مدينة نوبيوكا نصحو لمغادرة المكان بسبب احتمال فيضان أنهار قريبة.

29.2A

1 صاحب الإعصار أمطارا غزيرة ورياحا عاتية مما ادى إلى انهيار بعض المباني والمنازل.

2 عرقل الإعصار حركة النقل والتنقل في المدينة وخارجها وترتبت عنه خسائر فادحة شملت المدينة وأهلها.

3 قامت السلطات اليبانية بإجراءات وقائية لمساعدة المتضررين من شدة الإعصار

4 رغم الجهود المبذولة لإنقاذ المشردين إلا أن حوالي 30 لايزالون في عداد المفقودين

29.2B

1 هطلت امطار غزيرة هذا اليوم

2 عرقلت الرياح العاتية التي ضربت المدينة حركة السير

3 طالبت الحكومة المتضرّرين بالإتصال بمكتب توجيه الإرشادات

4 تم إخلاء المناطق التي ضربها الزلزال أمس

5 لايزال عدد من الأطفال في عددا المفقودين نتيجة الفياضانات

6 أفادت تقارير من آتشي أن المدينة دمرت بكاملها

7 عرفت البلدة موجة أمطار غزيرة مما ادى إلى فيضان النهر المحلي

29.2C

1 مرفوقا
2 حساب
3 افراغ
4 نظرا لـ
5 بالضرر – الخلل

29.2D

1 كارثة	2 ذكرى	3 ضربت	4 حصدت	5 هائل	6 تسبب
7 عاتية	8 اكتسحت	9 تضررا	10 حداد	11 المراسم	12 مسجد
13 مقتل					

29.2E

بـ – بـ – من – من – ✗ – لـ – إلى

30.1A

1 لم يوقع أي مخلفات أو أضرار
2 أمواج مدّ عاتية أثارها زلزال
3 لمساعدة ضحايا فيضانات عزلوا بجنوب إثيوبيا بعد غرق ما يقدر بنحو 380 شخصا ومحاصرة آلاف آخرين
4 أن هذه الكارثة أتت بعد أسبوع من حدوث فيضانات عارمة
5 تحدث جوليز عن الخسائر البشرية التي أصابت البلاد جراء الفيضانات وتحدث عن الجهود لتقديم المساعدات للمنكوبين
6 أدت الفيضانات والإنهيارات الأرضية إلى نزوح عشرات الآلاف

30.2A

1 استعد الآلاف من سكان جزيرة جاوة الإندونوسية الليلة الماضية لقضاء الليل خارج هنازلهم

2 نقلت وكالة رويترز عن سرميجي قوله إنه لم يتلق أي مساعدة حتى الآن

3 قطعت خطوط الكهرباء والهاتف في مناطق كثيرة

4 أعلنت المنظمة الدولية للصليب الأحمر أن الزلزال تسبب في تهجير 200 الف شخص

5 فرّالعشرات من سكان المنطقة منازلهم إلى مناطق مرتفعة خشية الفيضانات

30.2B

1 هائلة

2 القوية

3 أدت إلى - تسببت في

4 نزلت بغزارة

5 كل

30.2C

1 البعيدة

2 هدمت

3 أسقفهم

4 ايجابيته

5 العاتية

30.2D

1 ضرب 2 ذعر 3 النطاق 4 المطاف 5 الليل 6 نحوهم

7 شائعات 8 العودة 9 خوفا 10 مساعدات 11 منكوب 12 التأهب

13 الهزة 14 حدث

31A

1 الشواطئ الجنوبية للولايات المتحدة الأمريكية

2 بجدار من الماء

3 انقطاع الكهرباء وسقوط أشجار وتدمير محلات وسيارات

4 لا ، قال ضابط شرطة لم يرى شيئا غريبا مثل هذا

5 قال إنه من المحتمل أن يكون مئات الأشخاص قد لقوا حتفهم في المدينة نتيجة الإعصار

6 تم إعلان الأحكام العرفية لمواجهة أعمال السلب والنهب

31B

See transcript 6.

31C

الدمار – مخاوف –الأشخاص – مقاطعة – ساحل – المكسيك – الإنقاذ – الأنقاض – لقوا – حتفهم – اليابسة – موجة – شاطئ – بالكامل – البحث – الإنقاذ – سكنيتين – انهارتا – الضحايا

32.1A

1 أحرزت نجاحات تمثلت في الإطاحة بنظام طالبان والقضاء على تنظيم القاعدة

2 مازالت تعيش في خوف

3 أدى إلى توجيه ضربات إستباقية

4 عقيدة الضربات الإستباقية بالإضافة إلى المعاملات السيئة في سجون غوانتنامو وأبو غريب

5 عبّرعن تشاومه

6 لا ترى في العراق جزءا من الحرب على الإرهاب

32.1B

1 حققت

2 بغض – حقد

3 انتصر – فاز

4 يتمنى

32.2A

1 أحرز الفريق فوزا باهرا في الألعاب العالمية لكرة القدم

2 فقدت الولايات المتحدة الدعم العالمي الذي حشدته بعد أحداث الحادي عشر من سبتمبر.

3 استندت الولايات المتحدة في تبريرها للحرب على امتلاك العراق أسلحة الدمار الشامل

4 تأمل الحكومة الأمريكية تسليم الجانب الأمني في بغداد للقوات العراقية مع نهاية عام 2007

5 شددت حركات المقاومة العراقية على مواصلة القتال حتى خروج آخر جندي أجنبي

6 ركز الرئيس الأمريكي على أهمية الفوز في العراق معتبرا أن أمن وسلامة الشعب الأمريكي تتعلق باستقرار العراق.

32.2B

1 أحرز البلدان تقدما في المحادثات المتعلقة بالأسرى

2 يأمل الجميع في حل سلمي لقضية البرنامج النووي الكوري

3 حظي الرئيس بدعم شعبه

4 خيّم شبح الحرب على العراق على المؤتمر الأوروبي

5 تعد الولايات المتحدة قوة دافعة في الشرق الأوسط

6 أدت أحداث الحادي عشر من سبتمبر إلى لجوء الولايات المتحدة إلى نظام الضربات الإستباقية

32.2C

1 اختلافا	2 جدل	3 للنص	4 راحت	5 ستضيع	6 عنصر
7 ضحية	8 الإرهاب	9 مقنع	10 الأرض	11 حلول	

32.2D

1 حظيت في البداية بدعم جيد

2 أحرزت السياسة الأمريكية نجاحات، من الحرب السريعة في أفغانستان عقب 11 سبتمبر

3 والإطاحة بنظام طالبان وحرمان القاعدة من معسكراتها التدريبية ذات الأهمية

4 ظهرت شكوك وانقسامات بين حلفاء الولايات المتحدة

5 والمشكلة هي أن الكثير من الحكومات والشعوب لا ترى في العراق جزءا من الحرب على الإرهاب
6 فالخوف بعد 11 سبتمبر قاد إلى عقيدة بوش المتمثلة في توجيه ضربات استباقية
7 ونتعقب في أنحاء العالم القتلة واحدا واحدا

33.1A

1 ✓ 2 ✗ 3 ✓ 4 ✓

33.1B

1 25 ألف دولار
2 جاء هذا بعد الهجومين الإنتحاريين اللذين استهدفا الميناء النفطي
3 أن التصدير والإنتاج النفطي في مأرب وحضرموت يسير بصورة طبيعية
4 قالت إنها ستكشف عن المزيد من التفاصيل فيما يتعلق بالحادث
5 قال إن المعارضة اليمنية مستعدة لتسلم السلطة في حالة فوز مرشحها

33.2A

1 قامت الحكومة بتخصيص أموال طائلة لأمن البلاد
2 اتهمت المحكمة زوجها بقتل أحد أصدقائه
3 تزامنت الإنتخابات الرئاسية الأمريكية مع الإنتخابات البرلمانية العراقية
4 قامت الحكومة بتسليم السلطة للمعارضة
5 يعتبر بلير العقل المدبّر لسياسات حزب العمال الجديد
6 أصدرت المحكمة العراقية الحكم بإعدام صدام حسين
7 تمّ القبض على المجموعة المتورطة بتهريب المخدرات

33.2B

1 يعطي
2 من حق
3 تقع
4 في هذا السياق

5 اللوائح
6 عدم وقوع

33.2C

1 تنازلات	2 معاملة	3 خلافات	4 الشيوخ	5 الطرفين	6 استنادا
7 القانون	8 يعارضه	9 جرائم	10 وكالة	11 استعداد	12 تعديل

34B

1 F	2 F	3 T	4 T	5 T

34C

1 مع المسؤول الأمني لإلقاء الضوء على الموقف الأمني في العاصمة
2 بأنها متنوعة ومختلفة
3 كان له أثر كبير في تحسن الوضع
4 ستزداد العمليات المسلحة في بغداد
5 عبّر عن أسفه ودعا إلى إيجاد خطة عاجلة للقضاء على أسباب التهجير القسري

34D

توقعاته – مسؤول – يفترض – القراءات – حقيقة أخرى – الإرهابية – منهمكة – تهيئة – بتنفيذ – المصالحة – لإفشال – انهاءهم – الشدة – التركيز – دراية – الأجهزة الأمنية – للعوائل – معالجة – محافظة – الإهتمام – انتقاداتنا – إعادة – المهجرين – أنواع – الإستقرار – كارثة – القضاء

35B

1 F	2 T	3 T	4 T	5 T

35C

1 يتكلم البرنامج عن الوضع في العراق وقانون المحروقات الجديد
2 أعلن بوش حالة الطوارئ القومية سنة 2003
3 النجاح الذي حققه سفير الولايات المتحدة الأمريكي يكمن في اقناع بعض الفصائل السنية للمشاركة في العملية السياسية
4 تنظيم القاعدة يتزعم إثارة حرب أهلية حسب سفير الولايات المتحدة
5 الهجمات الطائفية المتفرقة أضعفت تماسك صفوف الحكومة العراقية

35D

سيحدد البرلمان العراقي ذلك ونظامه برلماني وكانت حكومة الوحدة الوطنية التي تزعمها السيد المالكي إلى أن سحب السيد الصدر وزرائه منها تمثل نسبة 89% من البرلمان وحتى بعد مغادرته ما زالت نسبة 75% إلى 85 % من التمثيل البرلماني ممثلة في الحكومة الوطنية ذات الطابع العريق والولايات المتحدة تساند العملية السياسية في العراق وتمثيل كل الطوائف في البرلمان حتى الآن وخرج ذلك البرلمان برئيس الوزراء لذلك فإننا نساند رئيس الوزراء، أيضا أنا أعرف السيد علاوي جيدا وتربطني به علاقة جيدة وله حزب في البرلمان يشغل 25 مقعدا لكن الأمر يتوقف حقا على العملية السياسية.

36A

1 F 2 F 3 F 4 T 5 T

36B

1 ناصرة سعدون
2 تشغل منصب مدير عام في وزارة الثقافة والإعلام وتترأس تحرير جريدة بغداد أوبزرفر وهي كذلك كاتبة وروائية
3 سنوات الحصار وانعكاساتها على المرأة العراقية
4 وضعها مساو لوضع الرجل
5 للعمل وإسناد ميزانية العائلة
6 بسبب التوتر داخل العائلة وبسبب الظروف الإجتماعية والإقتصادية

36C

الحديث – الثلاثينات – تعليم المرأة – للفتيان – المرأة مع استقلال – المتساوي – تذكرنا – رواد – الملائكة –

انتشرت – الخمسينات – طبيبات – بالتدريج – الإيجابي – بالذات – تحرص – قادرة

36D

See transcript 9.

Transcripts

Listening material is available for downloading at:
www.euppublishing.com/AdvancedMediaArabic/audio

1 – Exercise 5.5

... الرئيس السوداني يُقيّد حركة الديبلوماسيين الأميركيين

قطع الرئيس السوداني عمر البشير الطريق أمام أي احتمال بإمكان قبوله قرار مجلس الأمن 1706 القاضي بنشر قوات دولية في إقليم دارفور حتى وإن عدل . وأعلن تشكيل لجان سياسية وعسكرية واقتصادية لمناهضته .واتهم علنا للمرة الأولى اريتريا وتشاد بدعم متمردي 'جبهة الخلاص الوطني 'التي تقاتل حكومته في دارفور، وقرر تقييد حركة الديبلوماسيين الأميركيين في البلاد .

وقال البشير في مؤتمره الصحافي الأول منذ عودته من نيويورك بعد مشاركته فى اجتماعات الجمعية العامة للأمم المتحدة، انه اتخذ خيار مقاومة قرار مجلس الأمن الرقم 1706 بعد ادراك 'الأهداف الحقيقية 'للقرار الذي يستهدف 'فرض الوصاية 'على البلاد و 'اعادة استعمارها '.وأبدى استغرابه للذين ينادون بالقوات الدولية من شركائه في السلطة، مؤكدا ان قرار رفضها صدر بالإجماع من قبل الوزراء والبرلمان، وان أي وزير ملزم بهذا القرار .ووصف قرار مجلس السلم والأمن التابع الى الاتحاد الأفريقي بتمديد مهمات قواته في دارفور الى نهاية العام بأنه انتصار للسودان لم يعجب رئيس الوزراء البريطاني توني بلير ووزيرة الخارجية الأميركية كوندوليزا رايس .

وقال ان حكومته مستعدة لنشر 20 ألف جندي في دارفور وتمويلها لتقوم بمهمات إعادة الأمن والاستقرار وحماية المدنيين في المرحلة المقبلة .ووصف الأوضاع في الإقليم حاليا بأنها في أحسن مراحلها منذ اندلاع الحرب قبل اكثر من ثلاث سنوات، موضحا ان 80 في المئة من أراضي دارفور آمنة .

واتهم إريتريا صراحة بتقديم دعم عسكري الى الفصائل المتمردة في 'جبهة الخلاص الوطني 'التي لم توقع اتفاق أبوجا للسلام في دارفور .وقال 'إن الكل يعلم أن الأسلحة تنقل من اريتريا عبر تشاد للمتمردين '، مبديا استغرابه من عدم تحرك المجتمع الدولي للضغط على أسمرا لوقف هذا الدعم .

وأوضح ان 'جبهة الخلاص' استطاعت ان تسيطر على مواقع كثيرة من المناطق التي كانت تحت سيطرة 'حركة تحرير السودان' بزعامة كبير مساعديه مني اركو مناوي ولم تجد أي ادانة من الأسرة الدولية وزاد :'نحن لم نوقع اتفاق وقف اطلاق نار مع جبهة الخلاص الوطني، بل وقعنا مع حركة تحرير السودان جناح مناوي '.وقال ان الحكومة قاتلت 'جبهة الخلاص' باعتبارها فصيلا هدفه ليس السلام في دارفور، مشيرا الى انها تلقت دعما عسكريا من اريتريا عبر تشاد بعلم الاتحاد الأفريقي والأوربي والأمم المتحدة، وقال ان من يعيق

الاتفاق ‘سنتعامل معه بالأسلوب ذاته‘ وأضاف :’أي زول يحمل سلاحا سنقاتله ومن يريد تقويض سلام دارفور سنقاتله كذلك.‘

وطالب اريتريا بإبعاد عناصر ’جبهة الخلاص‘ من أراضيها .وتابع :’نرفض أي دور لاريتريا في قضية دارفور‘، مؤكدا حرص الخرطوم على إقامة علاقات جيدة مع اسمرا تقوم على حسن الجوار وتبادل المنافع .

من ناحية أخرى، قال البشير إن حكومته ستفرض قيودا على تنقل الديبلوماسيين والمسؤولين الأميركيين يجعل وجودهم مقتصرا على الخرطوم فقط، وعلى مسافة 25 كيلومترا من مقر القصر الرئاسي في وسط العاصمة ردا على قيود مماثلة فرضت على المسؤولين السودانيين في الولايات المتحدة .وكشف تقييد حركته في نيويورك بقانون مماثل خلال زيارته الأخيرة لحضور اجتماعات الجمعية العامة للأمم المتحدة. وشدد على تمسكه بهذا القرار حتى لو عادت اميركا عن قرارها في هذا الشأن، مشيرا الى أن البلدين كانا اتفقا في وقت سابق على رفع الحظر عن تحركات المسؤولين داخل البلدين ’إلا أن واشنطن نقضت الاتفاق.‘

الحياة 06/09/26

2 – Exercise 9.4

النتائج الأولية تشير إلى فوز الرئيس اليمني

أفادت لجنة الانتخابات اليمنية أن النتائج الأولية للانتخابات الرئاسية التي شهدتها البلاد الأربعاء أعطت الرئيس علي عبد الله صالح تقدما بنسبة 82 % من مجموع الأصوات التي تم فرزها. وكانت صناديق الاقتراع قد أغلقت أبوابها أمام الناخبين في وقت متأخر من يوم الأربعاء بعد أن تم تمديد مدة الاقتراع لساعتين اضافيتين. وأفادت الأنباء أن نسبة المشاركة كانت مرتفعة، لاسيما في صفوف النساء.

وتنافس في الانتخابات ثلاثة مرشحين ضد الرئيس الحالي علي عبد الله صالح الذي أمضى ثمانية وعشرين عاما في الحكم. كما جرت انتخابات لأعضاء مجلس الشعب بموازة الانتخابات الرئاسية. وقد عززت السلطات اليمنية الاجراءات الأمنية عشية اجراء الانتخابات، ونشرت السلطات قوات حفظ للأمن قوامها 100 ألف جندي في أنحاء البلاد.

وأعلنت الحكومة اليمنية يوم الانتخابات "يوما بدون سلاح" باستثناء خنجر الجنبية اليمني الشهير والذي يعد رمزا للقوة، حيث سمح للناخبين بارتدائه أثناء الادلاء بأصواتهم. ولكن لن يسمح لليمنيين بارتداء هذا الخنجر أثناء عملية فرز الأصوات. ويقول مراسل بي بي سي في اليمن ان الجهات المانحة تراقب الانتخابات عن كثب. وقال عبد البصير حسن مراسل بي بي سي في صنعاء ان أعدادا غفيرة تدفقت على مراكز الاقتراع منذ الصباح الباكر.

واضاف أن أعداد السيدات كانت اكثر من اعداد الرجال عند بدء عملية الاقتراع. وأفاد مراسلنا أن بعض الانتهاكات سجلت في بعض الدوائر، وذلك بحسب ما أعلنته اللجنة الانتخابية، الا أن عملية الاقتراع اجمالا تمت بشكل جيد.

وفي حال اجراء انتخابات سلمية وخالية من احداث العنف وديمقراطية الى حد ما ستزداد المساعدات الدولية لليمن.

القضاء على الفساد

وأعلن فيصل بن شملان مرشح تحالف المعارضة، وهو المنافس الرئيسي للرئيس علي عبد الله صالح، أن محاربة الفساد ستكون على قمة أولوياته في حالة نجاحه في الانتخابات. ويمثل بن شملان تحالفا من خمسة أحزاب معارضة، بما فيها التجمع اليمني للإصلاح، وهو أكبر حزب إسلامي في البلاد، وحزب الإصلاح، والحزب الاشتراكي اليمني.

وكان بن شملان وهو رجل اقتصاد، يبلغ من العمر 72 عاما، قد استقال من منصبه كوزير للنفط عام 1995 احتجاجا على قضايا الفساد. وقد وصف الرئيس صالح منافسيه بأنهم غير أكفاء ويفتقرون للخبرة الضرورية. ويبلغ عدد سكان اليمن مايقرب من 21 مليون نسمة، وتنقسم البلاد الى 21 محافظة، بينما يبلغ عدد الناخبين حوالي 9 ملايين نسمة، منهم 5 ملايين من الذكور، و4 ملايين من النساء.

وهذه الانتخابات هي ثاني انتخابات رئاسية ومحلية تجرى في اليمن، منذ إعادة تحقيق الوحدة اليمنية في 1990. وكانت أول انتخابات رئاسية مباشرة قد جرت في اليمن في 1999، وتنافس فيها مرشحان اثنان آنذاك، هما الرئيس علي عبد الله صالح ونجل أول رئيس لجنوب اليمن نجيب قحطان الشعبي.

التزامن للتوفير

وقالت اللجنة العليا للانتخابات والاستفتاء الثلاثاء ان تكلفة العملية الانتخابية تبلغ 10 مليارات ريال يمني، أي ما يوازي 50 مليون و650 ألف دولار أمريكي. وأعلن رئيس اللجنة خالد عبد الوهاب الشريف أن تزامن الانتخابات الرئاسية والمحلية لم يرفع تكاليف العملية الانتخابية بل كان عاملا للتوفير. والتزمت اللجنة بإعلان النتائج النهائية للانتخابات الرئاسية خلال 72 ساعة من بدء فرز الأصوات.

كما أكد رئيس اللجنة العليا للانتخابات في مؤتمر صحافي أن نتائج الانتخابات الرئاسية ستعلن أولاً بأول وستعلن النتيجة النهائية وفقاً للقانون بعد 72ساعة من انتهاء عملية الاقتراع.

وقد أدلى الرئيس اليمني على عبد الله صالح، الذي تنتهي ولايته قانونياً في 4 أكتوبر تشرين أول القادم، بصوته في الانتخابات الحالية في الساعات الأولى من صباح الأربعاء، تحت أضواء كاميرات التلفزيون.

اشتباكات وقتيل

وتواردت أنباء عن سقوط أحد المرشحين في الانتخابات المحلية قتيلا، بعد اندلاع القتال في دائرة انتخابية بمحافظة تعز التي تبعد 270 كيلومترا جنوب العاصمة اليمينة صنعاء.

وقال مسؤول أمني لم يرد الافصاح عن اسمه لوكالة أسوشيتد برس للأنباء، ان المرشح عن الحزب الناصري خالد حسن قتل في اشتباكات دارت في تعز بين مؤيدي أطراف مختلفة في الانتخابات اثر تبادل اتهامات بعرقلة عملية ادلاء الناخبين بأصواتهم.

BBC online 21/09/06

3 – Exercise 12.3

تواصلت أعمال العنف، مساء الثلاثاء، لليلة الثانية على التوالي، في ضاحيتين بباريس وسط مخاوف من أن تتسع لتشمل ضواحي أخرى على غرار ما حصل في الخريف الماضي. وترافقت أعمال العنف والشغب مع سجال سياسي بين الحكومة واليسار الذي ركز حملاته الإعلامية والسياسية على شخص وزير الداخلية نيكولا سركوزي محملا إياه مسؤولية تدهور الأوضاع. وأعرب النائب ورئيس بلدية وينسي (شمال باريس) أريك رولت أنه لا يستبعد «اندلاع أزمة ضواح جديدة في حال لم تتخذ أية تدابير» لمعالجة الوضع المتدهور.

والليلة قبل الماضية، استؤنفت الاشتباكات بين مجموعات من الشبان في ضاحيتي مونفرميل وكليشي سو بوا التي انطلقت منها شرارة «انتفاضة الضواحي» في نوفمبر (تشرين الثاني) الماضي، كما احرقت سيارات وأضرمت النيران في سيارة للشرطة أصيب ركابها الثلاثة بجروح وحروق. وهاجم المشاغبون مقرات للشرطة وأوقف رجال الأمن 13 شخصا منهم ثلاثة وضعوا رهن الاحتجاز المؤقت بينهم محيي الدين ألتون. وجرح في المواجهات أربعة من رجال الشرطة وأحرقت مجموعة من السيارات. وكان محيي ألتون من بين مجموعة من ثلاثة شبان التجأت في 27 أكتوبر (تشرين الأول) الماضي الى مقر للمحولات الكهربائية هربا من رجال الشرطة في أحد أحياء كليشي سو بوا. وفي هذا الحادث قتل رفيقاه وأصيب هو بجراح وحروق. ونفى أحد محاميه تأكيدات الشرطة أن القاء القبض عليه سببه مشاركته في القاء الحجارة على قوى الأمن.

وكان موت الشابين الشرارة التي اشعلت الضواحي الفرنسية طيلة أربعة أسابيع وأضرت بصورة فرنسا في الخارج وعززت صفوف ومواقع اليمين المتطرف في الداخل. وكان مقررا أن يشارك محيي الدين ألتون أمس في عملية «إعادة تمثيل» الحادثة لأغراض القضاء، لكن توقيفه حال دون ذلك.

وفيما أعلن وزير الداخلية لدى تفقده جرحى رجال الشرطة في أحد مستشفيات المنطقة أن اعمال الشغب التي تحصل «مخطط لها» وبالتالي «لا يمكن السكوت عليها»، حمله أمين عام الحزب الاشتراكي فرنسوا هولند مسؤولية ما يحدث، وقال في تصريحات صحافية امس: إن ثمة شعورا لا يطاق قوامه أنه بعد عدة أشهر على أزمة الضواحي، لدينا شعور أن شيئا لم يتحقق وأن وزير الداخلية مستمر في خزعبلاته إذ يزور مكان (الحوادث) ويعلن التزامات لا يتم العمل بها مطلقا، وهو بذلك، يشجع قوى الأمن (على قمع أعمال الشغب) ويندد بعدد من الشباب (في الضواحي) ولا يقوم بأية بادرة من أجل التهدئة». وأضاف هولند: «إن وزير الداخلية يتحمل مسؤولية أعمال العنف التي تحصل اليوم، اذ أنه في حملة انتخابية مستمرة ويستغل موقعه الذي يجب أن يكون للتهدئة من أجل التنديد (بالشبان) وتغذية النزاع السياسي الذي لا يجب أن يكون».

وكان هولند يشير الى تصريحات سابقة لوزير الداخلية أدلى بها لدى زيارة مدينة غرينيي المجاورة ليل الثلاثاء /الأربعاء، واعلن خلالها أن أعمال الشغب من تدبير «أوباش» يسعون الى «إيقاع أكبر عدد ممكن من الجرحى». وأكد سركوزي أنه «لن يسمح لهم بزرع الفوضى». ويعزو اليسار الفرنسي ومعه عدد من الجمعيات أسباب العنف الى الوضع الاجتماعي والاقتصادي المتدهور في الضواحي ولوجود نسبة أعلى في البطالة. وسبق للحكومة أن أقرت عددا من التدابير عقب حوادث الخريف الماضي، لكن تأثيرها لم يظهر حتى الآن. وقال هولند إن الحكومة «لم تقم بشيء منذ أربع سنوات ونصف السنة والأسوأ أنها لم تحرك ساكنا منذ أزمة الضواحي».

الشرق الأوسط 2006/06/1

4 – Exercises at Unit 14

روسيا وعنان يطالبان بوقف فوري لإطلاق النار

طالب كوفي عنان الخميس بوقف فوري لإطلاق النار في لبنان، في حين نددت الهند بالاستخدام الاسرائيلي "غير المتناسب" للقوة. ودان عنان حزب الله "لإشعاله فتيل العنف الدائر في لبنان"، كما انتقد في الوقت ذاته إسرائيل بسبب "الاستخدام المفرط للقوة".

وقال عنان في تقرير رفعه إلى مجلس الأمن: " إذا كان لا يمكن إلا أن نرفض ما قام به حزب الله، وإذا كان من حق إسرائيل الدفاع عن نفسها فإنه من واجبنا أيضا إدانة الاستخدام المفرط للقوة. " وطالب عنان بالوقف الفوري لإطلاق النار من الجانبين لمنع سقوط مزيد من الأرواح البريئة ومزيد من المعاناة.

وقال عنان إن وقف إطلاق النار سيسمح لعمال الإغاثة بالوصول إلى من يحتاجون للإغاثة كما سيعطي للدبلوماسية فرصة لإيجاد سلسلة من الحلول العملية الكفيلة بوضع تسوية دائمة للأزمة الراهنة.

روسيا

وفي وقت سابق دعت روسيا إسرائيل إلى وقف فوري لإطلاق النار في عملياتها العسكرية ضد مقاتلي حزب الله في لبنان منتقدة بشدة "باستخدام إسرائيل المفرط للقوة". وقالت موسكو إن الوضع في المنطقة يمكن أن تترتب عنه عواقب " كارثية"وانتقدت في بيان لها العملية العسكرية في لبنان موضحة أنها " تجاوزت كونها مجرد عملية لمحاربة الإرهاب."

وأكدت موسكو قناعتها بضرورة مواصلة ما سماه البيان الحرب على الإرهاب وطالبت بضرورة إطلاق سراح الجنديين الاسرائيليين، إلا أنها أضافت أن " الحصيلة غير المسبوقة للقتلى وحجم الدمار" في لبنان يوضحان أن إسرائيل بصدد استخدام مفرط للقوة.

الموقف الهندي

في غضون ذلك، قال متحدث باسم وزارة الخارجية الهندية إن القصف الاسرائيلي للبنان "خطوة غير متناسبة". ووصفت بنجلادش الهجوم الإسرائيلي على لبنان بأنه "إرهاب دولة"، ودعت إلى إجراء دولي لوقف الغارات الإسرائيلية. ويشار إلى أن بنجلادش لا تقيم علاقات دبلوماسية مع إسرائيل.

مهلة أسبوع

وبينما أعلنت فرنسا إرسال أول شحنة من المساعدات الطبية والإنسانية إلى لبنان، قالت مصادر صحافية بريطانية وأمريكية إن الولايات المتحدة ستنتظر لمدة أسبوع كامل على الأقل قبل أن تتحرك دبلوماسيا لنزع فتيل الأزمة في المنطقة.

وتحدثت صحيفة نيويورك تايمز عما أسمته وجود إجماع داخل الإدارة الأمريكية بمنح إسرائيل مدة أسبوع لمواصلة ضرب لبنان قصد تدمير القوة الدفاعية لحزب الله.

التدخل الأمريكي

من ناحية أخرى أفاد استطلاع للرأي في الولايات المتحدة أن غالبية الأمريكيين يعارضون أي تدخل للإدارة الأمريكية في الصراع الدائر بمنطقة الشرق الأوسط، بينما تختلف آراؤهم حول ما إن كان على القوات الأمريكية أن تشارك في أي قوة لحفظ السلام يتم نشرها في المنطقة.

وأشار الاستطلاع الذي نشره موقع شبكة سي إن إين الإخبارية على الانترنت الأربعاء إلى أن الذين ينتقدون تعاطي الإدارة الأمريكية مع الأزمة الراهنة (54%) يفوقون في عددهم أولئك الذين يساندونها (38 %).

وردا على سؤال حول ما إذا كان زوار الموقع يؤيدون قيام الولايات المتحدة بدور حيوي لنزع فتيل المواجهات، أجاب 65 % بالنفي. ودعا 39 % من المشاركين إسرائيل إلى القبول بوقف فوري لإطلاق النار بينما رأى 31 % أن على إسرائيل مواصلة عملياتها العسكرية للقضاء على القدرات الدفاعية لحزب الله. وقد تم إجراء الاستطلاع خلال يوم واحد وشارك فيه 633 زائرا.

"ممر إنساني"

وفي غضون ذلك، قال إيهود أولمرت رئيس الوزراء الإسرائيلي أن ممراً إنسانياً سوف يفتح من جزيرة قبرص لإتاحة الفرصة أمام المساعدات الإنسانية كي تنقل إلى لبنان، برغم الحصار الذي تضربه إسرائيل على البلاد، وذكر مسؤولون إسرائيليون أن القرار اتخذ لأسباب إنسانية. وكانت السفن الحربية والمدنية قد أجلت من مختلف الدول نحو 10 آلاف شخص من لبنان الخميس، وكانت الهند هي آخر الدول التي أرسلت سفناً حربية لتقل أكثر من 500 من رعاياها، إلى جانب مواطنين من كل من نيبال، وباكستان، وسري لانكا، وبنجلاديش.

BBC Online 21/07/06

5 – Exercise 21.4

القاهرة: نحو تعاون اقتصادي مع بكين بعد فشل اتفاق التجارة مع أميركا

يشكل التنوع في الأعمال والتجارة في أسواق الصادرات المصرية، أولوية بالنسبة إلى الحكومة المصرية هذه السنة. ويظهر ذلك بوضوح في جهودها الحثيثة الهادفة إلى تعزيز العلاقات مع بكين بحسب «اكسفورد بزنس غروب». وفي ظل النمو السريع في الاقتصاد الصيني وتطلع مصر إلى تعزيز الاستفادة من المناخ المشجع للاستثمار السائد فيها، زار وزير التجارة والصناعة المصري رشيد محمد رشيد الشهر الماضي الصين ستة أيام. وهدفت زيارته إلى تعزيز الأعمال والتجارة بين البلدين. وشهدت توقيع اتفاقات في شأن سلسلة من المشاريع المشتركة في مصر يصل حجمها إلى 2.7 بليون دولار. كما حصلت مصر على ضمانات من الصين بأنها ستخفض الرسوم الجمركية على البضائع المصرية.

لكن الزيارة سبقتها مبادرة رئيس الوزراء الصيني وين جيابا و خلال زيارته القاهرة في حزيران (يونيو). إذ تم توقيع 11 اتفاق تعاون في حقلي التجارة والأعمال بين البلدين، موزعة على تصنيع تجهيزات للاتصالات والتعاون في قطاعي النفط والغاز.

وترافقت معها مبادرة على نطاق أوسع ترمي إلى تبسيط إجراءات التعاون بين مصر والصين. وأعطى اتفاق بين «مصر تيليكوم» و «هواي تكنولوجيز» الصينية صدقية لمعنى الشراكة خلال تلك الاجتماعات، على حد ما جاء في النشرة المتخصصة الصادرة عن «أكسفورد بزنس غروب».

تصنيع السيارات

وأحدث الأمثلة على مبادرات الأعمال التي حدثت عام 2006 إعلان شركة «تشيري» الصينية المصنعة للسيارات في آب (أغسطس)، عن خطط إنشاء مصنع للتجميع في مصر على ان يبدأ الإنتاج عام 2007. وكذلك وُقعت مذكرة تفاهم بين مصر والصين أثناء الاجتماع الذي حضره رشيد، والذي عُقد لبحث إنشاء أول مصنع لإعادة سبك نفايات الرخام في مصر بالاعتماد على التكنولوجيا الصينية. وبُحث أيضاً إنشاء مراكز للخدمات التكنولوجية التي تطال مواد البناء وصناعات النسيج في مصر. ووقع المصريون اتفاقاً مع «سيتيك غروب» الصينية لبناء مصنع للألومنيوم تصل قيمته إلى 800 مليون دولار، على أن تتحمل الشركة الصينية العامة 85 في المئة من النفقات فيما تغطي المصارف المصرية المصاريف المتبقية.

منطقة صناعية صينية في مصر

ويشكل الاستثمار وتجارة البضائع أولوية بالنسبة إلى القاهرة، كما يتبين في الخطط الرامية إلى إنشاء منطقة صناعية صينية في مصر بقيمة 500 مليون دولار، وهي للاستثمار المشترك في مجالات المستحضرات الصيدلية والأحذية والنسيج. وقد تحل الصين محل الولايات المتحدة خلال خمس أو ست سنوات فيما يتعلق بحجم التجارة مع مصر، كما أفاد رشيد قبل مغادرته إلى آسيا. ومع بلوغ حجم التجارة المصرية مع الاتحاد الأوروبي والولايات المتحدة في عام 2005 نحو 17 بليون دولار وخمسة بلايين دولار على التوالي، يبدو حجم التجارة مع الصين (2.2 بليون دولار) هزيلاً، بحسب «أكسفورد بزنس غروب»، التي دعت إلى عدم الاستخفاف بحجم النمو المتوقع في العلاقات التجارية والأعمال المشتركة بين مصر والصين.

التجارة

لقد نمت التجارة المتبادلة بسرعة كبيرة، فمبلغ 2.2 بليون دولار يشكل تناقضاً صارخاً مع بليون دولار المسجل عام 2002. ووفق ما جاء في إحصاءات التجارة الصينية، بلغت الصادرات إلى مصر 1.93 بليون دولار عام 2005. ويمثل هذا الرقم زيادة سنوية بنسبة 39.3 في المئة. وفي عام 2005 سُجل أيضاً تزايد في الصادرات المصرية إلى الصين بنسبة 12.3 في المئة (211 مليون دولار). ويتوقع أن تتصاعد هذه الأرقام نتيجة الاتفاقات المسهلة للأعمال المعقودة بين مصر والصين. وتهدف وزارة التجارة والصناعة المصرية إلى زيادة حجم التجارة المتبادلة سنوياً إلى خمسة بلايين دولار خلال العقد المقبل.

وتتوقع الحكومة المصرية أيضاً أن تخفض بكين الرسوم على البضائع المصرية التي تدخل الصين في ظل موافقة هذه الأخيرة على بحث احتمال اعتماد التخفيضات خلال زيارة رشيد. وقد يجرى التوصل إلى صفقة تتعلق بالرسوم الجمركية التفضيلية وإعفاءات من الرسوم الجمركية على البضائع المنجزة ونصف المنجزة في تشرين الثاني (نوفمبر) الحالي، بحسب ما أفاد الوزير المصري. واقترحت وزارة التجارة والصناعة اعتماد الحصول التفضيلي على الصوديوم والأرز المصريين اللذين يدخلان السوق الصينية في مقابل الحصول على أسعار أكثر انخفاضاً في السوق المصرية.

ولا بد للتعامل مع بكين من أن يأتي بنتائج إيجابية على القاهرة، على حد تعبير نشرة «أكسفورد بزنس غروب»، بعد فشل بلورة اتفاق التجارة الحرة بين مصر والولايات المتحدة لأسباب سياسية. فأي اتفاق للتجارة مع الولايات المتحدة مشروط بوضوح بسرعة تحقيق الإصلاح السياسي في البلد المعني. وهذا المفهوم غريب بالنسبة إلى الصينيين الذين تمكنوا من تحقيق تزاوج بين ما يبدو خليطاً متنافراً من الشيوعية واقتصاد السوق. وعلق رشيد بأن بكين وضعت الفرصة الاقتصادية في الدرجة الأولى، ما سهل إقامة العلاقات الاقتصادية مع الصين. وبصرف النظر عن الاعتبارات السياسية فإن إقامة علاقات تجارية قوية مع دولة محورية وقوية كالصين، تعِد بفرص اقتصادية عدة مع تقليل اعتماد مصر على الولايات المتحدة وأوروبا كشريكين في التجارة والأعمال.

الحياة 06/10/23

6 – Exercises at Unit 31

ضرب اعصار كاترينا برياحه العاصفة وأمطاره الغزيرة الشواطئ الجنوبية للولايات المتحدة الأمريكية. فقد ضرب الاعصار الشواطيء الجنوبية لولاية لوزيانا، واتجه مركزه نحو مدينة نيورأورليانز. كما تسبب إعصار كاترينا في وقوع خسائر بولايتي مسيسيبي وألاباما. وأظهرت صور من مدينة موبيل في ألاباما ان المياه تغمر شوارعها، وتسببت الرياح في غرق القوارب في مسيسيبي، وغمرت المياه الجسور في فلوريدا.

ويقول مراسل للبي بي سي ان مياه الامطار في نيوأورليانز تشبه جدارا من الماء يغطي واجهات ناطحات السحاب مثل الشلالات وتسببت في قطع التيار الكهربائي عن مناطق واسعة من المدينة، وسقوط النخيل في الشوارع ودُمرت المتاجر والسيارات.

وأطاح الاعصار بجزء من سقف ستاد نيوأورليانز الذي لجأ إليه الآلاف من سكان المدينة، كما اجتاحت مياه الفيضان بعض المنازل فيها التي تقع في مناطق منخفضة. وكان خبراء الطقس قد حذروا من اجتياح مياه الفيضان لنيو أورليانز التي تنخفض نحو مترين عن مستوى سطح البحر. وقال ضابط شرطة لبي بي سي إنه لم ير شيئا كهذا من قبل حيث تهشم الزجاج وأصبحت شوارع المدينة شبيهة بالثلج.

وأضاف قائلا "إنه أمر لا يصدق".

وكانت قوة الاعصار قد تراجعت من المستوى الخامس إلى الثاني غير أن سرعة الرياح وصلت إلى 170 كيلومترا في الساعة في ولاية مسيسيبي.

فرار جماعي

وتقول السلطات الأمريكية إن ما يزيد عن 80% من سكان نيو أورليانز قد هجروا منازلهم بحثا عن مأوى في مناطق أخرى.

كما خصصت السلطات أماكن إيواء طارئة للذين لا يقدرون على مغادرة المدينة، واحتمى بعض السكان في مباني فندقية مرتفعة وفي بعض الكنائس.

وكان عمدة نيو أورليانز راي نايجن قد نصح سكان مدينته بمغادرتها لتجنب الإعصار والاحتماء بمناطق أكثر ارتفاعا.

واكتظت الطرقات التي تقود إلى خارج المدينة بمئات الآلاف من المغادرين، في الوقت الذي وضعت فيه الشركات والسلطات المحلية والأهالي المزيد من الاستحكامات من أكياس الرمال في الطرقات والمخارج.

وقال نايجن في وقت لاحق إن المياه اخترقت الدفاعات في بعض المناطق، وباتت نيوأورليانز تحت الحصار.

حالة طوارئ

ودعا الرئيس الأمريكي جورج بوش أولئك الذين فروا من منازلهم إلى عدم العودة إليها حتى تسمح لهم السلطات بذلك

وأصدر بوش قرارا باعتبار لويزيانا والمسيسبي منطقتي طوارئ لتتمكنا من تلقي المعونة الفيدرالية. يذكر أن إعصار كاترينا تشكل في جزر الباهاما وقد ضرب جنوب فلوريدا يوم الخميس الماضي مما أدى لمقتل تسعة أشخاص واقتلاع الأشجار وسقوط خطوط الطاقة الكهربائية.

أسعار النفط

وقد ادت قوة الإعصار كاترينا إلى إغلاق بعض منصات النفط والمصافي في خليج المكسيك، الأمر الذي الذى قفز بأسعار النفط إلى ما فوق حاجز السبعين دولارا للبرميل الواحد. ويقول لورانس إيغلز، من الوكالة الدولية للطاقة، إنه لم يفاجأ برد الفعل الصادر عن أسواق النفط.

وفي تطور مواز، أفادت التقارير بأن منشآت إنتاج النفط في خليج المكسيك، والتي تنتج حوالي 650 ألف برميل يوميا قد أغلقت. كما توقفت سبع مصاف بحرية عن العمل.

وأدى ذلك إلى ارتفاع أسعار النفط في تعاملات الأسواق الآسيوية صباح الاثنين إلى 70.8 دولارا للبرميل أي بزيادة قدرها خمسة دولارات للبرميل الواحد. وتوجد على خليج المكسيك حوالي 21 منشأة نفطية تنتج حوالي ربع الناتج المحلي الأمريكي من البترول والغاز، وقد تم أخلاؤها جميعا.

تجرى عملية انقاذ واسعة فى جنوب الولايات المتحدة بعد الدمار الذى ألحقه اعصار كاترينا وسط مخاوف من مقتل مئات الاشخاص في مقاطعة واحدة، كما غمرت المياه مدينة نيوأورليانز بولاية لويزيانا.

وقد خلف الاعصار منطقة من الدمار في ولايات لويزيانا والمسيسيبي وألاباما على ساحل خليج المكسيك. ويخوض رجال الانقاذ فى الفيضانات والأنقاض التى خلفها الاعصار فى محاولة العثور على ناجين. وفي الوقت ذاته قال فنسنت كريل المتحدث باسم مدينة بيلوكسي انه يحتمل ان يكون مئات الاشخاص قد لقوا حتفهم في المدينة نتيجة للاعصار كاترينا بعد ان حوصروا في منازلهم حين طغت على اليابسة موجة مد ارتفاعها تسعة امتار.

وقال مات دالي مراسل وكالة انباء رويترز في بيلوكسي الواقعة على شاطئ المسيسيبي ان المدينة دمرت بالكامل. واوضح لبي بي سي ان رجال البحث والانقاذ لم يتمكنوا بعد من دخول المدينة. واضاف ان هناك بنايتين سكنيتين بالمدينة قد انهارتا، ولم يعرف حتى الان عدد الضحايا.

وقالت حاكمة ولاية اريزونا كاثلين بلانكو ان الموقف خطير حيث لا توجد كهرباء ولا مياه نقية للشرب ولا امدادات كافية من الطعام. وفيما تنفذ إمدادات المياه والغذاء، تم إعلان الأحكام العرفية في بعض مناطق لمواجهة أعمال السلب والنهب. وقال حاكم ولاية مسيسيبي هيلي باربر للمراسلين إن ما يخشاه هو "وجود العديد من القتلى".

وقال مسؤولون امريكيون ان خمسة اشخاص على الاقل قتلوا بسبب سقوط الاشجار وحوادث الطرق في ولايتي مسيسيبي وألاباما. وكانت قوة الاعصار قد تراجعت من المستوى الخامس إلى الثاني ووصف بأنه مجرد "عاصفة استوائية"، غير أن سرعة الرياح وصلت إلى 170 كيلومترا في الساعة في ولاية مسيسيبي.

7 – Exercises at Unit 34

مسؤول أمن محافظة بغداد: انخفاض الهجمات بالسيارات المفخخة لا يعني تراجع الإرهاب

أكد المسؤول الأمني لمحافظة بغداد ماجد الشويلي، أن انخفاض العمليات الارهابية باستخدام السيارات المفخخة في بغداد اخيرا، لا يعني تراجع أو انحسار العمليات الارهابية. فهناك تصعيد بالعمليات، لكن باستخدام آليات أخرى أشد جرما من الأولى.

جاء ذلك خلال لقاء لـ«الشرق الاوسط» مع المسؤول الأمني أمس لتسليط الضوء على الموقف الامني في العاصمة. وأضاف الشويلي «أن المواطن العادي وخاصة من سكان العاصمة بغداد، يشعر بأن هناك تحسنا نسبيا في الجانب الأمني في بغداد، ويرى ذلك من خلال انخفاض أعداد السيارات المفخخة التي تستخدمها الجماعات الارهابية مستهدفة التجمعات السكانية ولإيقاع أكبر قدر ممكن من الأبرياء العزل. لكن هذا الامر لا يعني انخفاض وتيرة العمليات، فالمعلومات المتوفرة لدينا تشير الى عكس ذلك، فهناك تصاعد في وتيرة العمليات التي تستخدم آليات غير السيارات والكل على دراية أن العمليات الارهابية متنوعة ومختلفة، إضافة الى اختلاف الجهات التي تنفذها، لكن النتيجة واحدة. ومن هذه الأنواع السيارات المفخخة والأحزمة الناسفة التي يرتديها انتحاريون. وهناك العبوات الناسفة والألغام والقذائف بمختلف أنواعها وأيضا صواريخ الكاتيوشا، إضافة الى عمليات الخطف والقتل والتصفية الجماعية التي تحدث كل يوم تقريبا وفي مناطق متفرقة من بغداد». ولهذا وبحسب قول الشويلي انه «من المستحيل تحديد نسبة معينة للارهاب ليقاس على ضوئها مقدار التراجع أو الزيادة».

وعن مدى تأثير المصالحة الوطنية التي تتبناها حاليا الحكومة العراقية والأحزاب والكتل البرلمانية ورجال الدين على الجانب الامني، أوضح أن «هذا المشروع الوطني كان له الاثر الكبير في تحسين الوضع الامني خلال الاسبوعين الماضيين. فقد ساهم الكل في ضم بعض الجهات الى المشروع الوطني وأيضا خفف من حدة التشنج والتوتر التي تصاعدت وتيرتهما قبل هذا التاريخ، كما يجب علينا ألا نغفل استمرار الحكومة العراقية بتنفيذ الخطة الامنية بمرحلتها الثانية والتي تمكنت من تلافي أخطاء المرحلة الاولى، وأيضا إشراك جهات أخرى بالخطة مثل المخابرات والأجهزة الاستخبارية والقوات العسكرية المختلفة ومجلس المحافظة وإدارة هذه الجهات جميعها بشكل مركزي ومنسق وأكثر تعاونا فيما بينها، وترك الاسلوب الكلاسيكي الذي كان متبعا في المرحلة الاولى».

وعن توقعاته للمرحلة القادمة، أوضح مسؤول أمن بغداد «اننا كأجهزة أمنية، يفترض بنا جعل جميع هذه القراءات التي تم ذكرها أمام أعيننا، لكن هناك حقيقة أخرى أهم من الاولى تكمن في أن الجماعات الارهابية لربما هي الآن منهمكة في تهيئة وضعها للبدء بتنفيذ مرحلة جديدة. نحن متأكدون أنها ستخصص لما بعد

المصالحة، في محاولة منهم لإفشال هذا المشروع الذي ان تحقق يعني إنهاءهم بشكل كامل، كما أن هناك أمرا آخر فقد عودونا بأنهم يختبئون فترة معينة فتنخفض شدة العمليات ليظهروا بعد فترة بنوع جديد من الشدة والتركيز، والأجهزة الأمنية على علم ودراية بذلك وجميعها استعدت لهذا الامر، وان تحسن الوضع الامني لا يعني التقليل من الانتباه، بل على العكس يزيد من انتباه الاجهزة الامنية تحسبا لمخططات الجماعات الارهابية».

أما بخصوص ملف التهجير القسري للعوائل، فقد أكد المسؤول الأمني «أن على كل الجهات معالجة هذا الملف بأسرع وقت ممكن، ونحن كمجلس محافظة معنيون بالاهتمام بالمواطن البغدادي، نرى ان من أهم انتقاداتنا للخطة الأمنية الجديدة ومن خلال قربنا من الشارع، هو اننا لم نر بادرة أمل في إعادة المهجرين الى مناطقهم، فكان الأولى بمشروع الخطة ان تضع في مقدمة اهتماماتها معالجة ملف المهجرين كنوع من أنواع الاستقرار، خاصة وان حالة هذه العوائل لا تسر عدوا ولا صديقا وموسم الشتاء القادم سيكون كارثة حقيقية ستعصف بهم، وبنفس الوقت نرى أن من الجيد أن تتبنى هذه الخطة مشروع القضاء على فرق الموت ومجاميع الموت والاغتيالات، وهي السبب الحقيقي وراء ملف التهجير».

الشرق الأوسط 2006/08/22

8 – Exercises at Unit 35

عبد الرحيم فقرا: مشاهدينا في كل مكان أهلا بكم جميعا إلى حلقة جديدة من برنامج من واشنطن، مدد الرئيس جورج بوش هذا الأسبوع العمل بحالة الطوارئ القومية لحماية صندوق تنمية العراق التي كان قد أعلنها في الثاني والعشرين من مايو عام 2003 وكان مجلس الأمن وفي نفس التاريخ قد أنهى العقوبات التي كانت مفروضة على العراق وأصدر قرارا أنشئ بموجبه الصندوق بهدف إدارة عائدات النفط العراقي وقد جاء في قرار التمديد أن الهدف من سن إعلان حالة الطوارئ عام 2003 هو التعامل مع التهديد غير المعتاد للأمن القومي الأميركي الذي كانت تشكله آنذاك العوائق التي كانت تعترض عملية إعادة إعمار العراق لمختلف مجالاتها بما في ذلك قطاع النفط العراقي حسب الرئيس جورج بوش وأضاف قراره إن ذلك التهديد لا يزال قائما في الوقت الحاضر في هذه الحلقة نعرض قانون المحروقات الجديد الذي كانت إدارة الرئيس بوش تأمل في أن يوافق عليه البرلمان العراقي بنهاية الشهر الحالي برغم أنه بات من غير المرجح أن يتحقق ذلك بالنظر إلى حجم الخلافات بشأنه بين العراقيين ولكن قبل ذلك نعرض لقاء مسجلا خص به قناة الجزيرة السفير الأميركي السابق في بغداد زلماي خليل زاد يقيِّم فيه تركته هناك وتشمل طبعا قانون المحروقات.

اهتمامات زلماي خليل زاد في العراق

زلماي خليل زاد - سفير الولايات المتحدة لدى الأمم المتحدة: لقد كنت هناك للمساعدة في وضع الدستور في المقام الأول وقد حققنا نجاح إلى درجة كبيرة لأن ما حدث نتيجة وضع سابق في العراق هو أن العرب السُنة قاطعوا العملية السياسية إلى حد كبير ولم يكن في المجلس النيابي الذي تعيَّن علي أن أطرح عليه واجب وضع الدستور العدد الكافي من السُنة بنسبة متكافئة مع عدد السكان وقمت بتسهيل النقاش بين الفئة الأخرى التي كان تمثيلها جيدا وبين الفئات التي لم تكن ممثلة في البرلمان ونجحنا في الحصول على موافقة أحد أحزاب السُنة الرئيسية مقابل بعض التعديلات في مسودة الدستور والاتفاق على عملية التعديل المبكر ويجري حاليا النقاش في هذا الموضوع ولذا أعتقد أننا نجحنا من حيث أن السُنة يشاركون في العملية السياسية وخاصة في الانتخابات إذ أنهم لم يشاركوا بأعداد ملائمة في الانتخابات السابقة أما في الانتخابات التي أعقبت الدستور فقد شاركوا بإعداد جيدة بالنسبة لعدد السكان السُنة لذلك تشكل برلمان تمثيلي أكثر من البرلمان السابق وكنا نعمل بجد لأنه كان في تقديري أن السبيل الذي يؤدي إلى تقليص مصادر العنف في العراق يكمن في جمع كل الطوائف العراقية للاتفاق حول خارطة طريق تؤدي إلى مستقبل البلاد وكانوا بالتالي بحاجة إلى المشاركة ثم عزل المتطرفين ثم يتعاون الجميع ضد المتطرفين لكي يتسنى للسنة أيضا المشاركة في الحكم.

عبد الرحيم فقرا: هذا النجاح طبعا كما ذكرت جاء على خلفية ما يقال حول وجود حرب أهلية في العراق وأنت طبعا نفسك كنت قد قلت إن الولايات المتحدة قد فتحت باب الجحيم في العراق، أين يقف العراق الآن فيما يتعلق بمسألة الحرب الأهلية؟

زلماي خليل زاد: من الواضح وأعلم أنك تعلم أن ثمة جهود جادة وقوية لإثارة حرب أهلية ويتزعم هذه الجهود بصفة خاصة تنظيم القاعدة الذي يعتدي على أهداف شيعية ويثير الشيعة للهجوم على أهداف سُنية ثم يقدم نفسه كحام من حماة العرب السُنة في العراق وأعتقد أن الهجوم على سامراء صعَّد التوتر في العلاقات ومستوى العنف بين المليشيات ذات الصلة بالأحزاب السياسية الشيعية وجماعات من قوى الطرف الآخر فقتل العديد من المدنيين ونزح كثيرون آخرون من ديارهم مما عقد العلاقات الطائفية وسبب الكثير من التوتر والضغوط داخل صفوف حكومة الوحدة الوطنية وأضعف تماسكها، لذا أعتقد أن سامراء وما أعقبها من أعمال عنف طائفي كثيف كانت بمثابة الانتكاسة فيما يتعلق بما كان المرء يود حدوثه لكنني لا أعتقد أنها غيرت المتطلبات الأساسية لتحقيق النجاح وهو أن يجتمع العراقيون من مختلف الطوائف على الميثاق الوطني فيما يخص نوع الوطن الذي يريدون وكيف يتقاسمون السلطة السياسية والاقتصادية وهذه ضرورة ولكن العراق ليس جزيرة حيث إنه له جيران يمكن أن يؤثروا على الوضع ويعكف البعض على التأثير سلبا على ذلك الوضع وهنالك أيضا حاجة لأن يبرز الميثاق الوطني وتفهم القوى الإقليمية ضرورة أن يكونوا جيران خيريين للعراق ويساعدوه بدلا من صب مزيد من الوقود على النار لأغراض خاصة بهم وقد يكون لذلك بعض الفوائد على المدى القصير ولكن أعتقد أنه على المدى الاستراتيجي الطويل سيكون الأمر فتاكا للمنطقة بأسرها إذا لم يستقر الوضع في العراق لأن ما يحدث في العراق لن يكون مهما للعراق أو العراقيين فحسب وإنما سيؤثر بصورة جذرية على مستقبل المنطقة.

عبد الرحيم فقرا: أنت طبعا تعاملت مع مختلف الشخصيات النافذة والمؤثرة في العراق بما فيها طبعا رئيس الوزراء الحالي نوري المالكي ويدور كثير من الحديث حاليا عن إياد علاوي وما يمكن أن يقوم من دور في العملية السياسية في العراق بالنسبة لرئيس الوزراء نوري المالكي، إلى أي مدى تعتقد أن حكومته لا تزال قادرة على لعب دور هام في العراق؟

زلماي خليل زاد: سيحدد البرلمان العراقي ذلك ونظامه برلماني وكانت حكومة الوحدة الوطنية التي تزعمها السيد المالكي إلى أن سحب السيد الصدر وزرائه منها تمثل نسبة 89% من البرلمان وحتى بعد مغادرته ما زالت نسبة 75% إلى 85% من التمثيل البرلماني ممثلة في الحكومة الوطنية ذات الطابع العريق والولايات المتحدة تساند العملية السياسية في العراق وتمثيل كل الطوائف في البرلمان حتى الآن وخرج ذلك البرلمان برئيس الوزراء لذلك فإننا نساند رئيس الوزراء، أيضا أنا أعرف السيد علاوي جيدا وتربطني به علاقة جيدة وله حزب في البرلمان يشغل 25 مقعدا لكن الأمر يتوقف حقا على العملية السياسية.

عبد الرحيم فقرا: أفهم أنك قد أجريت اتصالات عندما كنت سفير في العراق مع مختلف الجهات السنية بما فيها ممثلين عن بعض الجماعات المسلحة، ماذا قدمت أنت عندما كنت سفير في العراق للجانب السني لإقناع كل السُنة على المشاركة في العملية السياسية ومساعدة حكومة نور المالكي؟

زلماي خليل زاد: كان تفكيري كإستراتيجية أقرها الرئيس وحكومته بطبيعة الحال هو مد اليد أولا وإشراك المجموعة الرئيسية من قوة السنة السياسية في العملية السياسية وجعل السكان السنة يشاركون في انتخاب البرلمان ثم في التشكيلة الحكومية وكان ذلك بمثابة المرحلة الأولى التي حظيت بنجاح لكن الافتراض كان أيضا أنه بعد تحقيق هذه المرحلة الإيجابية ولأنها لن تكفي للنجاح أن تكون المرحلة التالية بالتعاون مع الحكومة العراقية آنذاك لمد يد التعاون للعناصر التي يمكن التصالح معها في المقاومة والمتمردين أو المسميات الأخرى التي يسمون بها لفصلهم عن الإرهابيين الذي لا يمكن التصالح معهم أو الذين أرادوا عودة النظام القديم أو أنصار العودة وبدأنا عقب الانتخابات أثناء فترة تشكيل حكومة الوحدة الوطنية في الحديث مع عناصر لها صلة بالعملية السياسية أو علاقات بتلك الجماعات التي يمكن التصالح معها للتباحث معهم ومع الحكومة في إمكانية دمجهم ضمن برنامج المصالحة الوطنية لتقليص مصادر العنف.

الحكومة الإقليمية الكردية وهي جزء من العراق لكي يقوموا بتوزيع عادل وأن تذهب عائدات النفط إلى حساب واحد ثم يتم توزيعها بصورة منصفة على أساس عدد السكان في شتى أنحاء البلاد وإذا تبنى البرلمان ذلك وأنا واثق من أنه سيفعل وإذا تمكن من الاتفاق على بعض هذه القوانين والضوابط لأن الحكومة كما قلت تمثل 70% إلى 80% من الكتل السياسية في البرلمان فسيمكن القول إن العراقيين متفقون على قضية ساخنة ومهمة للغاية وهي النفط ولكن إذا افترضنا أنه تم التوصل إلى اتفاق حول قضية النفط رغم أنها ستكون مهمة وخطيرة للغاية

إلا أنها لن تكون كفيلة للتوصل إلى ميثاق وطني لذلك فأنني لا أقلل من شأن مشكلة العراق بأكمله إلى مستوى معاهدة لتوزيع النفط، أعتقد أنه لا يزال يتعين التعامل مع قضية الدستور ولا يزال يتعين التعامل مع قضية اجتثاث البعث ولا يزال يتعين التعامل مع قضية كركوك وكيف يمكن تنظيم الناس لكي يتمتع الجميع بثقة في مؤسسات الدولة وأن يحظى الجميع بمعاملة منصفة وبتقدير.

9 – Exercises at Unit 36

محمد كريشان: عطاء المرأة العراقية عطاء لا يتوقف كنهر دجلة المتدفق رغم شح المياه، ربما تكون المرأة العراقية تحملت من أعباء الحصار المفروض على بلادها ما لم يتحمله أحد، تحملته طفلة، وأماً، وزوجة، وأرملة وأختاً، والقضية ليست في كل ما سبق، وأنما كذلك في أن هذه المرأة تحملت من الغمز واللمز ما زاد الجرح ألماً وعمقاً، قضية نطرحها مع ضيفتنا لهذا الأسبوع، الإعلامية العراقية ناصرة السعدون.

* * *

ناصرة السعدون من مواليد محافظة واسط في العراق عام 1946م، بكالوريوس اقتصاد وعلوم سياسية من جامعة بغداد عام 1966م، ودبلوم عالي في الاقتصاد من جامعة (بواتييه) في فرنسا. تشغل حالياً منصب (مدير عام في وزارة الثقافة والإعلام) وتترأس تحرير جريدة (بغداد أوبزرفر).

كاتبة وروائية ومترجمة، صدر لها عدد من الكتب كما ترجمت عدداً آخر. أرملة المرحوم مصطفى توفيق المختار (عضو المجمع العلمي في العراق).

* * *

محمد كريشان: السيدة ناصرة السعدون، أهلاً وسهلاً.

ناصرة السعدون: أهلاً وسهلاً بيكم.

محمد كريشان: قبل أن نخوض في تفاصيل قضيتنا لهذا الأسبوع والمتعلقة بالحصار في العراق، وانعكاساته على المرأة تحديداً في المجتمع، ما هي المكانة الاجتماعية وحتى القانونية التي كانت للمرأة العراقية في العصر الحديث؟

ناصرة السعدون: إذا أخذنا العصر الحديث على أنه يبدأ مع بداية القرن العشرين، فخلال العشرينات والثلاثينات مع استقلال العراق، أول ما بدأ كان تعليم المرأة والرجل في آن واحد، حين كانت تفتح المدارس كانت تفتح

للمرأة والرجل يعني للفتيان والفتيات، فبدأت أول موجات التعليم بالعراق، وبالتالي بدأ تعليم المرأة مع استقلال العراق، وكلما زاد.. اتسع تعليم المرأة أخذت مكانتها.

في الدستور العراقي مع استقلال العراق ضمن للمرأة الحق المتساوي مع الرجل في الأجر وفي فرص العمل، إذا تذكرنا أنه في خلال الأربعينات حين بدأت حركة الشعر الحر في العراق، كان رواد الشعر الحر هم (نازك الملائكة) ثم (بدر شاكر السياب) وانتشرت فيما بعد إلى الوطن العربي.

خلال الأربعينات والخمسينات كان هناك العديد من النساء طبيبات، مهندسات، أستاذات، مدرسات، وفي جميع مرافق العمل، وهكذا وبالتدريج أخذت المرأة دورها في مجال العمل، وفي مجال الدراسة، الجانب الإيجابي إلى حد كبير، هو أن المرأة المتعلمة بالذات حين تتزوج وترزق بأطفال، كانت تحرص على الاستمرار بالعمل، وتستمر في قوة العمل ما دامت قادرة عليه وفي عمر الـ..

بعد ثورة تموز 68، اتسع الاهتمام بالتعليم بشكل عام، وبتعليم المرأة بشكل خاص، في عام 86 مثلاً كانت قد أنجزت حملة لمدة خمس سنوات للقضاء على الأمية في العراق، وأخذ العراق في 86 جائزة اليونسكو للقضاء على الأمية، إذن حين تقضي على الأمية، وتمنح المرأة فرص العمل تجد أن المرأة تعمل في كل المجالات تقريباً، وأينما رغبت -لنقل- وأينما كانت مؤهلة للعمل، هذا أعطى المرأة ثقة بنفسها، وقدرة على الإبداع والعطاء.

محمد كريشان: نعم، على صعيد الأحوال الشخصية، القوانين المتعلقة بالأسرة والعائلة، كيف كان الوضع بالنسبة للمرأة العراقية؟

ناصرة السعدون: لا أستطيع الحديث عن الجانب القانوني، فلست متخصصة بذلك، لكن في العراق، ومنذ يعني أزمنة طويلة في العصر الحديث، لم يكن تعدد الزوجات من الممارسات الشائعة، خصوصاً في المدن، في الأرياف نعم كان هناك إلى حد ما، بس بنسب أقل بكثير من كثير من الأقطار العربية، وكلما زاد تعليم الفئة الاجتماعية التي يعني التي يخلقها التعليم في الأسرة العراقية، كلما قلت نسبة تعدد الزوجات. المرأة العراقية لها حق طلب الطلاق في حالة اقتناع القاضي بالأسباب الموجبة لذلك، لها حق حضانة الأطفال بعد الطلاق في حالة الانفصال، إذا اقتنع القاضي بأهليتها، لذلك كانت الأحوال الشخصية، رغم أني لست متخصصة -مرة ثانية أقول- لست متخصصة بالقانون، لكن المرأة العراقية حافظت، استطاعت المحافظة على وضعها الأسري والاجتماعي، برغم التغيرات اللي طلعت أو إلى آخره.

محمد كريشان: السيدة ناصرة، طالما أشرت إلى موضوع القضاء على الأمية، وجائزة اليونسكو عام 86، وتعليم المرأة بشكل خاص، هل كان التعليم من أوائل الميادين الذي دفعت المرأة فيه فاتورة آثار الحصار؟ هل انحسرت نسبة تعليم المرأة تحديداً، والبنات الصغيرات كانعكاس أولي للحصار؟

ناصرة السعدون: لا أستطيع القول إن المرأة بشكل خاص أو الفتيات، تعليم الفتيات، الحصار أثر على وضع التعليم بشكل عام، الآن حسب إحصائيات اليونسكو مثلاً أن 30% من الأطفال في عمر الدراسة، قد تسربوا من الدراسة، الفتيان والفتيات تركوا الدراسة لأسباب عديدة، مثلاً إذا كان الفتيان يتركون الدراسة، لممارسة بعض الأعمال الصغيرة، لإسناد ميزانية العائلة، فالفتيات أيضاً كانوا..

محمد كريشان[مقاطعاً]: يعني لم تكن.. لم تكن البنت أكثر تضرراً من الولد في هذا الأمر؟

ناصرة السعدون: لا أستطيع القول بذلك، لكن هذه يتطلب إجراء إحصائيات عن هذا الموضوع. شخصياً لا أملك هذه الاحصائيات، لكن ما أشاهده في المدارس إن التسرب، يعني بعد المرحلة الابتدائية.. يعني بعد عفواً، بعد الدخول إلى المدرسة في سن السادسة، في السابعة، الثامنة، التاسعة يبدأ التسرب من المدرسة، هذا يعني إن التسرب هو للعمل، لإسناد ميزانية العائلة، فيه كثير من الأحيان التسرب يكون لعدم قدرة العائلة على تغطية النفقات البسيطة، يعني -مثلا- قبل الحصار، كانت الدولة تسلم للطلاب الكتب، القرطاسية، الدفاتر والأقلام، والمماحي، وإلى آخره، مع وجبة طعام للمدارس الابتدائية، وجبة طعام خلال.. بعد الساعة العاشرة، بسكويت (biscuits) وحليب، هذه ألغيت بعد الحصار بسبب الظروف الموجودة، لكي يذهب الطفل فتى أو فتاة إلى المدرسة، لابد له من ملابس لائقة، وهذا الحد الأدنى، هذه غير موجودة. أسعار الدفاتر والأقلام والقرطاسية أصبحت عالية جداً، الحكومة توزع نعم، لكن ليس بالكميات التي كانت توزعها قبل الحصار، بالتالي لشراء هذه المواد تكلف ميزانية العائلة، هذا إذا كان طفل واحد، أما إذا كان هناك أربع، خمس، ست أطفال، فهذه مكلفة ومرهقة لميزانية العائلة.

محمد كريشان: ومن الصعب أن يقسم المرء أي مجتمع إلى رجال ونساء، ولكن إذا أردنا أن نحاول التركيز على وضع المرأة في العراق، هل كانت المرأة أكثر تضرراً من الأعباء الاجتماعية للحصار؟ يعني المرأة أقصد هنا- الأم، الزوجة، البنت الصغيرة، إذا بدأنا مثلاً بالأم هل تعتقدي بأن هذا العضو في الأسرة العراقية كان أكثر حملاً للأعباء؟

ناصرة السعدون: أكيد، المرأة الأم، ربة البيت، والموظفة أو العاملة تحمل عدة أعباء في آن واحد، وعدة مسؤوليات في آن واحد، فهي إن كانت تعمل في خارج البيت فهي مسؤولة عن ترتيب البيت، وعن وضع الطعام على مائدة الأسرة، بالتالي اضطرت الكثير من النساء، وأعداد هائلة إلى العمل أكثر من وجبة عمل، ولكي تغطي

ميزانية العائلة، ظروف الحصار ـأيضاً ـ رفعت من نسبة الطلاق، ولكون المرأة هي التي تحتفظ بالأطفال، هذا أضاف عليها عبء أنها ستكون مسؤولة يعني أم وأب في آن واحدة

محمد كريشان: لماذا ارتفعت نسبة الطلاق برأيك؟

ناصرة السعدون: الظروف الاجتماعية، الظروف الاقتصادية، الوضع الاقتصادي الصعب في العراق، لمدة عشر سنوات جعل من هذه ظاهرة مؤسفة، لكنها موجودة.

Sample Test

Section One

Translate the following text into English

حلفاء حرب العراق يرفضون انتقادات عنان للاحتلال

أصرت بريطانيا واستراليا ومسؤول امريكي سابق اليوم الخميس ، بعد أن صدمتهم تصريحات كوفي عنان الأمين العام للأمم المتحدة ، على أن العمل العسكري الذي قاموا به في العراق مشروع.

وتواجه الحكومات الثلاث انتخابات عامة في المستقبل القريب وتعيّن عليها التعامل مع درجات متفاوتة من عدم الارتياح الشعبي لقرارها شن حرب ضد صدام حسين.

وفى مقابلة مع هيئة الإذاعة البريطانية /بي.بي.سي/ يوم الأربعاء قال عنان ان غزو العراق غير شرعي لأنه ينتهك ميثاق الأمم المتحدة.

وردا على سؤال حول ما إذا كانت انتهكت القانون الدولي قال عنان "نعم .. إذا أردت. لقد أشرت إلى أنها لم تكن موافقة لميثاق الأمم المتحدة من وجهة نظرنا ومن وجهة نظر الميثاق لم تكن شرعية."

وأضاف قوله "أرجو ألا نرى عملية أخرى مثل العراق قبل مضي وقت طويل ... بدون موافقة الأمم المتحدة وبدون تأييد أوسع كثيرا من المجتمع الدولي."

وكان عنان أدلى بتصريحات مماثلة في العاشر من مارس آذار عام 2003 خلال مؤتمر صحفي في لاهاى بهولندا قبيل الغزو. وقال انه إذا اتخذت الولايات المتحدة عملا عسكريا بدون موافقة مجلس الأمن "فلن يكون موافقا للميثاق."

لكن رئيس الوزراء الاسترالى جون هاورد قال إنها لا تمثل انتهاكا خلال حملته قبل انتخابات تجرى في التاسع من أكتوبر تشرين الأول.

وقال هاورد للاذاعة الاسترالية "المشورة القانونية التي حصلنا عليها وطرحتها في حينه هي ان التحرك كان صحيحا تماما بموجب القانون الدولي."

Section Two

Translate the following text into <u>Arabic</u>

Hamas Wins Local Palestinian Elections in Gaza

Initial results show the militant group Hamas has won a sweeping victory in Palestinian local elections held Thursday in the Gaza Strip. The results reflect the widespread support Hamas has in Gaza, and are also seen as a potential turning point for the Islamic group.

Hamas spokesman Sami Abu Zuhri called it a victory for the Palestinian people. Thousands of supporters took to the streets in Gaza on Friday, waving green Hamas flags, and hailing the election outcome.

Hamas was expected to do well, since it has broad popular support in Gaza. But Palestinian Professor Nader Sa'id of Birzeit University says the result also reflects a strong protest vote against the mainstream Fatah faction.

Many Palestinians see in Hamas an alternative to the often corruption-riddled political establishment. While Israel and the United States have labeled it a terrorist organization, many Palestinians also rely on Hamas for its welfare programs, schools and clinics.

Section Three

A - Put 10 of the following words into sentences:

عقد – ألقى – صرّح – شنّ – أسفر – أفاد – توقع – أعرب – أشاد – ترأس – تشاور – افتتح

B - Fill in the gaps using the correct form of the verb

تركز – شمل – سلّم – تمّ – نسب – بذل

1   .... المباحثات على الوضع في العراق.

2   .... جولة الأمين العام مصر وتونس والبحرين.

3   .... اللجنة الرباعية جهودا كبيرة من أجل السلام في الشرق الأوسط.

4   .... الصحيفة إلى بوش قوله إن العالم آمن بدون صدام.

5 .... السفير السعودي رسالة الملك فهد إلى الرئيس البريطاني.

6 .... بحث الانتخابات الأكرانية مع الرئيس الروسي فلا ديمير بوتين.

C - Fill in the gaps in the following sentences using the appropriate prepositions when necessary

1 أدّت أعمال العنف .... مصرع خمسة مواطنين وإصابة ثلاثة .... جراح.

2 اندلعت المظاهرات احتجاجا .... قرار الصيد بالكلاب التي اتخذته الحكومة.

اتهم وزير الداخلية العراقي .... الحكومة السورية .... التدخل في شؤون العراق الداخلية. 3

3 فرضت القوات الأمريكية حظر التجول .... مدينة بغداد بعد أن اجتاحت المظاهرات شوارع المدينة وعجزت قوات الأمن .... إنهائها رغم إطلاق النار .... المتظاهرين.

4 صدرت أنباء .... اعتقال اكبر مهرب للمخدرات.

Section Four

You are hosting a TV show; write an introduction in Arabic in which you welcome the viewers, introduce your guests and provide a brief account of the topic of your show.

Section Five

Write a report (no less than 250 words) in Arabic on the Asian Tsunami.

اكتب/ي مقالاً عن هذه القضية تناقش/ين فيه العناصر التالية:

1 مكان وزمان وقوع الطوفان.

2 ضحايا الطوفان.

3 المساعدات الدولية.

4 ردود افعال.